INTRODUCTION TO SOCIAL SERVICES

华中科技大学"双一流"建设社会工作专业精品教材

社会服务导论

丁建定 ◎ 主编

内 容 提 要

本书是一本社会服务导论性教材。本书系统阐述社会服务的基本内涵、社会服务的思想理论、社会服务的价值理念、社会服务的基本功能、社会服务的发展变化、社会服务的供求关系、社会服务的内在机制、社会服务的主要内容以及社会服务的管理体系等，力求将社会服务与社会保障、社会政策、社会工作、社会治理等学科专业知识和服务实践加以融合，阐述社会服务在现代社会发展中的重要功能与作用机制。本书适合社会政策、社会保障、社会工作及公共管理等专业本科生作为教材，亦可作为研究生及实务工作者的基本参考资料。

图书在版编目（CIP）数据

社会服务导论/丁建定主编. —武汉：华中科技大学出版社，2022.8
ISBN 978-7-5680-8466-6

Ⅰ.①社… Ⅱ.①丁… Ⅲ.①社会服务-研究-中国 Ⅳ.①D669.3

中国版本图书馆 CIP 数据核字（2022）第 113286 号

社会服务导论　　　　　　　　　　　　　　　　　　　　　　丁建定　主编
Shehui Fuwu Daolun

策划编辑：钱　坤　张馨芳
责任编辑：苏克超
封面设计：刘　婷　赵慧萍
责任校对：张汇娟
责任监印：周治超

出版发行：华中科技大学出版社（中国·武汉）　　电话：(027) 81321913
　　　　　武汉市东湖新技术开发区华工科技园　　邮编：430223

录　　排：华中科技大学出版社美编室
印　　刷：湖北金港彩印有限公司
开　　本：710mm×1000mm　1/16
印　　张：21.25　　插页：2
字　　数：337 千字
版　　次：2022 年 8 月第 1 版第 1 次印刷
定　　价：58.00 元

本书若有印装质量问题，请向出版社营销中心调换
全国免费服务热线：400-6679-118　竭诚为您服务
版权所有　侵权必究

前言

社会服务的本质是使资源的功能最大化，正因为此，无论对于社会保障、社会政策、社会工作乃至公共管理等学科专业还是上述领域的专业实务来说，社会服务都是十分重要的内容。可以说，社会服务是实现社会保障、社会政策、社会工作乃至公共管理目标的重要环节。由于社会发展及社会认知都需要一个过程，社会服务在中国之前的学科建设、人才培养及社会治理中并没受到应有的重视。现在，专业、有效、高水平的社会服务一下子变成一个十分紧迫的现实需求，使得社会服务专业人才培养也变得十分紧迫起来，相关教材建设也就成为一个十分紧迫的问题。这便是这本教材编写和出版的缘起。

本书由丁建定教授提出编写大纲并统稿、定稿，由国内多所高校从事社会服务相关研究与教学工作的青年教师集体完成。具体分工如下：

第一章　社会服务的基本内涵（华东政法大学戴洁）

第二章　社会服务的思想理论（华中科技大学丁建定）

第三章　社会服务的价值理念（华中科技大学王彦蓉）

第四章　社会服务的基本功能（宁波大学　张尧）

第五章　社会服务的发展变化（华中科技大学　丁建定）

第六章　社会服务的供求关系（华中科技大学　李娜）

第七章　社会服务的内在机制（中国地质大学（武汉）　罗丽娅）

第八章　社会服务的主要内容（中南财经政法大学　李薇）

第九章　社会服务的管理体系（华中科技大学　罗艳）

  作为国内并不多见的社会服务导论方面的教材，本书作者既希望其能够为该课程提供一本基本参考书，也将其作为本书编写团队的一个合作开端。笔者在此对各位作者表示感谢！对华中科技大学出版社的支持表示感谢！也对在本书使用过程中提出宝贵意见的老师和同学们表示欢迎和感谢！

  本书存在的不足与缺陷，敬请批评指正！我们将通过在人才培养过程中的实际应用对其不断加以修订、补充和完善。

丁建定
2022 年 2 月 16 日

目 录

第一章 社会服务的基本内涵 /001

第一节 社会服务的基本定义 /002
一、社会服务的基本定义 /002
二、社会服务的主要内涵 /006
三、社会服务的基本类型 /010

第二节 社会服务的微观关系 /012
一、社会服务与社会保障 /012
二、社会服务与社会福利 /015
三、社会服务与社会工作 /017

第三节 社会服务的宏观关系 /020
一、社会服务与公共服务 /020
二、社会服务与社会政策 /022
三、社会服务与社会治理 /026

第四节 社会服务的基本环境 /030
一、社会服务的经济环境 /030
二、社会服务的政治环境 /031
三、社会服务的社会环境 /033
四、社会服务的文化环境 /034

第二章 社会服务的思想理论 /037

第一节 19世纪的社会服务思想 /038
一、空想社会主义社会服务思想 /038
二、功利主义社会服务思想 /042
三、马克思主义社会服务思想 /044

第二节 20世纪前期的社会服务思想 /046
一、自由主义社会服务思想 /046
二、费边社会主义社会服务思想 /049
三、《贝弗里奇报告》的社会服务主张 /052

第三节 20世纪后期的社会服务思想 /055
一、社会民主主义社会服务思想 /055
二、社会市场经济社会服务主张 /057
三、第三条道路社会服务思想 /060

第四节 中国特色社会服务思想理论 /064
一、中国特色社会服务的主要目标 /064
二、中国特色社会服务的基本理念 /067
三、中国特色社会服务发展道路 /070

第三章 社会服务的价值理念 /075

第一节 社会服务的价值取向 /076
一、人本主义价值取向 /076
二、集体主义价值取向 /081
三、利他主义价值取向 /088

第二节 社会服务的基本理念 /093
一、社会服务的普惠性理念 /093
二、社会服务的公平性理念 /098
三、社会服务的共享性理念 /103
四、社会服务的公民权理念 /108

第三节 社会服务的基本原则 /113
一、普惠与特惠相结合 /113
二、公平与适度相结合 /116

三、供给与需求相结合 /120

四、生活质量与能力提升相结合 /124

第四章 社会服务的基本功能 /129

第一节 社会服务的基本目标 /130

一、社会服务的政治目标 /131

二、社会服务的经济目标 /133

三、社会服务的社会目标 /136

四、社会服务的道德目标 /138

第二节 社会服务的基本功能 /140

一、社会服务的政治功能 /140

二、社会服务的经济功能 /142

三、社会服务的社会功能 /146

四、社会服务的道德功能 /148

第三节 社会服务的合理水平 /151

一、社会服务的预防水平 /151

二、社会服务的公平程度 /152

三、社会服务的权利程度 /153

第五章 社会服务的发展变化 /157

第一节 西方社会服务的发展 /158

一、西方社会服务的出现 /158

二、西方社会服务的发展 /162

第二节 西方社会服务的改革 /170

一、社会服务的地方化改革 /170

二、社会服务的私营化改革 /173

三、社会服务的综合化改革 /175

四、增强就业服务体系建设 /177

第三节 改革开放以来中国社会服务的发展 /186

一、中国社会服务的初步发展 /186

二、中国社会服务的快速发展 /192

第六章 社会服务的供求关系 /197

第一节 社会服务需求 /198
一、社会服务需求的主体 /198
二、社会服务需求的类型 /203
三、社会服务需求的层次 /205

第二节 社会服务供给 /210
一、社会服务供给的主体 /210
二、社会服务供给的途径 /214
三、社会服务供给的类型 /219

第七章 社会服务的内在机制 /229

第一节 社会服务的责权关系 /230
一、社会服务的责任主体 /230
二、社会服务的主体责任 /233
三、社会服务的责权关系 /238

第二节 社会服务的资源配置 /243
一、社会服务的资源配置的要素 /243
二、社会服务的资源配置的目标 /246
三、社会服务的资源配置的途径 /248

第三节 社会服务的基本模式 /250
一、普惠性社会服务模式 /250
二、选择性社会服务模式 /252
三、适度性社会服务模式 /253

第八章 社会服务的主要内容 /257

第一节 老年社会服务 /258
一、老年社会服务的需求与供给 /258
二、老年社会服务的基本内容与基本方式 /265
三、老年社会服务的体系化与专业化 /270

第二节 健康社会服务 /274
一、健康社会服务的需求与供给 /274

二、健康社会服务的基本内容与基本方式 /277

三、健康社会服务的体系化与专业化 /281

第三节 青少年社会服务 /283

一、青少年社会服务的需求与供给 /283

二、青少年社会服务的基本内容与基本方式 /286

三、青少年社会服务的体系化与专业化 /289

第四节 残疾人社会服务 /290

一、残疾人社会服务的需求与供给 /290

二、残疾人社会服务的基本内容与基本方式 /293

三、残疾人社会服务的体系化与专业化 /299

第九章 社会服务的管理体系 /301

第一节 社会服务行政管理与内部管理 /302

一、社会服务行政管理 /302

二、社会服务内部管理 /305

第二节 社会服务规划管理 /309

一、社会服务计划的制订 /309

二、社会服务战略规划管理 /311

第三节 社会服务评估 /314

一、社会服务评估的基本内涵 /314

二、社会服务机构评估 /316

三、社会服务方案评估 /318

第四节 社会服务监督 /321

一、社会服务监督的类型 /321

二、社会服务监督的内容与实施 /323

主要参考文献 /327

第一章
社会服务的基本内涵

本章通过辨析社会服务的基本定义、社会服务的内涵与外延、社会服务的基本类型等,理解社会服务的本质含义及特征。通过探讨社会服务与社会工作、社会福利、社会保障之间的关系,把握社会服务在后三者的体系框架中所处的地位。通过剖析社会服务与公共服务、社会政策、社会治理的异同,理解社会服务与后三者之间的密切关系及其区别。通过阐述社会服务所处的经济、政治、社会、文化环境,认知和思考影响社会服务产生、运行、发展的宏观环境因素。

第一节　社会服务的基本定义

现代社会服务制度和组织体系的萌芽与兴盛，是人类文明的工业化进程发展到 20 世纪，诸多先发展国家在逐步建立健全社会保障与社会福利制度及体系过程中收获的重要成果。这意味着社会服务并不是一个抽象、笼统的概念，而是具有历史性、时代性和发展性特征，是在人类经济积累与社会发展到一定阶段后，在社会保障和社会福利领域出现的独特事物，是社会保障与社会福利制度及体系的有机构成。与此同时，伴随经济与社会发展的进步，人们日益深刻地认知到社会服务在社会保障与社会福利体系中占据愈来愈重要的位置。1962 年，美国通过的《公共福利修正案》中，"第一次特别认识到公共福利中预防性、保护性和恢复性服务的重要性，由联邦政府资助 75% 的这类服务的开支"[1]。

法案的签署与通过意味着在社会保障和社会福利领域出现了一种新的价值取向，即社会保障和社会福利不仅在于实物支持，更要重视社会服务。"这项措施代表了一个新取向——强调除了支持有需要的人还要有服务，要鼓励人们恢复自立能力而不是单纯救济，要培养人们有用的工作技能而不是长期依赖福利……我们的目标是预防或减少福利依赖，鼓励自力更生，维护功能完好的家庭的作用，帮助功能发挥不足的家庭恢复其功能。"[2]

一、社会服务的基本定义

社会服务并不是一个抽象、笼统的概念，而是社会保障和社会福利领域中的一个专有概念。具体而言，"社会服务"这一概念，由"社会"与"服务"两个词组合而成，反映出社会服务的两个基本属性。首先，

---

[1] O. 威廉·法利、拉里·L. 史密斯、斯科特·W. 博伊尔：《社会工作概论（第十一版）》，隋玉杰等译，中国人民大学出版社 2010 年版，第 27 页。

[2] O. 威廉·法利、拉里·L. 史密斯、斯科特·W. 博伊尔：《社会工作概论（第十一版）》，隋玉杰等译，中国人民大学出版社 2010 年版，第 27 页。

社会服务是一种由特定主体展开和实施的服务活动和形态，因而区别于产品、物品等客观存在的实物形态。参照《辞海》中对于服务的解释之一，服务亦称"劳务"，指不以实物形式而以提供劳动的形式满足他人某种需要的活动。其次，现代社会服务是一种由国家和社会通过制度化的体系，有组织地提供、购买、监管、评估的"社会性"服务。因此，它区别于个体所做出的某种服务行为及市场化的服务类型等，而专属于社会保障与社会福利领域。

尽管在现代社会的生活实践与实务活动中，"社会服务"一词正愈来愈频繁地出现于人们的视野范围和谈论的话语中，受到愈来愈多的重视和认同，而且在世界各国的社会保障与社会福利体系中得到广泛的采纳和应用，但直至目前依然尚无完全统一的概念界定，因而不同学者从不同的视角和方法出发，对于社会服务的认知和理解出现不同的看法和观点。整体而言，大多数学者认为，社会服务有广义和狭义之分，却持有各异的划分标准。

1. 生产性、生活福利性、社会性社会服务

有学者指出："可将社会服务界定为一种以提供劳务的形式来满足他人或社会需求的活动或行为。"[①] 社会服务的广义和狭义之分主要表现在以下两个方面。其一，具有扩展含义的社会服务的内容十分丰富，"广义的社会服务包括生活福利性服务、生产性服务和社会性服务。生活福利性服务指直接为改善和发展社会成员的生活福利而提供的服务，如衣、食、住、行、用等方面的生活福利服务。生产性服务指直接为物质生产提供的服务，如原材料运输、能源供应、信息传递、科技咨询、劳动力培训等。社会性服务指为整个社会正常运行与协调发展提供的服务，如公共事业、科教文卫事业、社会管理事业等"[②]。其二，狭义的社会服务的内容则要窄得多，主要是指"针对社会成员的生活福利提供的服务"[③]。

---

① 李迎生：《社会工作概论（第三版）》，中国人民大学出版社2018年版，第19页。

② 李迎生：《社会工作概论（第三版）》，中国人民大学出版社2018年版，第19页。

③ 李迎生：《社会工作概论（第三版）》，中国人民大学出版社2018年版，第20页。

2. 普惠性、个体性社会服务

有学者从另一种视角看待社会服务的广义和狭义之分。广义的社会服务包括卫生服务、教育服务、福利服务、住房服务、就业服务、个人社会服务等。英国社会科学家蒂特马斯认为社会服务是"通过将创造国民收入的一部分人的收入分配给值得同情和救济的另一部分人，而进行的对普遍的福利有贡献的一系列集体干预行动"。另一个代表性观点是鲍福所列举出的美国社会服务领域，包括国民保险、补助金、儿童救济金、家庭收入补助、裁员费支付、国民健康服务、地方福利服务（个人社会服务）、儿童服务、教育服务、青年服务、就业服务、住房服务、缓刑期服务和病后护理服务等。①

狭义的社会服务"仅仅指个人社会服务（PSS），有时候也叫社会福利服务或社会照料服务。国际劳工组织将社会服务定义为针对大多数脆弱群体的需求和问题所进行的干预。脆弱群体包括因暴力、贫困、家庭瓦解、身体和精神残疾、年老而受到影响的人"②。"曼迪认为，与标准化的服务相比，个人社会服务通常被提供给处于具体境况和有具体需求的个人。典型的 PSS 用户是老年人、儿童、家庭、残疾人、照料者。有其他各种各样需求和问题的人也使用 PSS。"③

3. 基本性、发展性社会服务

社会服务亦可分为基本性社会服务与发展性社会服务。狭义的社会服务通常指基本性的社会服务，即保障社会成员基本生活需要的服务，主要内容属于民政部门的职责范围。2012 年，国务院发布的《国家基本公共服务体系"十二五"规划》提出，国家建立基本社会服务制度，为城乡居民尤其是困难群体的基本生活提供物质帮助，保障老年人、残疾人、孤儿等特殊群体有尊严地生活和平等参与社会发展。国家提供的基

---

① 李兵：《社会服务：制度框架构建研究》，社会科学文献出版社 2019 年版，第 10—11 页。
② 李兵：《社会服务：制度框架构建研究》，社会科学文献出版社 2019 年版，第 11 页。
③ 李兵：《社会服务：制度框架构建研究》，社会科学文献出版社 2019 年版，第 11 页。

本性社会服务的主要内容包括：为城乡困难群体提供最低生活保障和专项救助；为农村五保对象提供吃、穿、住、医、葬方面的生活照顾和物质帮助；为自然灾害受灾人员提供救助；为城市生活无着的流浪乞讨人员提供救助；为残疾人、孤儿、精神病人等特殊群体提供福利服务；为老年人提供基本养老服务；为优抚安置对象提供优待抚恤和安置服务；为城乡居民免费提供婚姻登记服务；为身故者提供基本殡葬服务。2017年，国务院发布的《"十三五"推进基本公共服务均等化规划》进一步明确提出，国家建立完善基本社会服务制度，为城乡居民提供相应的物质和服务等兜底帮扶，重点保障特定人群和困难群体的基本生存权与平等参与社会发展的权利。主要内容包括最低生活保障、特困人员救助供养、医疗救助、临时救助、受灾人员救助、法律援助、老年人福利补贴、困境儿童保障、农村留守儿童关爱保护、基本殡葬服务、优待抚恤、退役军人安置、重点优抚对象集中供养。

广义的社会服务不仅包含基本性社会服务，即满足特殊群体的基本生存需要，而且伴随经济增长与社会发展步伐，致力于提升社会成员的生活质量，满足人们日益增长的美好生活需求。通过增加社会服务的投入、提升社会服务的质量、扩展社会服务的内容、扩大社会服务的受益群体，使社会服务成为增进社会成员的幸福感与获得感的重要路径。

综上所述，有关社会服务的定义，既有来自社会政策部门的实务与实践，亦有诸多研究者的概括与提炼。尽管不同的部门和学者对于社会服务的观点见仁见智，并不完全一致，但是围绕社会服务的基本属性和范畴，实务界与学术界依然存在共识性看法。概括而言，社会服务有广义和狭义之分。广义的社会服务内容丰富、外延广泛，是指为满足所有社会成员的生存、生活、发展的普遍需求，在教育、医疗、健康、住房、就业、养老、儿童抚育、文化等社会事业领域，提升人们的生活质量和福祉的社会性服务和行动的总称。狭义的社会服务，是指为促进社会公平与正义，在国家和社会的统筹下，由政府、专业社会组织、企业、公民、志愿者等多元主体提供的，旨在帮助特殊群体和困难群体改善生存与生活功能的社会化服务或行动。

二、社会服务的主要内涵

1. 社会服务的基本目标

社会服务的基本目标,即国家和社会统筹建立和发展社会服务体系的价值归属与目的。归纳而言,社会服务的基本目标主要包括以下内容。

(1) 缓解社会问题。近代工业革命以来,世界各国在由前工业社会向工业社会转型的过程中,经济与社会变迁和发展的速度十分迅猛。人类社会在获得科技进步和经济繁荣的同时,社会生活领域不断出现新的问题和挑战。尽管人们的物质生活条件得到极大改善和提升,但是正如法利等学者所言:"虽然我们拥有这些令人鼓舞的成就,但仍然未能摆脱所有的困境。"① "人们居住在一起,便会有相互关系和互动问题。个人问题、家庭问题和社区问题都会在日常生活的地平线上出现。滥用毒品、无家可归、犯罪、越轨、精神疾患、自杀、辍学、艾滋病和数不清的其他问题随处可见。"② 这些社会问题仅通过物质和经济支持很难得到明显改善,需要通过社会服务予以调整和缓解。

(2) 彰显社会公平。工业革命以来,科学技术的迅猛发展及其对经济生产效率等领域产生的巨大影响,使当今的"我们生活在一个前所未有的丰裕世界中,在一二百年前这是很难想象的"③。"但是,我们生活的世界仍然存在大规模的剥削、贫困和压迫。不仅有老的问题,还有很多新的问题,包括长期的贫困与得不到满足的基本需要,饥荒和大范围饥馑的发生,对起码的政治自由和基本的自由权的侵犯,对妇女的利益和主体地位的严重忽略,对我们环境及经济与社会生活的维系力不断加深的威胁。许多这样的剥夺,都可以这样或那样的形式,在富国和穷国观

---

① O. 威廉·法利、拉里·L. 史密斯、斯科特·W. 博伊尔:《社会工作概论(第十一版)》,隋玉杰等译,中国人民大学出版社2010年版,第4页。
② O. 威廉·法利、拉里·L. 史密斯、斯科特·W. 博伊尔:《社会工作概论(第十一版)》,隋玉杰等译,中国人民大学出版社2010年版,第4页。
③ 阿马蒂亚·森:《以自由看待发展》,任赜、于真译,中国人民大学出版社2013年版,序言,第23页。

察到。"① 这意味着在现代社会中，由于个体性、结构性、制度性等原因，依然存在大量的社会不平等，通过社会服务向困难群体和特殊群体提供资源，能维护和增进社会公平与正义。

（3）提升社会功能。在现代社会中，当经济与社会发展不平衡、社会结构中出现严重的不均衡时，"人们经常觉得他们的私人生活充满了一系列陷阱。他们感到在日常世界中，战胜不了自己的困扰，而这种感觉往往是正确的……造成这种跌入陷阱的感觉的，是世界上各个社会的结构中出现的似乎非个人性的变化"②。也就是说，当跌入陷阱仅仅是少数人的感觉时，可以归结为个人的困扰，此种困扰常常"产生于个体的性格之中，产生于他与别人的直接联系之中，这些困扰与他自身有关，也与他个人所直接了解的有限的社会生活范围有关"③。但是，若困扰"超越了个人的局部环境和内心世界。它们涉及许多处于类似处境的组织，这些组织进入到作为整体的历史社会的各种制度中；它们涉及不同的环境重合并相互渗透的方式"④，那就已经成为一种普遍的、社会性的困扰，进而深刻影响社会正常运行的秩序、稳定与发展。社会服务能通过预防、及时发现和处置社会结构中存在的隐患，提升社会整体功能。

2. 社会服务的供给主体

现代社会服务体系是由国家和社会统筹的制度性安排，并且伴随着社会服务体系逐步建立和完善的发展进程，社会服务的供给主体日益多元化。社会服务，是为满足人民群众多层次、多样化需求，依靠多元化主体提供服务的活动，事关广大人民群众最关心、最直接、最现实的利益问题。

---

① 阿马蒂亚·森：《以自由看待发展》，任赜、于真译，中国人民大学出版社 2013 年版，序言，第 23—24 页。
② 米尔斯：《社会学的想象力》，陈强、张永强译，生活·读书·新知三联书店 2001 年版，第 1 页。
③ 米尔斯：《社会学的想象力》，陈强、张永强译，生活·读书·新知三联书店 2001 年版，第 8—9 页。
④ 米尔斯：《社会学的想象力》，陈强、张永强译，生活·读书·新知三联书店 2001 年版，第 9 页。

（1）慈善服务团体和组织。早期的社会服务运动，可追溯至1884年在英国伦敦东区成立的汤因比馆，当时的伦敦东区包含了英格兰极贫困的人口，而且是贫困问题的焦点，贫困困扰着许多人，因此，这一地区的问题可能是英格兰这类问题中最严重的。面对日益严重的贫困、失业、犯罪、健康、居住等社会问题，一批具有慈善理念和社会关怀的人士，号召发起睦邻友好社会运动，鼓励伦敦地区的大学生到东区与当地居民为邻，并为其开展教育、文化、社区服务，改善社区居民贫困窘迫的生存与生活环境。与此时间相近，美国于1886年在纽约建立起第一个社区服务中心，3年后在芝加哥的赫尔大厦成立了当时极为著名的社区服务中心，满足当地社区居民对于社会交往、社会服务的需求。自那时起，具有社会关怀的慈善群体、团体和组织一直是社会服务的重要主体。

（2）政府的公共服务部门。尽管早期的社会服务主要由民间的慈善团体和组织推动，但是社会服务的体系化与各国政府建设福利国家的举措密切相关。20世纪二三十年代的经济危机及两次世界大战带来的社会创伤，使得西方国家的政府认识到，在经济增长的同时，需要构建特定的社会安全网及相对完整的社会福利体系，以保障社会成员的生存、生活和发展权益，实现经济与社会发展的均衡。为此，政府开始成立专门的社会保障和社会福利部门，并培养专业的管理人员。在二战以前的社会保障和社会福利体系中，常常以经济、物质、实物支持为主导，但是20世纪60年代以后，"时代变了，情况变了，问题也变了，如果我们的公共援助和儿童福利项目要满足当前的需要的话，其性质和目标也必须随之改变"①。社会服务开始成为社会保障和社会福利体系中的重要组成部分。

（3）专业的社会服务组织。早期的慈善服务并无专业的服务理念，处于自然萌发阶段，人们凭借爱心开展服务。伴随人们对于社会服务的需求日益增长，到20世纪早期，逐渐出现了以社会服务专业知识和实务技能为主要对象的社会工作专业的兴起。社会工作专业的建立和发展，不仅为社会服务提供专业的知识和技能，而且培养了规模庞大的专业社会服务人才，推动了专业社会服务组织的发展。20世纪60年代以后，政

---

① O. 威廉·法利、拉里·L. 史密斯、斯科特·W. 博伊尔：《社会工作概论（第十一版）》，隋玉杰等译，中国人民大学出版社2010年版，第19页。

府投入社会服务的公共资金快速增长,除一部分社会服务由政府自身的福利部门直接提供之外,大多数社会服务以社会项目的形式交给专业的社会服务组织实施,其成为社会服务供给的重要主体。

(4) 相关服务的企业组织。20世纪80年代,由第二次世界大战之后恢复重建及第二次工业革命推动的发展浪潮逐渐退却,主要西方国家的经济发展速度放缓,高水平的社会福利模式遭遇严峻挑战。面对新的经济与社会形势,各国政府纷纷采取相应措施对社会服务的供给方式实施改革。一方面,由于财政收入和公共开支缩减的压力,政府需要内部改革,积极向市场和企业组织学习,提高社会服务供给的效率。另一方面,政府减少了直接提供社会服务的范围,采取与专业社会服务组织和企业组织合作的方式,引入市场竞争机制,通过购买专业社会服务组织和企业组织提供的社会服务的方法,以更少的成本和财政支出提供社会服务。当企业组织承接政府采购的社会服务时,其成为社会服务的生产者和直接提供者。

(5) 社会公众和志愿团体。社会公众既可以是社会服务的受益者,也可以是社会服务的提供者。在现代社会中,社会服务几乎涵盖社会成员的所有社会生活领域,若社会成员的生活需求的方方面面,都需要依靠政府、专业社会服务组织、企业组织、慈善组织等专门组织予以关注和满足,则这些组织将不堪重负,而且几乎不可能实现。因此,现代社会服务中一个重要的维度是社会公众之间的互助与志愿服务。"所有这些事实表明,不顾他人需要而一味追求个人利益的行为不是现代生活的唯一特征……我们发现,在社会的各个阶层中正进行着一场广泛的运动,以期建立各种各样的永久的互助组织。而且,当我们撇开公共生活,进而观察当代人的个人生活时,我们还发现另外一个极其广阔的互助和互援的世界。"[①]

3. 社会服务的主要内容

社会服务的主要内容,与社会服务的界定相似,有广义和狭义之分。

(1) 满足基本需求。社会服务需要把握和满足社会成员的需求。正如马斯洛所指出的,人类的需求具有显著的层级性,社会服务首先要保

---

① 克鲁泡特金:《互助论》,李平沤译,商务印书馆1963年版,第259页。

障和满足困难群体的基本生存与生活需求。困难群体的出现，既受自然因素的影响，也受经济或社会因素的影响。譬如，人类中有一小部分群体在出生时即陷入不利的困境，如在身体、智力等方面存在先天障碍者。与此同时，由于受到年龄、社会结构、制度政策、重大事件等因素的影响，一部分群体可能会在人生的某个阶段成为困难群体。社会服务的基础内容，就是要满足困难群体的基本需求，帮助困难群体享有基本的生存和生活权益。

（2）提供普惠服务。对于普通社会成员而言，他们虽然并未陷入生存的极端困境，但就人类生命历程发展的规律而言，人们在生命周期的各个阶段依然面临诸多困难和挑战，需要社会服务的帮助。譬如，婴幼儿养育与保护、青少年偏差行为干预、婚姻家庭咨询、卫生健康服务、就业咨询与辅导、家庭治疗与安康、教育文化服务等。普惠服务的内容愈丰富、覆盖人群愈广泛、发展愈均衡，人们的社会生活质量愈能得到不断提升。

（3）倡导社会行动。现代社会服务体系的发展，不只是保障困难群体的基本生存和生活需求，也不只是为全体社会成员提供日益多样化的普惠服务，它的一项重要内容是推动社会结构和环境的改善。具体服务更多的是帮助困难群体和普通社会成员适应社会结构和环境，但有时社会问题的出现，更多的是由于社会结构和政策的不合理所导致的。因此，在提供具体服务的同时，需要倡导改善社会政策和环境的行动。譬如，仅有辅助女性就业、帮助女性应对工作场所的排斥和歧视的具体服务往往是不够的，尽管这些服务对于女性获得、维持其职位而言可能是重要的，但具体的服务并不能解决根本性的问题，需要以社会行动倡导支持女性职业发展的社会环境。[①]

三、社会服务的基本类型

1. 按社会服务的对象进行分类

（1）特惠型社会服务：针对困难群体的社会服务。譬如，为城乡贫

[①] 莫拉莱斯、谢弗：《社会工作：一体多面的专业》，顾东辉、王承思、高建秀等译，上海社会科学院出版社2009年版，第13页。

困群体、残障人士、自然灾害受灾人员、流浪乞讨人员、孤儿、精神病患者、农村五保对象、失能半失能老人、优抚安置对象等提供的社会服务。

（2）普惠型社会服务：涵盖所有社会成员的社会服务，如城乡社区服务。

2. 按社会服务的层次进行分类

（1）基本型社会服务：满足社会成员的基本生活需求的社会服务。譬如，为无家可归的流浪乞讨人员提供餐食服务，为自然灾害受灾人员提供食宿服务，为遭遇家庭暴力的女性提供庇护服务，为孤儿和五保对象提供集中供养服务等。

（2）发展型社会服务：满足社会成员的生活发展需求的社会服务。如文化、教育、卫生、医疗、健康、托育、就业、家庭支持、养老等服务。

（3）享受型社会服务：满足社会成员的幸福生活需求的社会服务。如为老年群体提供老年大学教育、心理支持、精神慰藉、文娱康乐等服务。

3. 按社会服务的方式进行分类

（1）直接型社会服务：直接面向服务对象提供的具体服务，如困境儿童的寄养服务，青少年偏差行为的矫正服务，失能、半失能老年群体的长期照护服务等。

（2）间接型社会服务：并不直接面向服务对象提供具体服务，而是以社会行动的方式倡导社会政策的完善、社会结构和社会环境的改善等。

4. 按社会服务的空间进行分类

（1）个体和家庭服务：主要围绕服务对象及其家庭开展的社会服务。

（2）机构服务：主要在相关机构（如社会福利院、养老院、医院、精神病院、学校、法院、工读学校、戒毒所、监狱等）中开展的社会服务。

（3）社区服务：在社区中供给的社会服务，如社区中心配置的法律咨询服务、心理咨询服务、妇女儿童发展服务、卫生健康服务、老年群体照顾服务等。

第二节　社会服务的微观关系

社会服务的微观关系，主要是指就微观而言，社会服务与其在理论和实践上存在密切关联的相关概念和体系之间的相互关系。具体而言，包括社会服务与社会保障的关系、社会服务与社会福利的关系、社会服务与社会工作的关系等。

一、社会服务与社会保障

自古以来，由于种种自然的与历史的、先天的与后天的、个体的与社会的等诸多原因，人类社会中一直存在着部分个体和群体面临严重的生存和生活障碍，抑或人们在生命周期的某一阶段，经历重大事件与生存危机。障碍和危机是如此严峻，单靠个体或家庭的力量很难克服和解决，需要得到来自他人的、社会的、国家的援助，以获得持续生存和生活所需的支持。在前工业社会，无论是东方国家还是西方国家，都出现了形式多样的社会救助，援助社会中的困难群体。进入工业社会之后，更是建立起制度化的社会保障体系。

1. 社会保障的界定

社会保障，英文为"social security"，我国香港和台湾地区亦称之为"社会安全"。社会保障即构建社会安全网，让身陷困境和危机障碍的社会成员能拥有基本的生存和生活安全。制度化的社会保障体系的起源，可追溯至英国1601年颁布的济贫法；到18世纪，德国为更好地促进工业生产和经济发展，建立起当时领先世界的现代社会保险制度，随后西方主要发达国家纷纷仿效德国的做法。1935年，美国颁布了社会保障法，首次提出社会保障的理念，有效地推动社会保障制度化的发展进程。

有关社会保障的界定和内涵，不同国家和地区存在不同的看法。国际劳工组织以维护劳动工人的权益为核心关切，将社会保障界定为："通过一定的组织，对这个组织的成员所面临的某种风险提供保障，为公民提供保险金，预防或治疗疾病，失业时资助并帮助其重新找到工作。"①国际劳工局在《社会保障导言》中，进一步指出，社会保障是"社会通过一系列的公共措施对其成员提供的保护，以防止他们由于疾病、妊娠、工伤、失业、残疾、老龄及死亡等导致收入中断或大大降低而遭受经济和社会困窘，对社会成员提供的医疗照顾，以及对有儿童的家庭提供的补贴"②。

1941年，以贝弗里奇为主席的社会保险和相关服务部际协调委员会展开调查研究，致力于考虑英国在战后重建的国家和社会保障方案。委员会提出了著名的《贝弗里奇报告》，该报告指出："英国社会保障计划的主要特征是，它是一个抵御因谋生能力中断或丧失而造成的风险，或覆盖因出生、婚嫁、死亡而产生的特殊支出的社会保险方案。"③ 整体而言，《贝弗里奇报告》设计了一套"从摇篮到坟墓"的相对完整的社会保障体系。

德国在迅速发展工业化大生产和市场经济的过程中，发现有许多社会成员在市场竞争中面临失败的危机，因而需要对那些在竞争中不幸失败的以及已失去竞争能力的社会成员提供基本的生活保障和安全。

美国1973年出版的《韦氏新大学词典》中将社会保障界定为："社会或国家为个人及其家庭保证经济安全和提供社会福利的公共计划的原则和实践。"④ 美国社会保障总署将社会保障定义为："根据政府法规而建立的项目，给个人谋生能力中断或丧失以保险，还为结婚、生育或死亡而需要某些特殊开支时提供保障。为抚养子女而发给的家属津贴也包括在这个定义之中。"

日本社会保障审议会在1950年颁布的《劝告》中，将社会保障定义为："针对疾病、负伤、分娩、残疾、死亡、老龄、失业、多子女及其他原因造成的贫困，从保险的方法和直接的公共负担上，寻求经济保障途径。对陷入生活困境者，通过国家救助，保障其最低水平的生活。与此同时，谋求公共卫生和社会福利的提高。"⑤

---

① 郑功成：《社会保障学：理念、制度、实践与思辨》，商务印书馆2020年版，第6页。
② 陈银娥：《社会福利（第二版）》，中国人民大学出版社2009年版，第4页。
③ 陈良瑾：《社会保障教程》，知识出版社1990年版，第1—2页。
④ 李迎生：《社会工作概论（第三版）》，中国人民大学出版社2018年版，第10页。
⑤ 李迎生：《社会工作概论（第三版）》，中国人民大学出版社2018年版，第10—11页。

2. 社会服务与社会保障的辨析

社会服务与社会保障之间具有紧密的联系，同时亦存在显著的差异。广义的社会保障，"是以保障和改善国民生活为根本目标，包括经济保障和服务保障等"①，这表明服务保障是社会保障的一个重要构成维度。但是，社会服务体系并非从属于社会保障体系，两者存在着差异。

1）社会服务与社会保障的核心属性

社会保障的基本内容是社会保险制度和社会救助制度，且两种制度皆具有显著的经济福利性。社会保险是以社会成员缴纳社会保险费用为基础，而享受的待遇亦是得到现金福利的回馈。社会救助是保障不能按期缴纳社会保险费用的困难群体和特殊群体的基本生存和生活，通常给予其最低限度的保障金及物质生活方面的援助。因而，社会保障的核心特质是经济福利性。

社会服务与物质的、经济的福利有所不同，主要是通过服务和劳务的形式，给予服务对象以帮助。随着世界各国社会保障理念、制度和政策的发展，社会服务在社会保障中的地位逐渐上升。譬如，在社会救助领域，原来主要是通过现金、物质支持的方式保障困难群体和特殊群体的基本生存，后来转变为提供特定的社会救助服务，帮助救助对象更快地恢复社会功能。

2）社会服务与社会保障的制度设计

社会保障是现代国家制度的重要组成部分，属于国家提供的公共服务，是国家职能在社会领域的重要展现。社会保障通常具有法律法规和政策依据，是国家意志的体现，具有强制性特质。

社会服务通常不具有强制性，而是可选择性。如国家对于困难群体和特殊群体的社会救助，现金和物质救助是必需的、以国家财政为经济后盾予以支持的，而社会服务形式的救助则是可选择的。

3）社会服务与社会保障的覆盖群体

社会保障作为具有法律强制性的国家制度，其制度效力覆盖全体国民。凡拥有国民资格者，都要遵守社会保障相关的法律法规，同时享有

---

① 郑功成：《社会保障学：理念、制度、实践与思辨》，商务印书馆2020年版，第11页。

社会保障待遇。与之相对,社会服务的对象具有特定性,社会服务具有实务性和劳务性,因而总是面向特定的社会群体而实施和展开。

4)社会服务与社会保障的主要内容

社会保障的内容通常具有兜底性特质,以国家名义对国民的基本生存条件实施兜底保障,当国民失去工作、年老退休、罹患疾病或遭遇意外时,能得到相应的援助,从而使自身的基本生存权利和人格尊严得到保障。与之相对,社会服务既可以是兜底性的,亦可以是发展性、享受性的。

二、社会服务与社会福利

福利亦称福祉,指一种良好的、美好的生活状态。人类的福利,是一种"健康、幸福、安全、舒适、满足"的生活感受和体验,需要一定的经济和社会发展条件才能实现。社会福利是一个被广泛使用的概念,在不同情境下其具体内涵有所差异。

1. 社会福利的界定

对于社会福利的认知和理解,存在着不同的观察视角和看法。

1)社会福利的狭义理解

在特定情形下,社会福利专指由民政部门供给和管理的福利,如城乡贫困群体的最低生活保障,孤儿、残障人士、五保对象等特殊困难群体的救助与集中供养,受灾群体的救助,老年群体的福利补贴,困境儿童的保障和保护,退役军人的安置、优待抚恤等。在此种意义上,社会福利的对象和内容是有严格限定的,是针对特殊群体给予特殊的保障和福利。

2)社会福利的中间理解

在广义和狭义之间的社会福利,是由国家各个部门提供的社会福利,此种社会福利具有普惠的特征,主要有社会保障(社会保险和社会救助)、公共教育、住房、医疗健康、社会补助、社会服务等形式。

3)社会福利的广义理解

社会福利的广义理解,是指一切有助于提升国民生活质量、增进人类社会福祉的举措,皆属于社会福利的范畴。社会福利供给的主体可以是国家、慈善组织、社会群体、个体等，受益主体面向全体国民。社会福利是"国家和各种社会群体举办的种种公共福利设施、津贴补助、社会服务以及种种集体福利事业，目的在于增进群体福利，改善国民的物质和文化生活"[①]。社会福利是"国家、集体和社会为保障全体公民的基本生活，提高人们的物质文化生活水平而提供的福利性物质帮助、福利性设施和社会服务"[②]。

美国出版的《社会工作词典》认为："社会福利是一个宽泛和不准确的词，它最经常地被定义为旨在改善弱势群体的状况的'有组织的活动'、'政府干预'、政策或项目……社会福利可能最好被理解为一种关于一个公正社会的理念，这个社会为工作和人类的价值提供机会，为其成员提供具有合理程度的安全，使他们免受匮乏和暴力，促进公正和基于个人价值的评价系统，这个社会在经济上是富于生产性和稳定性的。这种社会福利理念基于这样的假设：通过组织和治理，人类社会可以生产和提供这些东西，而因为这一理念是可行的，社会有道德责任实现这样的理念。"[③]

2. 社会服务与社会福利的辨析

在广义的社会福利领域中，社会服务属于社会福利体系的有机组成部分。社会福利以增进人类社会的整体福祉为主旨，其中，社会服务是实现社会福利目的的重要形态。两者之间有密切联系，亦存在一定差异。

（1）社会服务与社会福利的相互促进。在建立社会福利制度和建设福利国家之前，早期的社会服务通常由爱心人士和慈善机构号召、发起和实施，具有临时性、偶然性、暂时性的特点，其影响和覆盖的群体亦有限。与此同时，早期的社会福利常常是以物质、现金、实物的形式对有需要的群体进行补助和救助。社会福利制度的逐步建立健全，推动了社会服务的体系化、组织化进程，使社会服务进入发展的新阶段。通过发展社会服务，社会福利体系得到不断完善。

[①] 侯文若：《现代社会保障学》，红旗出版社1993年版，第27页。
[②] 郭崇德：《社会保障学概论》，北京大学出版社1992年版，第35页。
[③] 陈银娥：《社会福利（第二版）》，中国人民大学出版社2009年版，第2页。

（2）社会服务与社会福利的内涵外延。广义的社会福利内容丰富、形式多样、涵盖范围广泛。社会福利的对象，既可以是困难群体，也可以是普通民众；社会福利的形式，既可以是物质、现金、实物，也可以是服务和劳务；社会福利的内容，涵盖人们生活的各个方面、各个领域；社会福利的供给主体，可以是国家、各种所有制单位、企业、社会组织、团体、个体等。相比而言，社会服务的内涵和外延则窄得多，其供给主体与接受群体、内容与形式都有限制。

（3）社会服务与社会福利的功能侧重。社会福利具有宏观的道德和价值取向功能，社会福利不断追求构建美好人类社会与增进人类福祉，调节社会结构中的不公正与不平等，减少社会环境中人们常常面临的限制性、剥夺性困境，缓解社会冲突、矛盾和对抗。整体而言，其制度设计与资源供给通常具有宏观的道德功能。与之相比，社会服务的功能更侧重于具体性、实务性和操作性，通过一整套理念、设计、方法、机制等，确保将特定的社会服务送到有需要的个体和群体之中。

三、社会服务与社会工作

社会工作兴起于 20 世纪初期，与社会服务紧密相关。如莫拉莱斯和谢弗指出，现代社会需要通过社会工作开展社会服务，"如果世界完美，它就会给每个人提供温暖安全的住处、足够的营养食物、富有挑战性的职位、良好的健康照顾以及来自朋友和家庭的关爱，世界只有最少的压力、犯罪和困苦，所有人对其生活是那么满意和满足。社会工作之所以存在，是因为世界并不完美。社会工作者之所以服务人们和改革社会制度就在于他们面对着这种不完美"[①]。

1. 社会工作的界定

社会工作蕴含着丰富的内容，因而并不容易有统一的界定。整体而言，在理论界与实务界存在的共识为：社会工作是一种专业化的、职业化的、制度化的社会服务活动、过程、方法与实践。社会工作的目标是在特定的理论、伦理和方法的指引下，围绕人与环境的关系，通过专业

---

① 莫拉莱斯、谢弗：《社会工作：一体多面的专业》，顾东辉、王承思、高建秀等译，上海社会科学院出版社 2009 年版，第 1 页。

的社会服务行动，缓解社会问题、协调社会关系、增进社会功能、改善社会环境等。

美国社会工作协会将社会工作定义为："社会工作是一种专业活动，用于协助个人、群体、社区去强化或恢复能力，以发挥其社会功能，并创造有助于达成其目标的社会条件。"① 举例而言，美国劳工统计局认为，"儿童、家庭和学校社会工作者"，能"提供社会服务，协助儿童及其家庭提高他们的社会和心理功能，使家庭安康最大化、儿童学习能力最大化。（社会工作者）可以帮助单亲人士、安排领养、为弃儿或受虐儿童寻找寄养家庭。在学校里，他们处理不良行为和逃学等问题。（他们）也可以在如何应对问题儿童方面给教师提出建议。"②

社会工作，"可以定义为一门艺术，一门科学，一个专业，它通过社会工作实践帮助人们解决个人、群体（特别是家庭）和社区的问题，并帮助人们获得满意的人际关系、群体关系和社区关系。当今的社会工作实践往往不局限于单一的工作方法，而是包含了个人、群体和社区方法。主要落脚点是减少人际关系中的问题，通过改善人际互动让人们的生活更美满"③。

社会工作，"是一门包罗万象的、服务于人的职业，并逐渐成为一门以帮助人们增进社会功能为关注中心的专业。简而言之，社会工作者帮助人们增强与周围世界方方面面的互动——他们的子女、父母、配偶或其他所爱的人、家庭、朋友、同事乃至组织和整个社区。社会工作承诺要改变降低大众（尤其面对社会问题表现极为弱势的人）生活质量的社会因素"④。

2007年12月，国务院学位委员会办公室社会工作硕士专业学位设置专家论证会上，对社会工作亦给出一个综合性定义：社会工作是遵循以人为本、助人自助、平等公正的专业价值观，在社会服务及社会管理等领域，综合运用专业知识、技能和方法，帮助有需要的个人、家庭、群

---

① 李迎生：《社会工作概论（第三版）》，中国人民大学出版社2018年版，第4页。
② 莫拉莱斯、谢弗：《社会工作：一体多面的专业》，顾东辉、王承思、高建秀等译，上海社会科学院出版社2009年版，第25页。
③ O. 威廉·法利、拉里·L. 史密斯、斯科特·W. 博伊尔：《社会工作概论（第十一版）》，隋玉杰等译，中国人民大学出版社2010年版，第9页。
④ 莫拉莱斯、谢弗：《社会工作：一体多面的专业》，顾东辉、王承思、高建秀等译，上海社会科学院出版社2009年版，第20页。

体和社区，整合社会资源，协调社会关系，预防和解决社会问题，促进社会稳定的专业和职业。①

2. 社会服务与社会工作的辨析

由以上分析可知，社会工作本质上是一种社会服务工作、一种服务实务与实践；与此同时，它又不是一种简单的、自然的社会服务工作，而是一种专业化的、职业化的、制度化的社会服务过程和行动。

（1）社会服务与社会工作相互促进。19世纪末属于现代社会服务的萌芽阶段，当时的社会服务主要是由民间的爱心人士和慈善组织推动的，社会服务工作者多是出于自发和自愿的慈善价值理念。到20世纪初期，随着社会服务的需求和行动日益增加，人们开始关注社会服务的专业能力，由此f诞生了社会工作专业，其致力于为社会服务提供专门的知识和伦理，指导社会服务工作者在服务过程中采取适当的实务方法，提升社会服务工作者的服务能力和水平，并努力让社会服务获得良好的效果。与此同时，伴随社会服务在社会福利体系中的重要性不断增强，社会工作亦日益被人们广泛认知、理解和认可。

（2）社会工作是专业化的社会服务。社会服务有多种形式，而社会工作是一种专业化的社会服务。世界各国的高等院校专门设置社会工作专业，为社会服务培养专业的工作者，即接受过专业训练的社会工作者。他们具有特定的专业知识和技能，在专业理论和伦理的指引下，通过科学的、实证的方法，有步骤地开展社会服务，让社会服务能顺利地送至服务对象，并能达到良好的效果。

（3）社会工作是职业化、制度化的社会服务。社会工作者从事的是一种专门的社会服务职业，即职业化、制度化的社会服务。中国劳动和社会保障部在2004年明确社会工作者成为我国的新职业，并于同年7月1日将社会工作者作为第九批新职业之一正式向社会颁布国家职业标准。同时，还确定了我国的社会工作者职业的资质要求，即需要获得社会工作者职业资格证书，同时享有社会工作者相应的职业待遇和晋升体系等。这意味着，国家通过制度化安排认可了社会工作是一种职业化的社会服务，社会工作者能获得相应的职业报酬和地位。

---

① 李迎生：《我国社会工作职业化的推进策略》，《社会科学研究》2008年第5期。

第三节　社会服务的宏观关系

社会服务的宏观关系，主要是指就宏观而言，社会服务同与其在理论和实践上存在密切关联的相关概念和体系之间的相互关系。具体而言，包括社会服务与公共服务的关系、社会服务与社会政策的关系、社会服务与社会治理的关系。

一、社会服务与公共服务

公共服务，是一种由公共部门供给的公共产品。在现代社会中，公共服务占据着重要的地位，其与公共管理一起，成为公共部门的主要公共职能。公共部门的工作者，需要具有公共服务的意识和精神，"他们以一种许多人不可能理解或难以理解的方式为他们的公民同伴服务……我们关心我们的国家，关心我们的社区，并且关心我们的邻里。我们每一个人，无论我们是穿制服、套装，还是穿夹克、工装，或者戴安全帽，我们都在改进他人生活的过程中扮演着某种角色。为公众服务——帮助处于困境中的人们，使世界更加安全和整洁，帮助孩子们学习并茁壮成长，到别人不愿去的地方劳动——这就是我们的工作和职业"[①]。

1. 公共服务的界定

在传统的公共行政中，有效地管理政府和政府的有效管理占据着主导地位。但是，随着新公共管理和新公共服务运动的兴起，人们愈来愈认识到公共服务的重要性，"公共行政的精髓就在于此。就公共行政而言，最重要的并且最有价值的就是我们为公民服务以增进共同的利益。公共行政官员要负责改进公共卫生状况，要负责维护公共安全，要负责提高我们的环境质量，以及许许多多的其他工作任务"[②]。对于公共服务

---

① 珍妮特·V.登哈特、罗伯特·B.登哈特：《新公共服务：服务，而不是掌舵》，丁煌译，中国人民大学出版社2010年版，前言第12页。
② 珍妮特·V.登哈特、罗伯特·B.登哈特：《新公共服务：服务，而不是掌舵》，丁煌译，中国人民大学出版社2010年版，前言第2页。

的界定，有诸多视角和观点。

狭义的公共服务是一种公共产品。所谓公共产品是指"这样一类商品：将该商品的效用扩展于他人的成本为零，因而也无法排除他人的共享。公共产品最好的例子是国防，一国保卫其自由和生活方式时，它保卫的是所有的居民，无论他们是否愿意接受或者是否为这种保卫支付了费用"。公共产品主要由有形的公共物品和无形的公共服务组成，公共服务是指实务或劳务形式的公共产品。特定情形下的公共服务主要是与市场服务相对，目的在于保护弱势群体，保护在市场竞争中处于不利地位的特殊群体，体现社会公平与正义。

中间层面的公共服务，是与公共管理并行的概念，是指政府部门为满足社会成员的公共需求、实现公共利益，而提供的公共物品和服务的总称。公共服务是指公共部门"提供公共产品和服务，包括公共设施、公共事业和公共信息，为社会公众生活和参与社会经济、政治、文化活动提供保障和创造条件"，即"公共服务主要是提供和满足公共需求的服务"[1]。

广义的公共服务包括政府作为公共部门的所有职能。狄骥认为，国家和政府的根本目的并不在于命令和统治，而在于提供公共服务，"公共服务就是指那些政府有义务实施的行为"[2]。具体而言，公共服务是指"任何因其与社会团结的实现与促进不可分割，而必须由政府来加以规范和控制的活动，就是一项公共服务，只要它具有除非通过政府干预，否则便不能得到保障的特征"[3]。因此，"无论对国家的事务以何种方式进行管理，其基本观念都是明确的：政府必须履行某些确定的职能。结果，一项公共服务便成了关于某种严格的客观秩序的制度"[4]。在此意义上，国家和政府的全部公共职能是提供公共服务，既有普通公共服务与公共安全，又有经济服务与社会服务等。

2. 社会服务与公共服务的辨析

社会服务与公共服务有着密切联系，同时亦存在一定差异。

---

[1] 胡泽君：《公共管理与社会服务》，中央编译出版社2008年版，第207页。
[2] 狄骥：《公法的变迁》，郑戈译，商务印书馆2013年版，第47页。
[3] 狄骥：《公法的变迁》，郑戈译，商务印书馆2013年版，第49页。
[4] 狄骥：《公法的变迁》，郑戈译，商务印书馆2013年版，第55页。

（1）公共部门的公共服务中有社会服务的职能。公共服务与国家的公共职能紧密相关。提供公共产品和服务是现代国家的基本职能，公共服务职能中包含社会服务职能。譬如，政府维护社会秩序和安全，保护社会困难群体和特殊群体的基本权益，体现社会公平和正义，预防和缓解社会问题等。从这个角度而言，国家和政府的公共服务中，蕴含着公共部门供给社会服务的职能，并与公共部门的其他职能（如基础公共服务、公共安全服务、经济公共服务职能）共同构成国家和政府的公共服务体系。公共部门的社会服务供给是公共服务体系中的有机组成部分，具有特定的实现公共服务的功能。

（2）社会服务并不完全依靠公共服务来实施。社会服务的主体，可以是国家和政府，与此同时，社会服务还可由其他主体自主发起、实施和完成。一方面，早期的社会服务主要由民间的慈善组织和爱心人士开展，为处于困境之中有需要的社会成员提供社会服务。如今，慈善组织、志愿组织、第三部门依然是社会服务的自主提供者，并不完全依赖于政府的资金和支持。另一方面，个体、家庭、邻里、社区中的人们，为增进彼此、社区、社会的总体福祉，相互帮助并开展社会服务的行动，亦是社会服务的重要来源。

（3）社会服务的功能实现和发展有赖于公共服务体系的良好运行。20世纪五六十年代以来，随着政府公共服务职能的建立健全，政府的公共服务机构日益增多，公共服务占财政支出的比例不断提升，公共服务的能力愈来愈强。由此，政府公共部门超越了其他社会服务的主体，成为社会服务中最重要的供给者。在执行公共的社会服务职能的过程中，政府不仅直接供给社会服务，而且与企业组织、慈善组织、志愿组织、第三部门合作，给予后者以社会服务的资金支持，同时监管社会服务的内容、评估社会服务的效果等，极大地推动了社会服务的体系化发展进程。

二、社会服务与社会政策

社会政策是公共政策的重要组成部分。一般而言，在我国，政策的明确指向是由公共部门决定的；在西方，政策亦可由私人部门做出。因此，为区别于私人部门的政策，国际上依惯例把公共部门制定的政策称为公共政策。广泛意义上的公共政策是指"具有合法权威的公共部门用以引导和规范有关社会主体的行动指南和准则"①。概而言之，公共政策是公共部门履行公共职能的重要工具；社会政策是公共部门为履行社会管理和服务的公共职能而在社会公共领域制定的政策，是公共政策的重要组成部分。

1. 社会政策的界定

在现代社会中，社会政策主要包括理论研究和实务实践两个维度。一方面，实务实践维度的社会政策，是指公共部门为体现社会管理和服务的公共职能，具体制定、组织和实施的各项政策。另一方面，理论研究维度的社会政策，主要是指以现实社会政策为研究对象的社会政策学，"它的出现主要是因为它的研究对象——社会政策——在那时已成为一个独特的、重要的和充满争议的领域，值得进行批评审视和系统分析"②。

1）狭义的社会政策

社会政策概念的提出，可追溯至19世纪末的德国，为保障资本主义市场经济发展，缓解伴随而来的社会冲突和矛盾，德国一批学者成立了社会政策学会，其中协助俾斯麦政府建立社会保险制度的学者瓦格纳,③在1891年首次提出社会政策的概念，即社会政策是"运用立法和行政的手段，以争取公平为目的，清除分配过程中的各种弊害的国家政策"④。此时的社会政策视野是较为狭窄的，主要目的在于预防和缓解社会问题。

早期对于社会政策概念的界定，主要与在资本主义社会背景下，国家如何缓和劳资矛盾的策略有关。资本主义国家出现对社会政策的需求，与当时资本家与劳动者之间的雇佣与被雇佣关系的性质有关。当劳动者遭遇失业或其他困境时，既不能从企业组织那里也不能从国家那里获得援助。在此背景下，社会问题愈来愈频繁地发生，急需国家和公共部门

---

① 王满船：《公共政策制定：择优过程与机制》，中国经济出版社2004年版，第8页。
② 哈特利·迪安：《社会政策学十讲》，岳经纶、文卓毅、庄文嘉译，格致出版社、上海人民出版社2009年版，第17页。
③ 唐均：《社会政策学导引》，《社会科学》2009年第4期。
④ 曾繁正等：《西方国家法律制度社会政策及立法》，红旗出版社1998年版，第165页。

介入，用社会政策作为工具和手段保障资本主义的经济发展，同时缓解资本主义社会的弊端。①

2）广义的社会政策

20世纪五六十年代，社会政策的理论和实践逐渐走向成熟，英国学者马歇尔和蒂特姆斯将社会政策的研究推向新的高度。马歇尔将社会政策定义为"关于政府行动的政策，即政府通过向市民提供服务或收入，从而对他们的福利产生直接的影响。所以，社会政策的核心内容包括社会保险、公共（国家）救助、健康和福利服务以及住房政策"②。蒂特姆斯则把社会政策主要分为三个部分：一是社会福利或社会服务；二是财政福利；三是职业福利。他将社会福利或社会服务称为"社会政策的冰山露出水面的部分"，"关注的是对一系列社会需求，以及在稀缺的条件下人类组织满足这些需求的功能的研究。人类组织的这种功能在传统上被称为社会服务或社会福利制度。社会生活的这个复杂的领域处于所谓的自由市场、价格机制、利益标准之外"③。

由此可见，随着社会政策的理论与实践走向成熟，社会政策的内涵变得更为广泛和丰富。"社会政策学讨论的是那些对你我他能过上什么样的生活有影响的诸多不同事务。思索一下那些令我们值得生活下去的东西：必需的服务，如医疗卫生和教育；生存的手段，如一份工作或者金钱；重要而无形的东西，如爱情和安全感。"④ 社会政策学"大多把注意力放在社会政策或人本服务提供的五个关键领域中：医疗卫生、教育、社会保障、住房和个人社会服务"⑤。

总而言之，社会政策是"政府为保障民众的基本需要、维护社会公平而向民众提供各方面保障和服务的政策体系，包括健康政策、教育政策、社会保障政策、就业政策、住房政策，以及针对老年人保障与服务、

---

① 哈特利·迪安：《社会政策学十讲》，岳经伦、文卓毅、庄文嘉译，格致出版社、上海人民出版社2009年版，第21—26页。

② 黄晨曦：《社会政策概念辨析》，《社会学研究》2008年第4期。

③ 唐钧：《社会政策学导引》，《社会科学》2009年第4期。

④ 哈特利·迪安：《社会政策学十讲》，岳经伦、文卓毅、庄文嘉译，格致出版社、上海人民出版社2009年版，第2页。

⑤ 哈特利·迪安：《社会政策学十讲》，岳经伦、文卓毅、庄文嘉译，格致出版社、上海人民出版社2009年版，第52页。

儿童保护与服务、残疾人事业发展等方面的政策"①。社会政策是公共政策的重要组成部分，其与经济政策、文化政策、环境政策等共同构成公共政策体系。

2. 社会服务与社会政策的辨析

社会服务与社会政策既存在密切联系，又有一定的区别。

（1）社会政策规范社会服务。社会服务是社会政策关注的核心领域之一，政府公共部门通过社会政策对社会服务进行组织、管理和规范。社会政策是公共政策的重要组成部分。公共政策的主要形式有：具有高度权威性和强制力的法律法规；国家行政部门颁布的条例、规章、管理办法、通知；地方性政府部门发布的适应地方独特情况、具有可操作性的各种标准和细则；国家和地方层面的发展战略、计划和规划；政府部门立项、组织、实施、监管的重大项目；领导人提出的要求和号召；由政府部门决定的不采取行动和不干预的决策等。② 由公共部门制定的社会政策通常具有权威性和强制性，能对社会服务的性质、内容等起决定性作用。

（2）社会政策指引社会服务，同时社会服务亦具有一定的独立性。公共部门的社会政策不仅能对社会服务的本质属性、应遵循的价值、应遵守的规范等做出具有权威性和强制性的规定，而且能通过"看得见的手"引导社会服务的发展。社会服务的目的是通过服务的形式增进人类福祉，然而，人类福祉中包括的具体内容有哪些？国家应在社会服务领域配置多少公共资源？如何配置资源？哪些群体将获得怎样的福利？国家在一段时期内主要关注的社会问题有哪些？诸如此类问题，需要社会政策予以指引。与此同时，由于社会服务的供给主体不仅仅是公共部门，还包括企业组织、慈善组织、志愿组织、第三部门、个体、家庭、邻里、社区等非公共部门。因此，社会服务在接受社会政策指引的同时，亦具有一定的独立性。

（3）社会服务是社会政策的实现，社会政策的价值、理念及目标等

---

① 关信平：《筑牢"社会政策"托底的"底线"》，《人民论坛》2020 年第 4 期。
② 王满船：《公共政策制定：择优过程与机制》，中国经济出版社 2004 年版，第 14—15 页。

通过社会服务的形式来达成。整体而言，社会政策是宏观的，需要一定的载体以适当的方式予以实施。社会政策的效果的实现，有赖于公共部门在社会管理和服务中的资源配置、各项法律规范的制定，以及相关的机制。社会服务是社会政策的一项重要实现机制，在一定社会政策的支持下，从事社会服务的相关主体获得资金、资源、良好的政策环境等，通过社会服务机制的运作，提升人类社会的福祉。与此同时，社会服务获得社会政策支持的资源及社会服务的精细化程度和水平等，又反过来影响和促进社会政策的健全和完善。

三、社会服务与社会治理

20世纪七八十年代，世界各国的公共管理领域中出现一种新的趋势，即"以政府为核心的公共管理改革运动，旨在创建一个施政成本低、管理绩效高、公共服务品质优的治理模式"[①]。20世纪80年代末以来，治理成为一个受到广泛关注的新理念。"治理"（governance）一词的拉丁文原意，是指统治、控制与掌控，主要用于国家的统治及其对社会的管理。但在20世纪90年代以后，治理有了新的含义，与"统治"（government）相比有了不同的内涵。

1. 社会治理的界定

20世纪90年代以后，治理的理论和实践日益成为主流议题，但关于治理概念的界定众说纷纭。罗茨指出："'治理'这个词指的是政府在一定意义上的变化，它意味着一种新的统治过程。治理具有多种用法，例如，它可以指涉最小化国家，可以指涉公司治理，并且可以指涉新公共管理。'治理'一词因其意义太多而无法得出令人满意的界定。"[②] 具体而言，关于治理的典型界定有以下两种。

其一，治理是一种组织管理机制。罗西瑙指出：治理是"一系列活动领域的管理机制，它们虽未得到正式授权，却能有效发挥作用。与统

---

① 邓伟志、张钟汝、范明林：《社会管理与社会政策：境外公共政策扫描》，上海人民出版社、格致出版社2007年版，第1页。

② R. A. W. 罗茨：《理解治理：政策网络、治理、反思与问责》，丁煌、丁方达译，中国人民大学出版社2020年版，第14—15页。

治不同，治理指的是一种由共同的目标支持的管理活动，这些管理活动的主体未必是政府，也无须依靠国家的强制力量来实现"[1]。由此可知，治理的主体可以是多种形式的组织，不一定是政府，可以是企业、社会组织、社区等。基奥恩和奈指出："治理是指导和控制群体集体活动的、正式的或者非正式的过程和制度。政府是拥有权威行事并且设定正式义务的集团。治理不一定必须通过政府专门进行，私人公司、公司联合会、非政府组织，以及非营利组织都在从事治理，它们通常和政府组织合作进行治理，有时也在没有政府权威涉入的情况下工作。"[2]

其二，治理是一种自组织的网络。由统治、管理向治理的转型，是由一种地方政府的体制转变为一种包含有来自公共部门和私人部门复杂组合的地方治理体制。多元组织、部门之间的合作治理，意味着在公共部门和私人部门等多元组织之间形成一种自组织的网络关系，"组织之间关系的自组织通常比较复杂。它出现的条件是：若干个物质上相互依存而形式上自主且又控制着重要资源的组织，感到有必要协调行动以便获得互利的共同结果。为达到这个目的，这些组织通过谈判确认共同的目标，并为实现这一目标进行正面的协调"[3]。"最复杂的治理形式的出现，是由于不同的机构序列谋求促进相互理解与共同发展，以期实现一致同意的宏观社会目标。"[4]

综合来说，世界治理委员会 1995 年在《我们的全球伙伴关系》报告中对于治理的界定为："治理是或公或私的个人和机构经营管理相同事务的诸多方式的总和。它是使相互冲突或不同的利益得以调和并且采取联合行动的持续的过程。它包括有权迫使人们服从的正式机构和规章制度，以及种种非正式安排。而凡此种种均由人民和机构或者同意，或者认为符合他们的利益而授予其行动。"[5]

---

[1] 俞可平：《治理与善治》，社会科学文献出版社 2000 年版，第 2 页。
[2] 欧文·E. 休斯：《公共管理导论（第三版）》，张成福、王学栋、韩兆柱等译，中国人民大学出版社 2007 年版，第 93 页。
[3] 鲍勃·杰索普、漆燕：《治理的兴起及其失败的风险：以经济发展为例的论述》，《国际社会科学杂志（中文版）》2019 年第 3 期。
[4] 鲍勃·杰索普、漆燕：《治理的兴起及其失败的风险：以经济发展为例的论述》，《国际社会科学杂志（中文版）》2019 年第 3 期。
[5] 玛丽-克劳德·斯莫茨、肖孝毛：《治理在国际关系中的正确运用》，《国际社会科学杂志（中文版）》1999 年第 1 期。

社会治理是现代治理中的一个领域。有学者指出，社会治理是指"政府及其他社会主体，为实现社会的良性运转而采取的一系列管理理念、方法和手段，从而在社会稳定的基础上保障公民权利，实现公共利益的最大化……社会治理机制是一个全程机制，既包括事前的利益表达，事中的协力治理，还包括事后的风险控制"①。又如，社会治理"是政府、社会组织、公众等在互动协商的基础上共同努力解决社会问题、回应治理需求的过程"②。

中国现代社会治理的发展，伴随20世纪80年代全球治理理念的勃兴，在90年代开启，且发展日益加快。1993年，中共十四届三中全会在《中共中央关于建立社会主义市场经济体制若干问题的决定》中首次使用"社会管理"的概念，并提出加强政府的社会管理和公共服务职能。2013年，中共十八届三中全会，将"社会管理"改为"社会治理"，尽管只有一字之差，但其治理的理念、内容、方式、机制都发生了重大转变，意味着社会事务正在由政府单向度的管理，转变为政府、企业、社会、公民等全体社会组织、社会群体、社会公众的共同事务，且共同进行治理。党的十九大提出打造共建共治共享的社会治理格局；中共十九届四中全会进一步提出，必须创新和加强社会治理，完善党委领导、政府负责、民主协商、社会协同、公众参与、法治保障、科技支撑的社会治理体系，建设人人有责、人人尽责、人人享有的社会治理共同体，确保人民安居乐业、社会安定有序，建设更高水平的平安中国。

2. 社会服务与社会治理的辨析

由以上社会治理的界定和分析可知，社会服务与社会治理既有密切联系、又有明显差异，主要体现在以下方面。

（1）社会治理与社会服务相辅相成、相互促进。一方面，良好社会治理的实现，既需要能够体现社会公平和正义的社会政策，需要科学的治理体系、专业的治理能力，同时亦需要社会服务的辅助。通过社会服

---

① 周晓丽、党秀云：《西方国家的社会治理：机制、理念及其启示》，《南京社会科学》2013年第10期。

② 郁建兴：《社会治理共同体及其建设路径》，《公共管理评论》2019年第3期。

务，协调社会成员之间的利益分配，解决人们在社会领域中最迫切的需求和最关注的问题，保障和促进人们的生存、生活和发展，因而常常能有效地缓解社会冲突、矛盾和对抗，实现社会治理的秩序与目标。另一方面，社会治理是社会服务的有力支持。社会治理作为国家治理体系的有机组成部分，既是党和政府的职责所在，亦是人民群众的共同期待。社会治理作为一种制度和机制，能有效地保障社会服务拥有充足的、可长期稳定保持的财政或经费供给体系，能推动专业社会服务工作者队伍的培育，能支持社会服务组织的设立、管理和完善等。

（2）社会治理与社会服务的目标侧重存在差异。社会治理，重点依然是在社会领域的"治"与"理"，其基本目标是社会平安、有序。在"社会治理"概念出现前，我国曾使用"社会治安""综合治理"等概念指称对社会领域的治理。为实现对社会治安的综合治理，曾成立过中央社会治安综合治理委员会，旨在推动与实现"平安中国"的建设。可见，社会治理工作的中心在于缓解社会矛盾，实现社会的安定有序。与此相比，社会服务则是以供给社会化服务为重心，以满足人民群众现实的、迫切的社会服务需求为主，是施益型服务，其与社会治理的目标侧重存在明显的差异。

（3）社会治理与社会服务的工作机制存在差异。社会治理的工作机制主要围绕"党委领导、政府负责、民主协商、社会协同、公众参与、法治保障、科技支撑"的方针展开。在社会治理的工作机制中，有"治"有"理"："党委领导"，表明社会治理是党的事业，社会治理要在党的领导之下有序进行；"政府负责"，表明社会治理具有鲜明的公共行政色彩，即政府的相关部门应履行其化解社会矛盾、依法解决社会纠纷的职责；"民主协商、社会协同、公共参与、法治保障"，表明在实现社会治理的过程中，要高度关注多元组织主体的理性、有效沟通，避免采用简单、单纯的行政管理甚至行政处罚方式；"科技支撑"，表明可以通过网格化、大数据、人工智能等方式，增强对社会治理工作的技术支撑。上述社会治理工作机制所表现出的特征，与前文中所描述和分析的社会服务的工作机制显然存在不同。

第四节　社会服务的基本环境

家庭、亲属、朋友、乡邻等社会成员之间的相互扶持和救助，在人类社会的历史长河中源远流长。这种社会服务发展到现代社会中具有一定体系化、专业化属性的社会服务，其萌发、发展和变迁则与特定的经济、政治、社会、文化背景和环境相关联。

一、社会服务的经济环境

现代社会服务，是工业革命以来人类社会发展到一定历史阶段的产物。经济基础决定上层建筑，现代社会服务体系的建设，与一个国家的经济发展和生产力水平密切关联。社会服务的经济环境，是指社会服务得以开展的经济性、物质性影响因素，具体而言，包括社会服务的经济发展支撑、社会服务的成本承担、社会服务的财政支持等内容。

（1）社会服务的经济发展支撑。20世纪五六十年代，现代社会服务体系率先在主要西方国家建立并获得长足的进步，与主要西方国家在二战之后迅速重建、经济实现新一轮快速发展有密切关联。新中国成立后，在生产力水平落后的情形下建设社会主义国家，发展科技、教育、卫生、文化等社会事业，为国家的公共服务和社会服务体系奠定了初步基础，但由于受到经济发展水平的限制，社会服务水平整体偏低。改革开放以来，伴随经济改革步伐的加快，经济发展水平日益提升，社会保障、教育、医疗等社会事业蓬勃发展，但整体而言，社会服务依然存在数量短缺和质量不高的问题。"十二五"以来，是国家经济加速发展的重要历史时期，公共服务和社会服务在经济发展的基础上不断取得新成就。

（2）社会服务的成本承担。社会服务的成本得到有效承担，是社会服务得以开展的首要经济因素。国家和政府承担着基本公共服务和社会服务的职能，保障困难群体和特殊群体的基本生存和生活需求。当生产力发展水平较低时，基本社会服务的覆盖范围窄、服务数量少、服务水平低；随着经济发展水平上升，基本社会服务的范围和水平亦相应提升。

只有当经济发展到一定程度时,普惠型的教育、医疗、健康、社会服务等才有经济上的可行性。享受型的社会服务,则需要经济发展到较高水平,才能满足人们日益增长的物质和文化生活需求。国家是社会服务成本的主要承担者,慈善机构、企业、社会组织和社会公众则是社会服务的重要力量,家庭、邻里、社区成员之间的互助,亦分担着社会服务的成本。

(3) 社会服务的财政支持。公共性的社会服务是社会服务的主体构成,公共部门的财政资金是建设社会服务体系的主要支持。"美国联邦政府从20世纪50年代开始向社会服务提供资金。1967—1972年,联邦政府把向州政府提供的社会服务拨款预算最高限额限定为25亿美元。1974年,《社会保障法》增加了第二十章'社会服务固定拨款法条'。此后,联邦政府在州政府的呼吁下,把拨款预算最高限额上调至1980年的29亿美元。1981年达到峰值,大约32.5亿美元。"[1]我国目前尚未建立独立的社会服务体系,"所以没有在财政预算/支出中设立社会服务科目。长期以来社会服务在财政预算/支出中大多归口社会保障和就业科目,财政部社会保障司负责大部分中央社会服务预算/支出。尽管在财政统计中没有给出社会服务预算/支出具体数字,但实际上我国是有社会服务预算/支出的"[2],在民政部、教育部、司法部等政府部门中分散地分布着,目前只是没有一个独立的社会服务部门来统筹。自2012年起,民政部发布《中央财政支持社会组织参与社会服务项目方案》,明确由政府支持社会组织参与和实施社会服务;2017年发布的《"十三五"社会服务兜底工程实施方案》,明确由中央财政支持兜底社会服务的建设与完善。

二、社会服务的政治环境

现代社会服务与国家和政府的公共职能转变及福利国家的建设密切相关。不同于前现代时期的自然的社会服务,现代社会服务是一种制度化、体系化的社会服务,因而其与国家和政府对于社会服务的态度和理

---

[1] 李兵:《社会服务:制度框架构建研究》,社会科学文献出版社2019年版,第3—4页。

[2] 李兵:《社会服务:制度框架构建研究》,社会科学文献出版社2019年版,第121页。

念、所承载的社会服务的职能、对于社会服务的支持和管理等要素紧密相关。社会服务的政治环境，是指社会服务制度和体系得以建立、社会服务实务和实践得以开展的政治性因素影响所形成的环境，具体而言，主要包括国家对社会服务的政治态度、社会服务依据的政策环境、社会服务体系的政治功能等内容。

（1）国家对社会服务的政治态度。国家对社会服务的政治态度，决定着社会服务是否可以嵌入国家现有的制度框架，是社会服务得以存在及以何种形式存在的决定性因素。19世纪末的社会服务，主要起源于民间社会，由慈善组织、社会团体和个体，以及家庭、邻里、社区的成员，对在社会生活中处于困境的人自发地予以援助，政府尚未有效地介入社会服务领域。但在二战之后，伴随主要西方国家的公共职能日益扩展、福利国家的建立和完善，社会服务制度和体系逐渐发展起来。国家对社会服务的政治态度，决定国家在既有财政能力、总支付能力等的限制下，对是否发展社会服务、建设社会服务体系等的政治选择。国家对社会服务的政治态度，与国家所处的发展阶段等紧密关联，并随着国家的发展与进步而演化。党的十八大以来，我国大力发展社会服务事业，与我国坚持"以人民为中心"的发展理念与党秉持的"全心全意为人民服务"的宗旨密切相关。2012年国务院发布和实施的《国家基本公共服务体系"十二五"规划》，以及2017年的《"十三五"推进基本公共服务均等化规划》等，迅速推动了社会服务体系的建立和完善。

（2）社会服务依据的政策环境。社会服务得以实施和展开，需有相应的政策依据、政策支撑、政策保障，这些构成社会服务的政策环境。社会服务的政策环境影响社会服务的运行与效能。社会服务的政策环境主要包括：中央和地方政府对于公共性社会服务的财政预算和支出；对于能直接生产和提供社会服务的组织，如专业社会服务组织的补贴和许可，允许社会服务组织依据相关的法律法规或部门规章，在政府相关部门登记注册，并获得社会信用；支持专业的社会服务组织和社会工作者的发展，规定社会服务的从业者依据和通过相关的职业标准和职业考试等获得社会工作者的职业资格；向有资质的企业、社会服务组织、社会团体购买社会服务，并实施有效的评估和监管等。

（3）社会服务承载的政治功能。社会服务承载着一定的政治功能。社会服务承载政治功能的机制主要是，通过社会服务满足社会成员的需求，援助困难群体和特殊群体克服生存困境和生活危机，预防社会矛盾、冲突和对抗的产生和爆发，缓和由市场经济体制的初次分配及马太效应而带来的悬殊差距，缓解现代社会中伴随发展而来的种种问题。譬如，通过帮扶困难群体和特殊群体，增强公共部门的合法性基础，化解潜在的对抗情绪；通过普惠型社会服务，发挥政府的公共职能，增强社会成员对于国家和地方政府的认同；通过发展型和享受型社会服务，不断满足社会成员日益增长的物质和精神生活需求。总之，社会服务能增进社会群体及阶层的融合，增强社会稳定与安全。

三、社会服务的社会环境

现代社会服务是一种社会化的服务，意味着现代社会服务的接受对象、供给主体、供给机制等呈现出社会化的特征。社会服务的社会环境，指社会服务实施和展开的社会支撑和特质，主要包括社会服务接受对象的社会化、社会服务供给主体的社会化和社会服务供给机制的社会化等。

（1）社会服务接受对象的社会化。发端于19世纪末期的社会服务，主要的服务对象是困难群体和特殊群体。"18世纪的工业革命形成了城市化，也产生了贫民窟及邻里之间互不相识的居住格局，从而带来了很多问题，导致很多人需要帮助。行乞、施舍、慈善团体、济贫院、孤儿院、精神病院和监狱成为那个时代文化的一部分。"[①] 20世纪五六十年代后，社会服务的对象范围迅速扩展，不仅向困难群体和特殊群体提供基本的社会服务，而且开始向全体社会成员提供普惠型的社会服务，让社会成员的一生都能享有普及化的社会服务。社会服务经历了一个从特惠到普惠的社会化过程。

（2）社会服务供给主体的社会化。19世纪末期的社会服务，主要由民间的慈善组织、机构、团体和个体供给。"伴随1873年的经济萧条，社会出现了混乱状态和大量个人、家庭和社区等方面的问题，美国的慈善组织运动出现了，其主要模仿欧洲的改革。这一运动推行数十年后，

[①] O.威廉·法利、拉里·L.史密斯、斯科特·W.博伊尔：《社会工作概论（第十一版）》，隋玉杰等译，中国人民大学出版社2010年版，第23页。

出现了数量众多的私人慈善机构和社区福利委员会。"[①] 1929年爆发的经济危机，使国家和政府开始重视社会服务，"做出数不清的尝试，力图帮助穷人和失业者，令经济复苏。例如，成立了联邦紧急救济署、工作发展署、民间资源保护队以及其他联邦机构，为国民提供就业机会及其他帮助"[②]。第二次世界大战后，国家和政府承担社会服务的意愿和能力日益增强，美好社会运动蓬勃发展，社会服务项目迅速增多。伴随社会服务体系建设，企业、社会服务组织、慈善机构、志愿团体、社会公众都参与到社会服务供给中，供给主体逐渐社会化。

（3）社会服务供给机制的社会化。早期的社会服务，通常由慈善组织、机构、团体和个体直接生产和供给。20世纪五六十年代后，国家和政府大规模地介入与支持社会服务的发展，并成立公共部门直接提供社会服务。这一时期，"在普遍的观念看来，新政（the New Deal）和伟大社会（Great Society）的社会福利方案，已经有效地替代了美国的志愿机构，并不可避免地导致志愿机构的衰退。然而，事实上，志愿机构仍然在美国等福利国家中保持了蓬勃生机，并得到了增长。另外，它之所以能够这样，并不是与政府无关，在很大程度上正是由于政府的作用，因为政府已经广泛地转向由私人非营利组织提供公共出资的服务"[③]。20世纪80年代后，伴随新公共管理和新公共服务理念的兴起，政府公共部门意识到社会服务的供给并不是仅由政府直接提供社会服务，政府可以与企业组织、社会组织、慈善组织等合作提供社会服务，政府购买社会服务的形式得到普遍采纳和应用，社会服务的供给机制社会化。

四、社会服务的文化环境

文化通常是指"一个社会共享的和通过社会传播的思想、价值观以及感知——被用来使经验具备意义、产生行为，并被反映在该行为中。

[①] O.威廉·法利、拉里·L.史密斯、斯科特·W.博伊尔：《社会工作概论（第十一版）》，隋玉杰等译，中国人民大学出版社2010年版，第24页。

[②] O.威廉·法利、拉里·L.史密斯、斯科特·W.博伊尔：《社会工作概论（第十一版）》，隋玉杰等译，中国人民大学出版社2010年版，第26页。

[③] 莱斯特·M.萨拉蒙：《公共服务中的伙伴——现代福利国家中政府与非营利组织的关系》，田凯译，商务印书馆2008年版，第34页。

这些准则是通过社会习得的,而不是通过生物遗传获得的"[1]。社会服务的文化环境,是指社会服务得以展开的文化情境,具体而言主要包括社会服务的历史文化环境、社会服务的道德文化环境、社会服务的教育文化环境等。

(1) 社会服务的历史文化环境。文化是历史传承的产物。社会服务的历史文化环境,是指社会服务受到的历史文化影响。在中国,关于社会服务和福利的古典思想源远流长。在西周时期,《周礼·地官司徒·大司徒》云:"(大司徒)以保息六养万民:一曰慈幼,二曰养老,三曰振穷,四曰恤贫,五曰宽疾,六曰安富。"《逸周书·大聚解》云:"以国为邑,以邑为乡,以乡为间,祸灾相恤,资丧比服。"《管子·入国》云:"入国四旬,五行九惠之教。一曰老老,二曰慈幼,三曰恤孤,四曰养疾,五曰合独,六曰问疾,七曰通穷,八曰振困,九曰接绝。"《墨子·兼爱下》云:"是以老而无妻子者,有所侍养以终其寿;幼弱孤童之无父母者,有所放依以长其身。"《礼记·礼运》云:"故人不独亲其亲,不独子其子,使老有所终,壮有所用,幼有所长,矜寡孤独废疾者皆有所养。"这些远古时期的思想,充分体现出古代政府对民众的救助责任,以及民众之间相互扶持的文化传统。

(2) 社会服务的道德文化环境。道德与价值观念密切关联,是文化的重要维度。道德文化对于社会服务的影响,主要包括以下两个方面。一是责任观对于社会服务的影响。现代国家和政府对于社会服务的道德责任,"无论对国家的事务以何种方式来进行管理,其基本观念都是明确的:政府必须履行某些确定的职能"[2]。国家和政府对于提供特定的社会服务负有道德义务。与此同时,现代企业组织的社会责任,非营利组织的社会使命,家庭、邻里、社区成员之间相互扶持的义务等,都是社会服务体系的道德基础。二是利益观对于社会服务的影响。现代国家和政府的公共部门,"最重要的并且最有价值的就是为公民服务以增进共同的

---

[1] 威廉·A. 哈维兰,哈罗尔德·E.L. 普林斯,邦尼·麦克布莱德,达纳·沃尔拉斯:《文化人类学:人类的挑战》,陈相超、冯然等译,机械工业出版社2014年版,第11页。

[2] 狄骥:《公法的变迁》,郑戈译,商务印书馆2013年版,第55页。

利益"①。社会服务不仅关联着社会成员的个体利益，更是与他人、群体、团体、公共的利益紧密相关，因而，需要创造良好的道德文化环境，让社会成员能兼顾自身与他人、社会的共同利益。

（3）社会服务的教育文化环境。社会服务的教育文化环境，主要与一个国家和社会的民众的受教育程度和文化水平密切关联。一是人文教育的环境。人文教育是一种提升生命境界、崇尚人文关怀、唤起人性精神、塑造理想人格的教育，是关乎理想、价值、精神境界的教育。人文教育中蕴含着丰富的理解他人、关怀他人、帮助他人、提升自我的生命境界与人生价值理念，与社会服务中助人、利他、关怀、慈善等精神高度契合。人文环境的创造和提升有助于社会服务的传播与发展。二是专业教育的环境。现代社会服务体系是由专业的社会服务组织与社会工作者及其他具有专业知识和理论的工作者开展和实施的，他们需要具备专业的伦理、认知和实务能力，以将社会服务更好地传送给服务对象。因此，现代社会服务体系高度重视相关专业性的教育文化。

思考题

1. 现代社会服务与传统社会服务的区别？
2. 社会服务的主要内涵和类型有哪些？
3. 现代社会为何要构建社会服务体系？
4. 社会服务体系建设的主要影响因素有哪些？

---

① 珍妮特·V.登哈特、罗伯特·B.登哈特：《新公共服务：服务，而不是掌舵》，丁煌译，中国人民大学出版社2010年版，第2页。

第二章
社会服务的思想理论

随着现代社会保障制度的发展变化，社会服务和社会保险、社会救助以及社会福利制度一起构成西方福利国家的重要内容，西方社会服务思想开始具有一定的独立性并逐步受到重视。尤其是随着西方福利国家改革的历史进程，社会服务改革逐渐成为西方福利国家改革的重要领域，社会服务的相关思想及其影响越来越显著。改革开放以来，随着中国特色社会保障制度的发展，中国社会服务思想理论作为中国特色社会保障理论的重要内容得到不断丰富和发展。

第一节　19世纪的社会服务思想

19世纪是西方社会发展的重要历史时期，也是西方社会保障制度的重要发展时期。随着工业化的发展，社会生活发生巨大变化，于是，西方出现了空想社会主义、古典政治经济学、功利主义以及马克思主义等思想理论派别，它们对工业化导致的社会问题及其解决途径提出自己的观点，构成了19世纪西方社会保障思想的主要内容，社会服务思想就包含并体现在这些社会保障思想中。

一、空想社会主义社会服务思想

1. 圣西门的"为民造福"

圣西门是法国著名空想社会主义思想家。圣西门提出了社会进步的四条标准。他指出：首先，这种社会制度要尽可能使社会上的大多数人过着幸福的生活，拥有较多的资料和可能来满足他们最切身的需要；其次，在这种社会制度中，要使内心修养高尚的、较有德行的人，拥有较多的机会来获得较高的地位，而不管他们出身于什么样的家庭；再次，这种社会制度要把大多数人团结在一个社会里，使他们拥有较多的手段来抵御外敌；最后，这种社会制度要鼓励劳动，因而促进重大发明，导致文明和科学的最大进步。[①]

圣西门提倡通过社会改革来实现人类精神福利和物质福利的改善。他指出，社会现实局面是可以而且应当完全加以改变的，最重要的应当是改进我们的精神福利和物质福利。最能够直接促进和提高大多数居民的精神福利和物质福利的手段，就是使国家的重要开支只包括这些方面的内容：① 使一切身体健康的人能够有工作以保证他们的生存所需的费用；② 以尽快地在无产阶级中间普及现有的实证知识为目的的费用；

[①] 圣西门：《圣西门选集（第三卷）》，董果良、赵鸣远译，商务印书馆1985年版，第213—214页。

③ 为帮助这个阶级的成员可以得到有助于他们智力的发展、享乐和消遣所需的费用。①

圣西门认为，为民造福应是国家、政府和各种社会组织唯一的目的，他指出："可以让人们吃得好、住得好和穿得好的国家……就是一个让人们在物质方面感到十分幸福的国家。"道德家们的任务主要应当探索组织社会的方法，以使社会倾注最大的热心让其成员获得精神幸福和物质幸福。②"政府的经常的和唯一的职责，就是为社会造福。"他指出，为社会造福的一般手段是科学、艺术和工艺，除此之外再无其他手段，因为人们只有在满足自己的身心需要以后才能成为幸福的人，而满足这些需要正是科学、艺术和工艺的直接目的。一切对社会真正有益的工作，都与这三个部门有关。圣西门由此得出结论："在新的政治制度下，社会组织的唯一而长远的目的，应当是尽善尽美地运用科学、艺术和工艺的现有知识来满足人们的需要。"③

2. 傅立叶的"法郎吉"

傅立叶是法国著名空想社会主义者。傅立叶指出："文明制度的工业只能创造幸福的因素，而不能创造幸福。相反，事实将会证明，如果不能发现循着社会发展阶梯真正前进的办法，则工业的过分发展会给文明制度带来极大的不幸。"如果文明制度能够向前发展，进入下一个阶段，这将是一种极为有利的转折，"因为我们便会接近下一个时期，社会保障时期，即同文明制度连接的最高阶段。保障乃是一切哲学家所幻想的幸福。可是，他们在任何方面都无法达到这种幸福。为了获得保障，必须越出文明时期，上升到下一个阶段。"④

---

① 圣西门：《圣西门选集（第二卷）》，董果良、赵鸣远译，商务印书馆1985年版，第288—289页。

② 圣西门：《圣西门选集（第二卷）》，董果良、赵鸣远译，商务印书馆1985年版，第14页。

③ 圣西门：《圣西门选集（第一卷）》，董果良、赵鸣远译，商务印书馆1985年版，第240—243页。

④ 傅立叶：《傅立叶选集（第一卷）》，赵俊欣、徐知勉、吴模信译，商务印书馆1979年版，第116—125页。

傅立叶认为，人类社会要想摆脱贫困与灾难的状态，必须实现两个条件：第一，要创造大规模的生产与高度发展的科学和艺术，这些是建立与贫困和愚昧水火不容的协作制度所必需的，这个条件已经做到；第二，发明与分散经营相反的协作结构，即经济的新世界，这个条件还根本没有做到，这应该是人类现在努力争取的目标。

傅立叶指出，法郎吉具有各方面的优点。在经济上，由于劳动协作制度将用集体的、团结的、诚实的、简单的和有保障的竞争代替个人的、不团结的、欺骗的、杂乱的和任意的竞争。在社会方面，公益事业的改进将更加巨大，儿童将得到较好的照顾，公共卫生与居民身体健康将受到高度重视，人们的实际收入和享受将明显改善；在政治方面，协作制度将使各种事务的管理井井有条，甚至从一开始建立协作制度就可以采用一种临时性的统一的语言，人们不必学习任何外语就可以与全人类交往。

为了实现这种被其称为经济和社会的新世界的理想社会，傅立叶写下《经济的新世界或符合本性的协作的行为方式》，全面系统地论述了劳动协作制度相关的各个方面。例如，建立实验性法郎吉所需的种种措施，包括物质和人员方面的预备措施，法郎吉的分类、管理和预算安排，农作物生产方式，房屋统一安排，工业生产部门的选择，各种人口的教育，如何保持劳动对民众的吸引力，如何实现自愿协调、公正合理的分配制度以及完整的保障制度等。

3. 欧文的"理性社会制度"

欧文是19世纪英国著名的空想社会主义者。针对英国当时严重的童工问题、女工问题、劳动时间问题，欧文提出颁布工厂法加以解决的建议。他指出，工厂法应该做出以下规定：① 机器厂房内的正规劳动时间每天限于12小时，其中包括1小时半的吃饭时间；② 10岁以下儿童不得受雇于机器厂房内工作，10~12岁儿童每天工作时间不得超过6小时；③ 儿童在阅读和写作能力不能实际运用、女孩子还不能自己独立缝制衣服以前，不得受雇于任何工厂。[①]

---

① 欧文：《欧文选集（第一卷）》，柯象峯、何光来、秦果显译，商务印书馆1979年版，第139页。

在 19 世纪 20—30 年代一系列新社会制度计划及实验基础上，欧文进一步对自己有关新社会制度的思想进行总结和系统化，提出了理性社会制度的思想。他指出，在理性社会制度中，人与人之间是一种联合的关系，"只有人与人联合起来，民族与民族联合起来，人类才会获得高度而持久的繁荣和幸福，或者成为有理性的人类"。社会是一种有机统一体，其中整体利益高于个体利益。因此，对社会进行的改革必须是全面的而不是局部的，这种新的社会制度一旦完全实现，也就会使全人类获得世世代代的永久幸福，并使这种幸福一代代提高，永远不会倒退；生活中的主要事情将是生产财富，享用财富，培养合乎理性的性格，人们也将只知道一种工作和快乐，那就是经常增进世界上的欢乐和美丽。在理性的社会制度中，不合理的分配制度将不复存在，每一个人都公平地取其所得，并且对一切人都公平行事。财富的分配将是一切生活问题中最简单的问题。社会成员是一种平等的关系，社会成员划分的标准是按照其年龄和经验，维持社会成员关系的基本原则为："任何一个人不曾为别人服务，也就没有权利要求别人为他服务。"欧文认为，这种理性社会制度的出现是必然的，"推行理性的制度和以亲睦、和平、不断完善、普遍幸福的精神改造人的性格与管理世人的方法的时期即将到来，任何人力都抗拒不了这一变革"①。

　　欧文进一步指出，理性的社会制度需要一种有理性的政府，有理性的政府应该一心谋求其所管理的居民的幸福。为了实现这一目的，政府需要知道人的本性是什么，什么能够让人们幸福，实现目标的最佳手段是什么。这种政府要创造各种秩序和环境，以便使全体民众可以得到获得幸福所需的条件。这种政府的法律一定很少，却为民众所理解并与人性发展规律相符合。其也会了解人的幸福所必需的条件，并采取措施帮助民众获得这种条件。这种条件包括：良好的身体；生产和分配生活资料的合理办法；发展自己的天赋、知识和能力；享受社会快乐；最大限度的言论和行动自由，但符合公共利益；生活在和谐的社会秩序中，等等。

---

① 欧文：《欧文选集（第二卷）》，柯象峯、何光来、秦果显译，商务印书馆1981年版，第49页。

二、功利主义社会服务思想

1. 边沁的"最大多数人的最大幸福"

边沁是英国著名哲学家、法学家和经济学家,也是功利主义学说的奠基人。边沁认为,主宰整个人类社会的是痛苦和快乐。他指出:"自然把人置于两个最高主宰——痛苦和快乐的统治之下。只有它们才指明我们应当做什么,以及决定我们将要做什么。一方面正确和错误的标准,另一方面因果链条都紧紧缚在它们的宝座上。我们所做、所说、所想的一切都受它们的支配。""任何行动中导向幸福的趋向性我们称之为它的功利,而其中的背离的倾向则称之为祸害。"

边沁认为:"最大多数人的最大幸福是正确与错误的衡量标准。"他把幸福分为四个具体的目标:生存、充裕、平等和安全。他认为在这四个目标中,生存和安全是最基本的也是最重要的,"要是没有安全,平等就不能持续一天;要是没有生存,充裕就根本不可能存在。"值得指出的是,随着时间的推移,边沁对"最大多数人的最大幸福"越发强调,他在1822年曾经指出:"'功利'这个词不能如幸福和福气那样明白地表达快乐和痛苦的观念,它也不能把我们引向对所涉及的利益的数量的考虑。"

人类应该努力做好自己的事情,并积极探求实现幸福的办法。他指出:"如果认识遥远的国家对我们来说是重要的和有用的,那么肯定地说,把工作做得更好,并更好地认识那些使我们在自己的国家中能够生活得更幸福的主要方法,其重要性和用途也不会小于前者。"他还认为,应该对现存事物进行不断的批判,同时进行社会改革,这是实现人类幸福的重要途径。他指出:"一种制度如果不受到批判,就无法得到改进;任何东西如果永远不去找出毛病,那就永远无法改正;如果我们做出一项决定,对每件事物不问好歹一味赞成,而不加任何指责,那么将来一旦实行这项决定,它必然会成为一种障碍,妨碍我们可以不断期望的一切追加的幸福。"[1]

---

[1] 边沁:《政府片论》,沈叔平等译,商务印书馆1995年版,第100页。

在追求幸福的过程中存在个人利益与社会利益之间的矛盾，为了实现最大多数人的最大幸福，就应该注意协调好个人利益与社会利益，社会要关心个人利益，个人要服从社会利益。他指出："整体必须保护它所有的各个部分，而各个部分又都要服从整体的意志。换句话说，这个社会组织必须捍卫它的每个成员的权利，而每个成员（作为对这种保护的回报）都应该服从这个社会组织的法律。如果没有全体的服从，这种保护就不可能切实地对任何人起作用。"①

2. 斯宾塞的"积极的善行"

斯宾塞是英国著名社会学家，进化论学说和社会有机体学说的著名代表。斯宾塞提出了追求幸福的条件。他说，在社会状态中，因为每一个人的活动范围都受到其他个人活动范围的限制，要获得更大数量的幸福，必须使个人能在他自己的活动范围内得到完全的幸福，而不减少其他人为获得幸福而需要的活动范围。如果一个人只有在减少其他人的活动范围时才能得到幸福，他自己要么得不到完全的幸福，要么使其他人得不到完全的幸福，这种幸福就不是最大的幸福。因此，个人获得幸福的先决条件是他为获得幸福而进行的活动范围不减少其他人获得同样幸福而不得不进行的活动的范围。

斯宾塞指出，要达到最大幸福，还必须遵守一个条件，这就是个人不以任何直接或者间接方式使别人感到不幸福，"遵守这个条件可以称为消极的善行"。此外，还必须加上另一个条件，那就是每个人都能够由其余人的幸福中得到幸福，"遵循这个要求意味着积极的善行"。斯宾塞还指出，为了产生最大的幸福，还有一个进一步的条件，那就是每个人都采取为使他自己的个人幸福达到最充分限度所需采取的行动。斯宾塞总结指出：只有当人们自发地去符合上述条件的要求时才能得到最大幸福。社会状态是一种必然，在这种状态下获得最大幸福的条件都是固定的，我们必须使自己尽快习惯于满足这些条件的要求。

斯宾塞强调个人为实现自己的幸福而做出努力，反对给个人努力施加其他无谓的干预。他指出，要是让国家手段插手个人努力的领域，个人适应社会状态的过程立刻就会终止，人类不再继续把自己塑造得与社

---

① 边沁：《政府片论》，沈叔平等译，商务印书馆1995年版，第128页。

会状态的自然要求相协调，而是开始采取适合这些人为要求的形式。无论我们用哪一种方式去说明国家的职责，它都不能超过那个职责而不使自己被挫败。国家如果被看作保护者，一旦它做出的事情超过了保护的范围，它就变成了侵犯者；如果被看作是对适应的帮助，一旦它做出的事情超出了维护社会状态的范围，它就要推迟适应而不是加速适应。

三、马克思主义社会服务思想

1. 马克思的社会服务思想

马克思和恩格斯是19世纪欧洲共产主义运动的伟大领袖，是马克思主义理论的缔造者。马克思指出，为防止各种不幸事故与灾变带来的后果，一般应该建立后备基金，这种后备基金来源于社会总产品。在进行分配以前，应该从社会总产品中首先扣除三个部分：第一，用来补偿消费掉的生产资料的部分；第二，用来扩大生产的追加部分；第三，用来应付不幸事故、自然灾害等的后备基金或者保险基金。他指出，在扣除上述三个部分以后，社会总产品的剩余部分才能成为消费资料。但是，在对这部分消费资料进行个人分配之前，还必须首先从中扣除下列三项费用：第一，与生产没有直接关系的一般管理费用；第二，用来满足共同需要的部分，如学校和各种保健设施等；第三，为丧失劳动能力的人设立的基金。

在《哥达纲领批判》中，马克思还针对德国工人党纲领中有关社会福利方面的含糊表达予以批评，借以阐述自己对诸多社会福利项目的基本看法。哥达纲领提出了"正常的劳动日"说法，马克思对此指出，"正常的劳动日"这种要求十分含糊，应该明确指出，在当前条件下多长的劳动日是正常的。马克思还指出，在有关"正常的劳动日"这一条中，还忽略了工厂立法中关于卫生设施和安全措施等内容。

针对哥达纲领提出的"限制妇女劳动和禁止童工"的主张，马克思指出，如果限制妇女劳动指的是劳动日的长短和工间休息等，那么劳动日的正常化就应当已经包括了这个问题；否则，限制妇女劳动只能意味着在那些对妇女身体特别有害或者对女性不道德的劳动部门中禁止妇女劳动。如果指的就是这样，那就应当加以说明。马克思指出，禁止童工在这里必须指出年龄界限，普遍禁止童工是和大工业的存在不相容的，实行这一措施甚至是反动的，因为在按照各种年龄严格调节劳动时间并采取其他保护儿童的预防措施的条件下，生产劳动和教育的早期结合是改造现实社会的强有力手段之一。

针对哥达纲领中提出的"对工厂工业、作坊工业和家庭工业实行国家监督"，马克思指出，在德国这样一个国家中，应该明确要求，工厂视察员只有经过法庭才能撤换；每一个工人都可以向法庭告发工厂视察员的失职行为；工厂视察员还必须是医生出身。

马克思在《资本论》中进一步提出，有工作能力的劳动者必须为失去工作能力者或者还没有工作能力者的生活福利提供一定的劳动。他指出，如果我们把那些有劳动能力的人必须为社会上还不能劳动或已经不能劳动的成员而不断进行的劳动，包括到必要劳动和剩余劳动中去，也就是说，如果我们把工资和剩余价值，必要劳动和剩余劳动的独特的资本主义性质去掉，那么，剩下的就不再是这几种形式，而只是它们的为一切社会生产方式所共有的基础。

2. 恩格斯的社会服务思想

恩格斯同样十分关注社会福利问题。恩格斯在《共产主义原理》中提出的与社会福利问题相关的重要主张包括：① 组织劳动者或者让无产者在国家的田庄、工厂、作坊中工作，这样可消除工人之间的相互竞争，并迫使雇主所付出的工资与国家所付出的工资一样高；② 直到私有制度完全废除时为止，对社会的一切成员实行劳动义务制；③ 对所有的儿童，从能够离开母亲照顾的时候起，由国家机关提供公费教育，并将教育与工厂劳动有机结合起来；④ 在国有土地上建立房屋，作为公民的公共住宅；⑤ 拆毁一切不合卫生条件的、建筑条件很差的住宅和街道。可见，恩格斯所提出的上述社会福利项目已经涉及工人阶级就业、教育、儿童关怀、住房与公共卫生等方面。

恩格斯在《10 小时工作制问题》中指出，对于实行 10 小时工作制问题，我们不但毫不反对，甚至还认为，工人阶级在取得政权后的第一天，就应该采取比 10 小时工作制，甚至比 8 小时工作制更彻底得多的措施。恩格斯同时指出，10 小时工作法案从它本身及其最终目的来看，毫无疑问是个骗人的步骤，是不适用的，甚至是反动的，它本身包含着自己毁灭的根苗。这个法案一方面没有破坏现存的社会制度，另一方面也没有促进它的发展。恩格斯还指出，这个法案并不是工人实行的，而是他们的暂时同盟者（社会上的反动阶级）所实行的，由于继这个法案之后并没有任何进一步措施来彻底破坏劳动和资本之间的关系，这个法案是不合时宜的，不现实的，甚至是反动的措施。

第二节　20 世纪前期的社会服务思想

20 世纪前期是西方以社会保险制度为核心的现代社会保障制度建立和快速发展的时期，也是西方福利国家出现的时期，福利国家不仅需要建立完善的社会保险制度与社会救助制度，而且要有系统的社会福利制度与社会服务体系。社会服务思想随着社会服务在西方福利国家中的地位与作用的越发重要而进一步发展。虽然社会服务思想仍然包含并体现在社会保障思想之中，但其在西方社会保障思想中的地位与影响逐渐显著，一些学者开始专门针对社会服务提出相关思想主张。

一、自由主义社会服务思想

1. 霍布豪斯的"国家是孩子的最高父母"

霍布豪斯是英国著名自由主义思想家。他指出，国家的职责是为公民创造条件，使他们能够依靠本身的努力获得所需的一切。国家的义务不是直接为公民提供食物，也不是直接给他们提供房子或者衣服，而是为他们创造一种有利的经济条件，以便使那些没有生理缺陷的正常人，能通过他们的有用劳动为自己及其家庭获得食物、房子和衣服。霍布豪斯指出，保障公民的工作权利和基本生活权利，如同保障他们的人身权利与财产权利一样，是维持一个良好的社会秩序的必要条件。用于改善工人阶级物质生活条件的社会福利支出具有社会投资的功能。他说："工人阶级物质条件的改善作为社会的一种经济投资，非但不会赔本，还会获得更大的利益。""有一切理由认为工资的普遍提高肯定会增加剩余，无论那种剩余是作为利润归个人所有，还是作为岁入归国家所有。"①

霍布豪斯从国家干预走向对社会立法与社会福利措施的强调。他说，随着时间的推移，最坚决的自由主义者也不仅会接受，而且积极促进政府对工业领域的控制，以及在教育方面、抚养儿童方面、工人住宅方面、老弱病残照顾方面、提供正常就业手段方面等实行集体责任制。② 在与社会福利相关的几乎所有方面，霍布豪斯都提出了自己的主张。

关于儿童保护，霍布豪斯认为，应该关心儿童的身体、精神和道德，办法是让父母负起一定的责任，同时，拟定一项教育和卫生方面的公共制度。霍布豪斯强调国家在儿童保护方面的作用。他说："我坚决主张，国家是'最高父母'这一总概念既真正是社会主义的，也真正是自由主义的，它是儿童权利的基础，是保护儿童免遭父母忽视的基础，是儿童作为未来的公民将会要求的机会均等权利的基础，是他受训练以便成年后在社会中履行职责的基础。"③

关于妇女保障，霍布豪斯指出，如果我们真正相信我们就母亲的义务和责任所说的一切，我们就应当承认，幼童的母亲留在家中照看孩子，要比她出去做工而听任孩子无人照料，对社会的贡献大得多，更值得给她们报酬。他说，当我们认识到这一点以后，我们就不应再认为强迫母亲出去工作是可取的，也不应再认为母亲领取公家的补贴是丢脸的，我们应该把它看作对一项公民服务的报酬。我们需要的是妇女不应该通过挣钱来增加收入，而应该更好地抚养自己的孩子，使其能健康幸福地成长。④

2. 霍布森的"人民宪章"

霍布森是英国著名经济学家和社会改良主义者。霍布森认为，自由的最主要内容是"机会平等"。他说，一个人如果没有拥有与其同伴同样的获得个人发展所需的一切物质与精神资源的手段，如果他不能为自己

---

① 霍布豪斯：《自由主义》，朱曾汶译，商务印书馆1996年版，第104页。
② 霍布豪斯：《自由主义》，朱曾汶译，商务印书馆1996年版，第16页。
③ 霍布豪斯：《自由主义》，朱曾汶译，商务印书馆1996年版，第18页。
④ 霍布豪斯：《自由主义》，朱曾汶译，商务印书馆1996年版，第91页。

的福利与社会的福利的发展做出自己的贡献，他能算得上一个自由的人吗？"富于建设性的自由主义的主要方面，应该是积极致力于实现机会平等。"霍布森指出，国家的重要职责之一是帮助民众解决贫困等社会问题，这也是衡量国家的治理效果的重要方面。他说："一个治理得当的国家，应该以新形式的社会有效支出来解决目前公众生活中存在的贫困，并把它作为国家的主要责任。"①

霍布森系统深刻地阐述了贫困问题出现和加剧的原因。他认为："贫困的基本原因有两个：一个是人力资源的浪费；另一个是机会的不公平分配。"霍布森鲜明地指出："贫困的主要原因是机会的不平等。"机会的不平等一方面意味着生产力的浪费，另一方面意味着消费力量的浪费或不合理分配。霍布森进一步分析道："贫困也是由于个人的无效率造成的。"霍布森指出："个人效率不可能产生在贫瘠的土壤中，不好的种子又种在贫瘠的土地上，根本不可能茁壮成长，即使在其成长过程中精心浇水施肥并用心保护也不行。"霍布森继续深刻分析说："假若一个人已经获得了正常水平的个人效率，一个普通的工人依然没有摆脱贫困的可能。"因为"个人效率不可能产生财富"。霍布森于是又得出这样的结论："贫困来自普通工人取得土地、工具、工厂、资本等方面的不平等条件"，"贫困当然主要是由于工人出卖劳动力的不平等条件"。霍布森指出，在没有自由土地的国家中，出卖劳动力是大多数普通民众维持生活的唯一选择，这种状况同样也是他们时常面临贫困威胁的根本原因。

霍布森提出了解决问题的六项主张，并把这六项主张称为英国新时期的"人民宪章"：① 土地归人民使用，土地所产生的价值归人民所有；② 国家对公路、铁路、运河的公有；③ 国家对信用、保险的公共控制；④ 充分自由的教育，所有的人都有平等获取文化知识的权利，社区有权保护人们最好最充分地发挥其才能，有权强令要求父母将子女送入学校；⑤ 公共法律面前一律平等；⑥ 确认国家有权对任何垄断及不平等征税施以控制。

---

① 约·阿·霍布森：《帝国主义》，纪明译，上海人民出版社1960年版，第60页。

二、费边社会主义社会服务思想

1. 早期费边社会主义社会服务思想

"费边社"成立于1884年,从思想来源上讲,费边社的思想不仅受到边沁的功利主义的影响,而且受到欧文的合作社主义的影响。费边社著名领袖萧伯纳根据边沁的"最大多数人的最大幸福"理论引发出"最大多数人的最大效率"的主张,费边社的基本理论主张被称为费边社会主义。

就业服务是费边社会主义社会服务思想的重要内容。费边社会主义者认为,失业是一种社会现象,它主要不是由于个人的原因引起的,因此,社会应该采取措施解决失业问题。关于农村失业问题,费边社会主义者认为:"促使郡议会去解决的第一个重大问题将是失业问题。"郡议会安顿失业者的办法有两种:第一种是把失业者组织起来从事生产劳动,这是一种明智的办法;第二种是仅给失业者提供一些救济性的工作,这是一种不明智的办法。为了更好地组织失业者从事劳动,必须首先对失业者进行登记,将其分为有技术者和无技术者两类,优先录用有技术者。为了减少农村人口向城市的盲目流动,应该把城市中那些失业的农村人口重新安排到郡办农场去劳动。为保证农村失业者的健康生活,各郡应该派一些有技术的工匠到农场中去,农场的各类设备应该一应俱全,还应该实行八小时工作制,要有良好的住所,大的农场还应该有中心商店、公用大厅、各类学校及公用食堂。

对于城市中的失业者,费边社会主义者认为,那些有技术的失业者应该按照他们自己所属的行业就雇于市营工厂,这些工厂同样应该实行八小时工作制,工资不应少于工会能够接受的最低工资。他们认为,为了使失业者能自己养活自己,应该给他们工作,失业者必须成为自己所需消费品的生产者,而不应该因失业而消费他人所创造的财富。有些失业者的才能只有在许多人集聚在一起时才能充分发挥,他们的失业不是由于个人也不是由于某一城市的某一行业造成的,在这种情况下,失业者就应该被送到那些最适合他们的市营工厂中去劳动。对于那些一方面失业另一方面又随便拒绝市政机构为其提供的工作机会者,"就没有必要给其以任何救济"。

劳动保护与服务构成费边社会主义社会服务思想的另一方面。费边社会主义者认为，制定工厂法的目的是保护工人的身体健康及提高工人的生活水平，为实现这一目标，工厂法必须包括下列内容：工厂法的适应范围应该扩大到所有的企业和工厂，强迫雇佣三人以上的雇主进行登记；增加工厂视察员的数量，尤其是要委派妇女视察员，视察员主要应该从工厂劳动者中选出；立即无条件地在一切企业和部门实行八小时工作制；在各种合同中明确写入不得转包的条款以防止各类血汗劳动制度。国家应该保证公民的生活水平不低于最低生存标准，例如，提供清洁的饮用水、良好的通风与排水设备、比较干净的居住环境。国家还应该保证居民有较好的住房条件，实现免费义务教育、制定工厂法以及尽可能减少失业。

关于老年服务，费边社会主义者指出，在任何一个社会中，病人、身体羸弱者以及没有劳动能力者都会存在，他们的一切需要都应该由公共福利来承担，而不能要求他们去承担任何公共负担。所有的人都要经过童年而且都可能会生病，也大都会经历老年时期，所以，"只有这样做才是公平的，那就是，那些在健康的时候以及在整个成年时期曾经诚实地劳动的人们，在他们生病的时候以及在他们的整个晚年都应该享受劳动的报酬"。应该把老年人与病人从成年贫困者中区分出来，给老年人建立一种养老金制度，给病人建立一种疗养制度，使得对老年人与病人的救济和对普通成年贫民的救济区别进行。

关于儿童服务，费边社会主义者指出，为了使所有的儿童特别是最贫困的儿童能接受充分的教育，国家必须采取的措施包括以下方面：增加政府对学校的拨款，免除小学的学杂费，在需要的地方设立各类技术学校与中等学校；同时在中等学校设立奖学金制度，帮助家境贫寒而又勤奋好学的学生顺利接受教育。

2. 乔治·柯尔的社会服务思想

乔治·柯尔是英国著名社会民主主义思想家。他曾在 1939—1946 年担任费边社领袖。柯尔直接用社会服务指代传统意义上的社会保障，阐述了自己关于社会服务的基本思想。他指出，社会服务的主要目的是使民众生活有保障，使社会全体成员在生活中有一个不错的机会，使他们免遭不必要的痛苦。仁慈而友好地使那些由于自己的过失而受苦的人得到安排，乃是任何像样的人类社会应负的责任。社会主义者承认这些责任，很多不称自己为社会主义者的人也承认这些责任。但是，对这一点的承认并不形成我们共同的社会传统的一部分，并且在此基础上试图进行我们的社会事务会遭到强烈的反抗。这有一些原因。有一批人总是害怕可能采取的行动会妨碍"父母的责任"和影响作为社会单位的家庭的神圣性，因而反对国家为全国儿童承担新责任的任何建议。过去有一个时期，这些家庭生活的支持者常常反对国家提供的教育、医疗检查或治疗，反对实际上我们现在作为正常而必需的事物接受下来的任何社会服务设施。他们现在不再反对这些服务设施了。但是，不管这些设施扩展的情况多么强有力，他们的确仍在反对它们的任何扩展。①

柯尔指出，正是由于那些对社会服务的反对，才恰恰证明了社会服务的必要性。他指出，反对提供较好的社会服务的人们说，你们是在打算用发展这些社会服务的办法作为使私人企业的资源干涸的手段，然后再求助于社会主义，使被你们自己的行动弄得干涸的河流重新流动起来。柯尔回答说："对了，就是这样，为什么不这样呢？如果像这些批评家所主张的，如果资本主义无力给社会每个成员一个良好的生活机会和对付资本主义灾难的令人满意的安全措施，为什么不实行能做到这些事并至少能达到为保证做到这些事所必需的程度这样一种制度呢？如果资本主义不能提供社会安全的保证，那么，这就是我所知道的反对资本主义制度继续存在下去的最好论据。"

柯尔进一步指出，这些批评家们说，国家为提供你们所需要的社会安全已经做了许多工作。它为所有的人提供免费的初等教育和为正在成长的少部分人提供免费的中等教育。它免费为学校儿童进行体格和牙齿检查，并向确实需要的人提供补助金。它允许不断增加免费或廉价牛奶的数量，并给地方当局权力提供免费或廉价学校膳食。它与民办事业机关一起提供免费或廉价的医疗。穷人还能要求什么更多的东西呢？还能更多地给穷人什么东西呢？柯尔回答说："在这些方面，就算国家现在做的比它过去做的多得多，而且结果已经大大减轻了人民的痛苦，但这些

---

① 乔·柯尔：《费边社会主义》，夏遇南、吴澜译，商务印书馆1984年版，第65页。

社会服务机构是通过一条奇怪的偶然道路发展起来的，其中仍存在很多差距——更不用说其主要的过失是，它们大部分仍然是为了掩盖那些不应当让其产生的邪恶。"①

因此，柯尔提出必须对英国的社会保障与社会服务体制进行改革的建议。柯尔认为，必须保证民众合理的基本收入，实现这一目标的办法有两个：一个是把合法工资章程的适用范围扩大到所有行业；另一个是为那些可以从国家得到一些补助，但是这些补助显然过少的人提供有效的收入。② 必须制定最低生活标准，以保障广大民众的正常生活。必须实行普遍社会保险制度。"社会保险条件不应当只运用于赚取工资者，任何需要这些社会保险的人都应有资格得到它们。"柯尔指出，仅仅对失业者进行救济是不够的，应该使失业者能够尽快重新就业。他说："一个工人可能因其行业衰退了而失去他的工作；如果这样，应当训练他去干另外的工作。他可能因健康不佳而失去工作；如果这样，应当采取措施恢复他的竞争力。他可能因自己的过错而失掉工作；如果这样，应按照其过错的性质给他改正的机会。"③

三、《贝弗里奇报告》的社会服务主张

1. 社会保障的基本范畴

贝弗里奇是英国著名经济学家，1942年出版的《社会保险与相关服务》（又称《贝弗里奇报告》）是其最具影响力的社会保障经典文献，其中关于综合医疗服务体系的主张更成为西方社会服务思想的重要内容。该报告阐述了社会保障的基本范畴。该报告指出，社会保障是对因失业、疾病或事故造成的收入中断所提供的保障，是对因年老而退休所提供的收入保障，是为因另一个人的去世而带来的失去生活依靠所提供的保障，

---

① 乔·柯尔：《费边社会主义》，夏遇南、吴澜译，商务印书馆1984年版，第68—69页。

② 乔·柯尔：《费边社会主义》，夏遇南、吴澜译，商务印书馆1984年版，第72—74页。

③ 乔·柯尔：《费边社会主义》，夏遇南、吴澜译，商务印书馆1984年版，第75—77页。

也是对诸如与生育、死亡以及婚嫁相关的额外开支所提供的保障。社会保障首先是对最低生活标准的一种收入保障，但它必须与那些能够尽快恢复劳动收入的措施密切相连。

该报告阐述了英国社会保障制度改革的三项首要原则。第一，有关社会保障制度未来改革与发展的设想，不应该仅限于局部利益的考虑。英国的社会保障制度改革应该是一种革命性变革，而不能囿于以往的经验。第二，社会保险应该被作为一种综合性社会发展政策的一部分。社会保险是对贫困的一种打击，但是，贫困只是五大社会问题之一，从某种意义上说也是最容易对付的一个，其他四大问题分别是疾病、无知、肮脏和懒惰。第三，社会保障必须通过国家与个人之间的合作来实现。国家应该对各种社会服务以及各类社会保障提供保证。同时，国家在组织社会保障中，不应该使个人和社会进步的动力、机会与责任心受到抑制，在建立一种最低生活标准时，国家应该为个人的志愿行动留下充足的空间并予以支持，使得个人能够为自己及其家人提供更多的保障。

该报告指出，社会保障有三种方法，那就是为保障基本需要而实施的社会保险，为保证特殊需要而实施的国民救济，为满足基本需要以外的需求而实施的志愿保险。社会保险是指对被保险人提供的基于强制性缴费的现金津贴，它是三种社会保障措施中最重要的一种。社会保险应该尽可能地实现综合性和普遍性，但是，当社会保险可能或将要成为收入保障的主要措施时，它就不可能是唯一的保障措施，就需要国民救济与志愿保险作为补充。国民救济是针对申请者的特殊需求所提供的保障，它与申请者是否缴费无关，仅随个人需求情况与政府财政情况的变化而变化，国民救济是社会保障的一种必要补充。志愿保险是社会保险与国民救济的补充。由国家组织的社会保险与国民救济旨在保障一种基本的生存收入，不同人口的实际收入及需求存在很大的差异，为较高水平的生活提供保障首先应该是个人的事，也就是说应该是志愿保险的目标。但是，国家应该保证其各项措施能为这样的志愿保险留有余地，并加以鼓励。社会保险制度是整个社会保障制度中最重要的组成部分，但是，社会保障计划与体制既包括国民救济制度，也包括志愿保险措施。

2. 建立综合性医疗服务体系

贝弗里奇主张建立综合性医疗服务体系，贝弗里奇指出，应该为每一个公民提供广泛的医疗服务，无论其需要什么样的医疗都包括在内，并且保证提供牙科、眼科和外科器具，护理、妇产及事故后康复。不管社会保险缴费中是否包括支付医疗服务费用，服务本身都应当做到：① 不应当由负责社会保险的部门组织，而是由负责国民健康、疾病预防以及具体治疗的部门来组织；② 在任何情况下，只要需要，不需缴费即可享受全方位医疗服务。贝弗里奇指出，让病人恢复健康是国家和病人自己的责任，这是最重要的事情，也符合英国医学会医疗计划委员会中期报告对医疗服务目标的定义。该目标包括以下两点：① 建立医疗服务制度，旨在实现积极的健康、预防疾病和治愈疾病；② 为每个人提供必要的医疗服务，包括一般医疗、专家医疗、上门医疗和医院医疗。

贝弗里奇对综合医疗服务体系建设提出了具体建议。他指出："将医疗服务与现金待遇分开管理，建立一个由卫生部门负责监督、覆盖全民、涵盖所有诊疗项目及各种伤残的综合性医疗服务体系。"社会保险缴费作为社会保障计划的组成部分，应当为每一个公民支付费用，以便能够根据病情在不收治疗费的情况下为其提供必要的治疗，包括在家治疗和在公立慈善医院治疗，内科、牙科或辅助性治疗。社会保险缴费支付的费用应当拨给有关的医疗卫生部门，以作为医疗服务总费用的一部分，也只能是一部分开支。

综合医疗服务体系不仅包括各种医疗服务，还包括医后康复。康复是通过充分治疗把失去工作能力的残疾人转变为能正常工作的劳动者的一个连续过程。在此过程中，需要卫生部门和负责就业的部门密切合作。贝弗里奇针对康复提出三点意见：① 康复必须从医后治疗阶段开始，直到其最大限度地恢复正常工作能力，且这项服务应惠及所有残疾人，而不管其致残原因；② 个人在接受康复服务期间的现金补贴应与培训保险待遇相同，也包括所需的交通和食宿补贴；③ 与医疗服务一样，参保人一经缴费，即有资格享受康复服务，不需要再付费。

第三节　20世纪后期的社会服务思想

20世纪后期是西方福利国家发展和改革时期。随着西方经济社会的变化，福利国家快速发展，并在20世纪70年代开始面临危机，福利国家改革势在必行。但是，由于社会保险、社会救助、社会福利制度及社会服务体系在福利国家中的机制与功能不同，福利国家发展与改革措施在上述几个领域的选择也不同，社会服务体系的发展与改革成为福利国家改革的重要内容，社会服务思想也逐渐成为西方社会保障思想的重要内容。

一、社会民主主义社会服务思想

1. 蒂特马斯的"普遍性社会福利"

蒂特马斯是对英国社会保障理论产生深远影响的社会民主主义思想家。蒂特马斯认为，国家福利制度具有五大职能与目标。第一，社会福利服务可以通过许多途径并在许多方向上对社会收入实施分配与再分配，这是市场制度所难以做到的。社会福利服务可以实现不同生命时期、有需要抚养的孩子与无需要抚养的孩子的家庭之间、身体健康者与患病者之间、身体健全者与残疾者之间、失业者与就业者之间收入的分配与再分配。显然，"蒂特马斯把国家福利制度看作是在质和量上实现最大限度的社会平等的主要动力机制"。第二，国家福利能够促进社会的紧密结合与协调。社会政策可以增强社会参与意识，防止社会离心倾向，并能够把少数群体的成员、不同民族与区域文化纳入一个社会整体之中，社会政策的这种社会合力功能是其区别于经济政策的主要方面。蒂特马斯指出："以我的判断，英国的国民保健服务较之其他服务对增强英国的社会凝聚力做出的贡献更大。"第三，社会福利服务在解决社会问题时具有重要的作用。这些社会问题与经济发展紧密相关，需要采取有效的社会政策加以解决，同时，必须使经济发展与社会发展同步进行，一方的落后必然会制约另一方的发展。第四，国家福利可以促进个人与社会福利的发展。通过国家福利使得一些具有某种需要的人，如残疾人的生活质量得以提高。社会保险是20世纪重要的社会发明之一，它所做的是缓解人们的不幸并增强人们的自尊。第五，社会福利服务还是一种投资方式。社会保障与社会福利支出不能仅仅被看作是一种支出，它同时也是一种投资，对健康、教育、职业培训等方面的社会支出实际上就是一种投资，这种支出不仅对提高社会福利具有重要的影响，而且对提高国民收入也有积极贡献。

蒂特马斯主张实施普遍的社会保障制度。他指出，既然市场制度不利于人的社会责任与义务意识的发展，社会政策与经济政策的主要区别是社会政策具有社会凝聚力功能，那就不仅应该建立国家福利制度，而且这种国家福利制度应该实行普遍性原则。他认为："普遍性的社会福利服务即没有任何阶级、种族、性别与宗教等差别的社会福利服务，可以发挥这样的社会功能，那就是促进和提高全社会走向社会协调的态度与行为。"

蒂特马斯对普遍性社会福利的主张与他对社会问题的原因的认识密不可分。他认为，社会问题的原因很难确定，唯一可行的办法是，实施不管原因而只重结果的普遍性社会政策。他的普遍性社会福利主张还与他对有选择性的社会福利的弊端的认识紧密相连。他认为，有选择性的社会福利使得所提供的社会福利，往往带有一定的歧视与侮辱性色彩，一些人被作为另一些人的负担。一旦一些人被作为另一些人的负担来对待，他们自己就会按照别人的负担的角色行事。为了避免这些不良因素，必须实施普遍性社会福利。

2. 莫勒的"福利国家"主张

古斯塔夫·莫勒是瑞典著名社会民主主义思想家。莫勒认为，在社会保障制度中，必须强调国家为全体民众提供充分有效的生活保障的责任。他指出，创造一种能够给予人们真正的安全保障感的社会保险制度，是国家的一项义不容辞的责任。国家的职责就是建立一种社会保障制度，并为这种制度提供财政支持，以便保障其居民不受由于疾病、工伤事故、老年或失业等社会问题所导致的贫困的威胁。国家应该是所有公民的一个良好的避风港。莫勒指出，社会保障制度应该实行普遍性原则，它应该包含所有民众而不是仅仅包含城市工人。国家应该为其公民提供一种最低生活保障，防止他们走向赤贫。为了社会及个人的利益，"国家不仅应该是一个守夜人国家,而且应该是一个福利国家"。

莫勒提出了改革瑞典社会保障制度的八项原则:① 有效的社会保障制度需要相应的中央集权化,以便各种制度紧密配合;② 好的社会保障制度应该避免给津贴领取者带来侮辱性感觉;③ 儿童是社会最有价值的资源,应该受到保护、教育和关怀;④ 职业病和工伤事故保险所需的费用应该由厂主承担;⑤ 理想的养老金制度应该通过激进税收改革为其提供财政来源,不应该由个人缴费;⑥ 建立一种基金性的养老金制度将会为养老保障提供资金来源;⑦ 建立综合社会保险制度将会为职业病和工伤事故提供保障,应该扩大孕妇和儿童补贴,并为寡妇母亲提供经济帮助;⑧ 社会保障制度在设计和建立时,应该注意防止依赖意识的形成和欺诈行为的出现。①

莫勒认为瑞典社会经济的发展是社会保障制度发展的基础,社会保障制度的发展水平和规模必然受制于社会经济的发展水平和规模。莫勒指出,只有当普通公民拥有收入并可以将其一部分用于为老年人、患病者、寡妇以及其他人提供保障时,这样的社会改革才会持续有效。他形象地通过比喻来说明社会保障与社会经济的关系。他说,一个人不可能去分一个比他所能烤出的蛋糕更大的蛋糕,瑞典社会经济发展的有限性,不可能为现存失业者提供充分的生活需要,而瑞典社会经济的充分发展就可以满足这种需要。

二、社会市场经济社会服务主张

1. 有限的集体福利与福利国家

艾哈德是德国社会市场经济著名理论家,德国社会市场经济政策实际制定者与执行者。艾哈德指出,经济成果是社会进步的基础,只有发达的经济才能提供高水平的社会保障。先要创造出国民生产总值,然后才有分配。② 社会政策必须与经济政策保持一致。社会政策不能间接地损

---

① 丁建定:《社会福利思想(第3版)》,华中科技大学出版社2019年版,第158—159页。
② 路德维希·艾哈德:《大众的福利》,丁安新译,武汉大学出版社1995年版,第57页。

害国民经济生产率，也不能违背市场经济制度的基本原则。艾哈德指出，如果我们要长远地保障自由的经济制度和社会制度，那么，给旨在帮助人们获得个人自由的经济政策辅之以必要的社会政策已经成为一项基本要求。①

艾哈德指出，一些人幻想，人的快乐和幸福建立在集体的总责任之上，并沿着这条道路前进，这种思想正把我们推向福利国家，也只会给我们造成灾难性的后果。这种思想与倾向将比任何其他东西更加容易逐渐却肯定地扼杀勇于负责、博爱精神与自力更生等真正的优良品德。如果这种思想的瘟疫蔓延开来，我们势必滑向这样一种社会制度，其中的"每一个人都把手伸进别人的口袋"。艾哈德断然指出："对这种危险必须坚决予以回击。"

艾哈德认为，集体性社会福利必须具有一定的限度。他指出，正像一个国家的人民的消费不能超过自己所创造的价值一样，每个人所能得到的保障也不能超过我们全体成员通过生产而获得的保障。正是因为社会福利方面的过分的集体摊派，使得个人过多地依赖于国家与集体的福利，这已经让社会付出巨大的代价。艾哈德指出，集体性社会福利的范围宁可窄一点，也不要宽一点。政府与社会的天职之一是保障老人的晚年生活，他们并非由于个人原因而是由于错误的经济政策和严重的通货膨胀损失了个人储蓄。老工人与老职员都必须同样得到帮助，还包括自由职业者、独立劳动者等。但是，德国的特殊情况所产生的特殊问题不应该引起错误的想法，那就是好像强制性保险与集体福利天生就是符合这些范围的人的要求。②

2. 社会保障中的个人责任

艾哈德指出，如果社会政策的目的在于使每个人从一出生就得到全部社会保障，绝对没有任何社会风险，我们就不可能希望他们的精力、才干、创业精神与其他优秀品质得到充分发挥，而这些品质对于民族

---

① 路德维希·艾哈德：《大众的福利》，丁安新译，武汉大学出版社1995年版，第182页。

② 路德维希·艾哈德：《大众的福利》，丁安新译，武汉大学出版社1995年版，第187页。

生存与发展是至关重要的。艾哈德将竞争概念引入社会福利领域，他认为，争取和保障各项福利的最有成效的手段就是竞争，用这种方法就能最大限度地增加福利，"'属于大众的福利'和'来自竞争的福利'这两句口号是不可分割的整体：第一句表示目的；第二句表示达到目的的途径"①。

艾哈德极力提倡个人自助的作用与地位。他指出："我所理解的中产阶级，无外乎这样一个社会群体，他们出于自身的责任感准备用自己的劳动来保障自己的生存。中产阶级必须作为自身价值提出的'质量标准'是：对自己命运的自我责任心，独立生存，并且用自己的劳动坚持到底的勇气。"艾哈德指出，自愿、自由并自我负责地克服生活风险，是自由经济与社会制度中独立生存的必要前提。必须要求经济和社会制度中的独立职业者还要对社会生活风险自我负责。在自由经济制度中，既给每个公民独立活动与独立生存的机会，又通过国家强制措施减轻他们个人生活的独立责任，这样的做法是自相矛盾的，也是不负责任的。②

艾哈德强调指出："社会保障当然是好事，也是十分需要的，但是社会保障必须主要是依靠自己的力量、自己的劳动和自己的努力得来的。社会保障不等于全民的社会保险、不等于将个人的责任转嫁给任何一个集体。开始时必须实行个人自己负责，只有当个人负责还嫌不足或者必须停止时，国家和社会的义务才发挥作用。"③ 他指出，我们可以有耐心和信心地发展和扩大社会福利，因为今天暂时表现为滥用的现象同时也播下了健康的种子，关键在于我们要以事实证明，我们配得上享受富有成效的劳动所带来的幸福和收获。④

---

① 路德维希·艾哈德：《大众的福利》，丁安新译，武汉大学出版社1995年版，第1—3页。
② 路德维希·艾哈德：《大众的福利》，丁安新译，武汉大学出版社1995年版，第188页。
③ 路德维希·艾哈德：《大众的福利》，丁安新译，武汉大学出版社1995年版，第192页。
④ 路德维希·艾哈德：《大众的福利》，丁安新译，武汉大学出版社1995年版，第165—169页。

三、第三条道路社会服务思想

1. 吉登斯的"积极福利"思想

吉登斯是英国著名第三条道路思想家。吉登斯提出了"无责任即无权利"的思想。他指出,政府对其公民负有一系列的责任,但是,传统左派往往倾向于将权利作为不附带任何条件的种种要求。个人主义不断扩张的同时,个人义务也应该不断延伸,领取失业救济的人应当履行主动寻找工作的义务,能否确保各种福利制度不会阻碍主动谋职行为则取决于政府。作为一项伦理原则,"无责任即无权利"必须不仅仅适用于福利制度的受益者,也应该适用于每一个人。我们不应该把福利国家的改革简单地理解为营造一张安全大网,只有造福于大多数人的福利制度才能产生出一种公民的共同道德。如果福利只具有一种消极内涵,并主要面向穷人,它就必然导致社会分化。吉登斯明确指出,第三条道路并不把这些问题看成是应该剔除福利国家的信号,而是把它们视为重建福利国家的理由。[①]

吉登斯提出了"积极福利"的主张。他指出,福利制度一经建立,便形成一套具有自身逻辑的自主系统,而不管能否达到设计者所期望的目标。这样,人们的预期就被锁定,相关的利益集团就得到保护,这些制度性问题的积累本身就是需要进行改革的一种征兆。正是因为存在着一种由福利系统本身创造出来的并且受其保护的利益集团,福利制度改革不是那么容易实现。但是,为福利国家制定一项激进的改革纲领却是可以做到的。我们应当倡导一种积极的福利,公民个人以及政府以外的其他机构也应当为这种福利做出贡献,它将有助于财富的创造。福利在本质上不是一个经济学概念,而是一个心理学概念,它关乎人们的幸福。因此,经济上的利益或好处本身几乎从来都不足以创造出幸福。这不仅意味着种种其他情境和影响产生了福利,而且表明,福利制度还必须在

[①] 安东尼·吉登斯:《第三条道路:社会民主主义的复兴》,郑戈译,北京大学出版社、生活·读书·新知三联书店2000年版,第117页。

关注经济利益的同时关注心理利益的培育。①

吉登斯提出了社会投资国家的概念。吉登斯指出，我们应当提出社会投资国家这个概念。社会投资国家具有以下特点。首先，作为积极福利的福利开支不再完全由政府来创造和分配，而是由政府和其他各种机构包括企业之间共同合作来提供，福利社会不仅仅限于国家，还延伸到国家之上和国家之下。其次，个人与政府之间的关系发生了转变：自主与自我发展将成为重中之重，社会福利制度不仅关注富人，更关注穷人。再次，自上而下分配福利资金的做法应当让位于更加地方化的分配体制。从更一般的意义上讲，福利供给的重组应当与积极发展公民社会结合起来。最后，社会保障观念要发生积极的变化。在养老金制度方面，应当逐步废除固定的退休年龄，把老人视为一种资源而不是一种负担。退休年龄和养老金领取者等都是福利国家发明的，这些概念不仅与新的老龄化现实难以一致，而且明显地体现出依赖福利的色彩。②

2. 布莱尔的社会服务主张

布莱尔是英国工党领袖，也是第三条道路思想家与政治家。布莱尔提出了所谓的"第二代福利"观点，他指出，"我想要建立第二代福利"，它具有以下特点。第一，第二代福利是要给人以扶持，而不仅仅是施舍。它意味着多种服务，而不仅仅是现金。福利应成为成功的跳板，而不是缓解措施失败后的安全网。第二，第二代福利能够适应家庭生活方式的改变。在这种家庭生活里，工作和照料孩子是家庭共同承担的。社会福利必须使这种改变朝好的方向发展。第三，第二代福利承认，公民身份是建立在权利和义务的基础上。第四，第二代福利不会通过高高在上的政府来发号施令，而是鼓励地方决策，鼓励公共或私人开展合作，鼓励地方人民的革新措施。第五，第二代福利是要消除英国中等收入阶层的不安全感和低等收入阶层的贫困。③

---

① 安东尼·吉登斯：《第三条道路：社会民主主义的复兴》，郑戈译，北京大学出版社、生活·读书·新知三联书店2000年版，第132页。

② 托尼·布莱尔：《新英国：我对一个年轻国家的展望》，曹振寰等译，世界知识出版社1998年版，第122页。

③ 托尼·布莱尔：《新英国：我对一个年轻国家的展望》，曹振寰等译，世界知识出版社1998年版，第167—168页。

布莱尔提出了一些关于社会服务改革的主张。关于全民保健服务，他指出，第一，全民保健体系应该是一个真正为全民健康服务的体系，而不是一个分裂的、不讲公德的或只是为那些付得起钱看私人医生的人提供的服务。当然，这是一个现代化的新观念，但这与该体系的创立准则相符。全民保健体系的宗旨如下：在一个越发不安定的世界，健康的身体和一套现代化的全民保健体系将是安全的重要基础。第二，全民保健体系需要改革而不是推倒重来。第三，我们想把资源都利用到第一线服务之中，而不是用于没有必要的文字工作。这就是我们相信合作，而不相信竞争的原因。第四，未来的健康保障必须充分适应技术的革新和患者不断改变的期望值。第五，现在对于保健的态度有一个明显的分界线，这个分界线在保守党与新工党之间。保守党使全民保健体系变成了一个安全网式的服务，对于那些没钱看私人医生的人来说，这是一种倒退；新工党则致力于建立一个为所有患者提供便利的全民服务，不管那些患者是什么样的背景，生活在什么地方。①

关于教育服务，布莱尔指出，一个国家必须同时拥有一套良好的全民教育系统和一套培养智者的教育系统，这一点至关重要。若想使我们的国家在下个世纪兴旺昌盛，则此二者缺一不可。平等不能与高质量为敌。真正的平等意味着给每个人提供受教育的机会，帮助他们发挥最大的能力。这其中的含义是为有需求的人提供特殊帮助：为普通学生提供挑战性教育，使智力超常者的能力全面发展。换言之，不管你是聪明、普通还是愚钝，一个平等的、良好的教育并不是让所有人都在同一个课堂学习，而是为你的特殊需要提供最适合你的学习经历。这便是"我提议的在综合学校将学生进行分组的灵活体系"，以确保每个人都能享受最适合自身需求的教育。我们必须建立此种期望水平，而把我们在某些学校中现有的低期望值抛于脑后。政府与教师不应该再不断地进行消耗战，而应该通力合作，让所有11岁孩童都能达到的新的宏伟目标。②

关于就业服务，布莱尔指出，为了从根本上解决失业问题，仅仅依

---

① 托尼·布莱尔：《新英国：我对一个年轻国家的展望》，曹振寰等译，世界知识出版社1998年版，第208页。
② 托尼·布莱尔：《新英国：我对一个年轻国家的展望》，曹振寰等译，世界知识出版社1998年版，第204页。

靠对失业者提供救济是不够的，必须采取下列措施：① 为年轻失业者提供教育、就业和社区措施，通过议会立法来减少年轻人失业；② 通过福利改革为失业家庭提供希望，这些家庭都陷入了为不复存在的旧劳动市场和家庭结构而设计的福利制度的陷阱之中；③ 为那些需要就业咨询、儿童看护和培训的单亲家庭提供职业、教育和培训计划；④ 逐步发放地方政府掌管的资金以提供就业。①

关于妇女、幼儿服务，布莱尔指出，我们的任务就是要提供给就业的人以灵活的工作，以便他们能在权衡对自己和对雇主的责任，权衡对合伙人和对孩子的义务等方面做出选择。这就是我们希望有工作的男女应有新的选择的原因，比如说通过教育和培训；这就是我们支持计时工的合法权益的原因，这就是我们支持制定最低工资标准以使人们劳有所得的原因。至于那些想要加入我们队伍的失业者们，我们最知道他们需要什么。他们需要一个健全的、关心照顾儿童、注重幼儿教育的体系。这就是这样一种体系是工党教育大臣的当务之急的原因。失业的人需要再培训，需要再就业的指导，以便最终回到劳动市场。这就是我们注重对失业人员进行下岗培训的原因。②

关于社区服务，布莱尔指出，对社区和社会的信念是工党的基本原则，同时也是其指导方针。这就意味着对个人来说，能促使你要求一个有力而公平的社区来对你加以支持。现在，社区在帮助个人进步、破除束缚人们的既得利益和将机会给予人民方面的力量，与过去一样重要。当前必须要做的是改正社区行动这一概念，从而促进个人发展并将全新的概念施用于我们现在生活的时代。我们需要，但我们还未获得一种能被共享的社区感。"社区"这个词能以许多不同的方式来使用，但它表达了相互权利和义务，这要比狭隘的自私自利崇高得多。它允许更为合理的利己观存在。通过将个人置于社会之内，而不是独立于社会之外，它承认人们需要竞争，也需要合作。③

---

① 托尼·布莱尔：《新英国：我对一个年轻国家的展望》，曹振寰等译，世界知识出版社 1998 年版，第 349 页。

② 托尼·布莱尔：《新英国：我对一个年轻国家的展望》，曹振寰等译，世界知识出版社 1998 年版，第 186—187 页。

③ 托尼·布莱尔：《新英国：我对一个年轻国家的展望》，曹振寰等译，世界知识出版社 1998 年版，第 254—255 页。

第四节　中国特色社会服务思想理论

改革开放不仅对中国经济体制产生重大影响，而且对中国社会生活也产生深刻影响。中国共产党顺应中国经济社会发展变化，提出了一系列中国特色社会保障制度的思想理论，其中不仅包含中国特色社会服务体系思想理论，而且更加突出阐述了就业服务、养老服务、健康服务以及社会服务区域统筹发展与可持续发展等思想内容。

一、中国特色社会服务的主要目标

1. 保障和改善民生

保障和改善民生是社会服务建设和发展的重要目标。早在改革开放初期，邓小平同志就重视和强调改善民生。他指出，我们搞四个现代化，因为经验不足，会面临多方面的困难。如改造一个企业就要减人，减下的人怎么安置，这也是困难。又如我们要建立退休制度，这是很正确的，但是也会有很多人思想抵触，这也是很大的困难。

江泽民同志指出，改革开放的重要目的是改善人民生活。加快改革开放和经济发展，目的是满足人民日益增长的物质文化需要。随着生产发展和社会财富的增加，城乡居民的实际收入、消费水平和生活质量要有明显提高。衣食住行尤其是居住条件，应有较多改善。文化生活更加丰富，体育、卫生事业进一步发展，人民健康水平继续提高。江泽民同志还指出，一定要使群众得到应该得到的、看得见的物质利益，而且随着经济的发展，要使群众得到的、看得见的物质利益不断有所增加。这样才能保证群众始终安居乐业，始终真心诚意地拥护改革开放和现代化建设。我们完全拥有解决部分群众生活困难问题的条件和能力。不能做好这方面的工作，是无法向党、向人民交代的。

胡锦涛同志指出，要牢牢把握保障和改善民生这一根本目的。提高人民物质文化生活水平，是改革开放和社会主义现代化建设的根本目的。要多谋民生之利，多解民生之忧，解决好人民最关心最直接最现实的利益问题,在学有所教、劳有所得、病有所医、老有所养、住有所居上持续取得新进展,努力让人民过上更好生活。必须加快推进以改善民生为重点的社会建设,努力形成社会和谐人人有责、和谐社会人人共生的生动局面,努力使全体人民学有所教、劳有所得、病有所医、老有所养、住有所居。

习近平总书记指出,做好经济社会发展工作,民生是"指南针"。要全面把握发展和民生相互牵动、互为条件的关系,通过持续发展强化保障和改善民生的物质基础,通过不断保障和改善民生创造更多有效需求。习近平总书记还指出,抓民生要抓住人民最关心最直接最现实的利益问题,抓住最需要关心的人群,一件事情接着一件事情办、一年接着一年干,锲而不舍向前走。要多谋民生之利,多解民生之忧,在学有所教、劳有所得、病有所医、老有所养、住有所居上持续取得新进展。

2. 全面建成小康社会

全面建成小康社会是中国特色社会主义建设第一个百年奋斗目标,中国特色社会服务体系建设必须服务于全面建成小康社会的目标。邓小平同志指出,我们要实现的四个现代化,是中国式的四个现代化。我们的四个现代化的概念,不是像西方那样的现代化的概念,而是"小康之家"。到 20 世纪末,中国的四个现代化即使达到了某种目标,我们的国民生产总值人均水平也还是很低的。要达到第三世界中比较富裕一点的国家的水平,比如国民生产总值人均一千美元,也还得付出很大的努力。就算达到那样的水平,同西方来比,也还是落后的。中国到那时也还是一个小康的状态。

江泽民同志指出,在经济发展的基础上使全国人民过上小康生活,并逐步向更高的水平前进。提高生活质量,特别要改善居住、卫生、交通和通信条件,扩大服务性消费。逐步增加公共设施和社会福利设施。提高教育和医疗保健水平。要尽快地使全国人民都过上殷实的小康生活,并不断向更高水平前进。坚持贯彻党的富民政策,在发展经济的基础上,努力增加城乡居民的收入,不断改善人们的吃、穿、住、行、用的条件,完善社会保障体系,改进医疗卫生条件,提高生活质量。

胡锦涛同志明确提出了全面建成小康社会的奋斗目标,其中之一就是，人民生活水平全面提高。基本公共服务均等化总体实现。就业更加充分。收入分配差距缩小，中等收入群体持续扩大，扶贫对象大幅减少。社会保障全民覆盖，人人享有基本医疗卫生服务，住房保障体系基本形成，社会和谐稳定。

习近平总书记指出，全面小康，覆盖的区域要全面，是城乡区域共同的小康。努力缩小城乡区域发展差距，是全面建成小康社会的一项重要任务。我们说的缩小城乡区域发展差距，不能仅仅看作是缩小国内生产总值总量和增长速度的差距，而应该是缩小居民收入水平、基础设施通达水平、基本公共服务均等化水平、人民生活水平等方面的差距。此外，对城乡地区收入差距，也要全面认识。城乡区域之间生活成本特别是居住成本很不一样，光看收入也不能准确反映问题。

3. 满足人民美好生活的需要

满足人民美好生活的需要是中国特色社会服务的重要目标之一。习近平总书记指出，我们的人民热爱生活，期盼有更好的教育、更稳定的工作、更满意的收入、更可靠的社会保障、更高水平的医疗卫生服务、更舒适的居住条件、更优美的环境，期盼孩子们能成长得更好、工作得更好、生活得更好。人民对美好生活的向往，就是我们的奋斗目标。必须让改革发展成果更多更公平惠及全体人民，朝着实现全体人民共同富裕不断迈进。保障和改善民生要抓住人民最关心最直接最现实的利益问题，既尽力而为，又量力而行，一件事情接着一件事情办，一年接着一年干。完善公共服务体系，保障群众基本生活，不断满足人民日益增长的美好生活需要，不断促进社会公平正义，形成有效的社会治理、良好的社会秩序，使人民获得感、幸福感、安全感更加充实、更有保障、更可持续。习近平还指出，必须多谋民生之利、多解民生之忧，在发展中补齐民生短板、促进社会公平正义，在幼有所育、学有所教、劳有所得、病有所医、老有所养、住有所居、弱有所扶上不断取得新进展，深入开展脱贫攻坚，保证全体人民在共建共享发展中有更多获得感，不断促进人的全面发展、全体人民共同富裕。建设平安中国，加强和创新社会治理，维护社会和谐稳定，确保国家长治久安、人民安居乐业。

二、中国特色社会服务的基本理念

1. 就业是民生之本理念

就业是民生之本,就业服务的根本目标是促进就业。江泽民同志明确提出就业是民生之本。他系统阐述了发展就业服务、促进和扩大就业的主张。一是要结合本地区经济社会发展的需要和下岗失业人员的特点,有组织地开发一批适合下岗失业人员从事的就业岗位。要千方百计帮助下岗失业人员获得一份工作。社区就业潜力很大,应该把充分开发社区服务业的就业岗位作为一个重点。二是要有针对性地开展面向下岗失业人员的职业介绍和职业指导。解决就业困难群众的再就业问题,必须提供更有针对性的就业服务,进一步把工作做细做实。三是要充分重视职业培训在促进再就业工作中的重要作用。要提高再就业培训的针对性、实用性和有效性。适应就业市场的需求和变化,帮助下岗职工通过培训掌握再就业的技能和本领,形成以培训促进创业、以创业促进就业的良性机制。四是要积极开展再就业援助。政府的资金和政策要集中用于帮助最困难的群众实现再就业,政府开发的公益性就业岗位主要用于安置他们,并采取提供就业援助、社会保险补贴和岗位补贴等更加优惠的扶持政策。对下岗失业人员的职业介绍和再就业培训等服务都要免费。下岗失业人员自谋职业、服务型企业批量招收下岗失业人员、国有企业通过主辅分离分流安置富余职工等,都应在税费政策上给予支持。五是要继续巩固"两个确保",搞好"三条保障线"的衔接,切实做到应保尽保。

胡锦涛同志也系统论述了促进就业再就业的途径。第一,要把就业再就业工作放在更加突出的位置,扩大就业的根本出路在于发展经济。我国基本国情和经济社会发展水平决定了我们应把创造更多就业机会作为重要发展目标,并积极体现到制定经济社会发展计划和产业政策、财税政策、投资政策、金融货币政策等宏观经济政策上来。第二,加大结构调整力度,注重发展就业容量大的产业和企业。要加大产业结构、所有制结构、企业结构调整力度,通过结构调整增加就业岗位。第三,继续深化国有企业改革,采取多种方式分流富余人员。实行主辅分离、辅业改制，应成为今后国有企业分流富余人员的重要形式。第四，加强人力资源能力建设，不断提高劳动者创业和就业能力。解决就业问题不应是一个被动安置现有劳动人口的过程，而应是一个通过人力资源能力建设，提高人口素质，是一个努力把我国人力资源优势转化为经济社会发展优势的过程。第五，提高对外开放水平，通过扩大国际交换发挥我国劳动力资源优势，争取把更多就业岗位配置到我国来。

习近平总书记指出，就业是最大的民生。要坚持就业优先战略和积极就业政策，实现更高质量和更充分就业。大规模开展职业技能培训，注重解决结构性就业矛盾，鼓励创业带动就业。提供全方位公共就业服务，促进高校毕业生等青年群体、农民工多渠道就业创业。破除妨碍劳动力、人才社会性流动的体制机制弊端，使人人都有通过辛勤劳动实现自身发展的机会。完善政府、工会、企业共同参与的协商协调机制，构建和谐劳动关系。

2. 社会公平正义理念

社会公平正义是中国特色社会主义建设的基本理念，也是中国特色社会服务体系建设的基本理念。胡锦涛同志指出，维护和实现社会公平正义是我国社会主义制度的本质要求。在促进发展的同时，把维护社会公平放到更加突出的位置，综合运用多种手段，依法逐步建立以权利公平、机会公平、规则公平、分配公平为主要内容的社会公平保障体系，使全体人民共享改革发展成果，使全体人民朝着共同富裕的方向稳步前进。要从法律上、制度上、政策上努力营造公平的社会环境，从收入分配、利益调节、社会保障、公民权利保障、政府施政、执法司法等方面采取切实措施，逐步做到保证社会成员都能够接受教育，都能够进行劳动创造，都能够平等参与市场竞争、参与社会生活，都能够依靠法律和制度来维护自己的正当权益。公平正义是中国特色社会主义的内在要求。要在全体人民共同奋斗、经济社会发展的基础上，加紧建设对保障社会公平正义具有重大作用的制度，逐步建立以权利公平、机会公平、规则公平为主要内容的社会公平保障体系，努力营造公平的社会环境，保证人民平等参与、平等发展权利。

习近平总书记指出，公平正义是中国特色社会主义的内在要求。我国现阶段存在的有违公平正义的现象，许多是发展中的问题，是能够通过不断发展，通过制度安排、法律规范、政策支持加以解决的。我们必须紧紧抓住经济建设这个中心，推动经济持续健康发展，进一步把"蛋糕"做大，为保障社会公平正义奠定更加坚实的物质基础。我们要在不断发展的基础上尽量把促进社会公平正义的事情做好，既尽力而为，又量力而行，努力使全体人民在学有所教、劳有所得、病有所医、老有所养、住有所居上持续取得新进展。制度是社会公平正义的重要保证。我们要通过创新制度安排，努力克服人为因素造成的有违公平正义的现象，保证人民平等参与、平等发展权利。要把促进社会公平正义、增进人民福祉作为一面镜子，审视我们各方面体制机制和政策规定，哪里有不符合促进社会公平正义的问题，哪里就需要改革；哪个领域哪个环节问题突出，哪个领域哪个环节就是改革的重点。

3. 共享发展理念

共享发展理念是新时代中国特色社会主义建设基本理念，也是中国特色社会服务体系建设的基本理念。邓小平同志非常强调共同富裕，他指出，要允许一部分地区、一部分企业、一部分工人农民，由于辛勤努力成绩大而收入先多一些，生活先好起来。一部分人生活先好起来，就必然产生极大的示范力量，影响左邻右舍，带动其他地区、其他单位的人们向他们学习。这样，就会使整个国民经济不断地波浪式地向前发展，使全国各族人民都能比较快地富裕起来。社会主义原则，第一是发展生产，第二是共同致富。我们允许一部分人先好起来，一部分地区先好起来，目的是更快地实现共同富裕。

江泽民同志强调让人民群众共同享受到经济社会发展的成果。他指出，在整个改革开放和现代化建设的过程中，都要努力使工人、农民、知识分子和其他群众共同享受到经济社会发展的成果。改革越深化，越要正确认识和处理各种利益关系，把个人利益与集体利益、局部利益与整体利益、当前利益与长远利益正确地统一和结合起来，把最广大人民群众的切身利益实现好、维护好、发展好。在整个现代化建设的过程中，都必须努力使广大工人、农民、知识分子和其他群众共同享受到经济社会发展的成果，使他们不断得到看得见的物质文化利益，从而使他们愈来愈深刻地认识到实行改革开放和实现社会主义现代化是祖国的富强之道,也是自己的富裕之道。

胡锦涛同志强调使发展成果更好惠及全体人民。他指出,要着力抓好就业这个民生之本,把促进充分就业作为经济社会发展的优先目标,坚持更加积极的就业政策,完善城乡公共就业服务体系,重点做好高校毕业生、农村转移劳动力、城镇就业困难人员、退役军人就业工作,加强劳动执法,保障劳动者权益,构建和谐劳动关系。要加快医疗卫生事业改革发展,扎实推进医药卫生体制重点改革,优先满足群众基本医疗卫生需求,加强公共卫生服务体系建设,保证新增医疗卫生资源重点向农村和城市社区倾斜,健全覆盖城乡居民的基本医疗保障体系,提高医疗服务质量和效率,为群众提供安全、有效、方便、价廉的医疗卫生服务。要加强未成年人保护,发展妇女儿童事业,培育壮大老龄服务事业和产业,健全残疾人服务体系,健全农村留守儿童、留守妇女、留守老人关爱服务体系。

习近平总书记指出,共享发展理念的内涵主要有四个方面。第一,共享是全民共享。这是就共享的覆盖面而言的。共享发展是人人享有、各得其所,不是少数人共享、一部分人共享。第二,共享是全面共享。这是就共享的内容而言的。共享发展就要共享国家经济、政治、文化、社会、生态各方面建设成果,全面保障人民在各方面的合法权益。第三,共享是共建共享。这是就共享的实现途径而言的。共建才能共享,共建的过程也是共享的过程。要形成人人参与、人人尽力、人人都有成就感的生动局面。第四,共享是渐进共享。这是就共享发展的推进进程而言的。共享发展必将有一个从低级到高级、从不均衡到均衡的过程,即使达到很高的水平也会有差别。我们要立足国情、立足经济社会发展水平来思考设计共享政策。

三、中国特色社会服务发展道路

1. 社会服务是社会保障制度的组成部分

改革开放以来,中国共产党始终重视社会服务体系建设,并将其纳入整个中国特色社会保障制度体系建设来进行规划和设计。胡锦涛同志指出，要把人人享有基本生活保障作为优先目标，坚持效率和公平、统一性和灵活性相结合，立足当前、着眼长远，统筹城乡、整体设计，分步实施、配套推进，积极而为、量力而行，逐步将各类人员纳入社会保障覆盖范围，实现城乡统筹和应保尽保。对城镇职工基本养老保险、基本医疗保险、新型农村合作医疗、城乡最低生活保障、医疗救助以及失业、工伤、生育保险等已有的各项保障制度，要不断完善政策，扩大覆盖面。特别是要适应统筹城乡发展新形势要求，抓住社会保障制度薄弱环节加以推进。要开展新型农村养老保险制度试点，总结经验，逐步推开；制定实施适合收入低、流动性强特点的从业人员参加养老保险办法，切实维护他们的社会保障权益；着力推进城镇非公有制经济组织从业人员和灵活就业人员参加养老保险；加快解决关闭破产企业、困难企业职工和退休人员医疗保障问题；切实落实被征地农民社会保障政策；逐步扩大最低生活保障制度和医疗救助制度保障范围。要完善失业保险制度，保障失业人员基本生活，发挥失业保险基金预防失业、促进就业作用。要完善城乡社会救助制度，逐步提高城乡低保、农村五保、医疗救助等待遇水平，切实保障农村贫困家庭、城镇困难家庭、离退休职工、在校贫困大学生基本生活。要促进社会福利事业、慈善事业、残疾人事业发展，支持志愿者公益行动，鼓励社区群众和邻里互助。要增加保障性住房供给，健全廉租住房制度，加快解决城市低收入家庭住房困难。

习近平总书记指出，要加强社会保障体系建设。按照兜底线、织密网、建机制的要求，全面建成覆盖全民、城乡统筹、权责清晰、保障适度、可持续的多层次社会保障体系。全面实施全民参保计划。统筹城乡社会救助体系，完善最低生活保障制度。保障妇女儿童合法权益。健全农村留守儿童和妇女、老年人关爱服务体系。发展残疾人事业，加强残疾康复服务。实施健康中国战略。人民健康是民族昌盛和国家富强的重要标志。要完善国民健康政策，为人民群众提供全方位全周期健康服务。深化医药卫生体制改革，全面建立中国特色基本医疗卫生制度、医疗保障制度和优质高效的医疗卫生服务体系，健全现代医院管理制度。加强基层医疗卫生服务体系和全科医生队伍建设。全面取消以药养医，健全药品供应保障制度。积极应对人口老龄化，构建养老、孝老、敬老政策体系和社会环境，推进医养结合，加快老龄事业和产业发展。

2. 社会服务区域统筹发展

社会服务区域统筹发展是中国特色社会服务发展道路思想的重要内容。胡锦涛同志指出，要进一步加强统筹发展工作。他指出，要发展农村卫生事业。农村看病难、看病贵、因病致贫、因病返贫现象相当突出，广大农民群众迫切要求改变这种状况。各级政府都要增加对农村卫生事业的投入，加快推进新型农村合作医疗制度试点工作，加强以乡镇、卫生院为重点的农村卫生基础设施建设，健全农村三级医疗卫生服务和医疗救助体系，让患病农民都能看得起病，得到治疗。胡锦涛同志指出，西部地区与东部地区的发展差距突出表现在基本公共服务水平上。要把保障和改善民生作为西部大开发的首要目标，加大政策支持力度，加快社会建设，建立覆盖城乡居民的公共服务体系。要贯彻广覆盖、保基本、多层次、可持续的基本方针，加大社会保障投入，完善覆盖城乡居民的社会保障体系，提高最低生活保障标准，加大保障性安居工程实施力度。要推进医药卫生体制改革，加强公共卫生服务体系建设，促进基本公共卫生服务均等化，加快健全城乡基本医疗保障体系，完善城乡医疗救助制度，提高医疗卫生服务能力。要大力扶持贫困地区特别是民族地区贫困地方加快发展，全力实施集中连片特殊困难地区扶贫开发攻坚工程，加快脱贫致富步伐，基本消除绝对贫困现象。

习近平总书记指出，要坚持以改革为动力，不断破解城乡二元结构。要完善农村基础设施建设机制，推进城乡基础设施互联互通、共建共享，创新农村基础设施和公共服务设施决策投入、建设、运行管护机制，积极引导社会资本参与农村公益性基础设施建设。要推动形成城乡基本公共服务均等化体制机制，特别是要加强农村留守儿童、妇女、老人关爱服务体系建设。要加快推进户籍制度改革，完善城乡劳动者平等就业制度，逐步让农业转移人口在城镇进得来、住得下、融得进、能就业、可创业，维护好农民工合法权益，保障城乡劳动者平等就业权利。

3. 注重社会服务的体系建设

社会服务体系建设是中国特色社会服务发展道路思想的又一重要内容。江泽民同志非常关注残疾人福利与服务，他指出，自有人类，就有残疾人。残疾，是人类发展进程中不可避免要付出的一种社会代价。我国现有六千多万残疾人，涉及全国近五分之一的家庭。关系到这么多人的重要社会问题，必须解决好，而不能回避。对残疾人这个社会脆弱群体给予帮助，是社会文明进步的标志。对这个特殊而困难的群体还应给予特别扶助，通过发展残疾人事业，使他们的权利得到更好的实现，使他们以平等的地位和均等的机会，参与社会生活和国家建设，共享社会物质文化的成果。

胡锦涛同志指出，要全面建成覆盖城乡居民的社会保障体系。改革和完善企业和机关事业单位社会保险制度，整合城乡居民基本养老保险和基本医疗保险制度，逐步做实养老保险个人账户，实现基础养老金全国统筹，建立兼顾各类人员的社会保障待遇确定机制和正常调整机制。完善社会救助体系，健全社会福利制度，支持发展慈善事业，做好优抚安置工作。积极应对人口老龄化，大力发展老龄服务事业和产业。健全残疾人社会保障和服务体系，确实保障残疾人权益。健全社会保障经办管理体制，建立更加便民快捷的服务体系。

习近平指出，要着力完善老龄政策制度。搞好顶层设计，不断完善老年人家庭赡养和扶养、社会救助、社会福利、社会优待、宜居环境、社会参与等政策，增强政策制度的针对性、协调性、系统性。统筹好生育、就业、退休、养老等政策。要完善养老和医疗保险制度，落实支持养老服务业发展、促进医疗卫生和养老服务融合发展的政策措施。要建立老年人状况统计调查和发布制度、相关保险和福利及救助相衔接的长期照护保障制度、老年人监护制度、养老机构分类管理制度，制定家庭养老支持政策、农村留守老人关爱服务政策、扶助老年人慈善支持政策、为老服务人才激励政策，促进各种政策制度衔接，增强政策合力。要着力发展养老服务业，构建居家为基础、社区为依托、机构为补充、医养相结合的养老服务体系，更好满足老年人养老服务需求。

思考题

1. 自由主义社会服务思想的主要内容有哪些?
2. 国家干预主义社会服务思想的基本主张有哪些?
3. 马克思主义社会服务思想的核心内容是什么?
4. 第三条道路社会服务思想的主要主张有哪些?
5. 中国特色社会服务思想理论的主要贡献有哪些?

第三章
社会服务的价值理念

本章主要阐述社会服务的价值理念,分别从社会服务的价值取向、社会服务的基本理念和社会服务的基本原则等三个维度进行阐述。社会服务的价值取向是基础,包括人本主义价值取向、集体主义价值取向和利他主义价值取向;社会服务的基本理念建立在价值取向的基础上,包括社会服务的普惠性理念、公平性理念、共享性理念和公民权理念;社会服务的基本原则是对服务实践的具体指导,包括普惠与特惠的结合、公平与适度的结合、服务供给与需求的结合,以及对生活质量的追求与个人能力提升的结合。

第一节　社会服务的价值取向

一、人本主义价值取向

1. 人本主义价值取向的定义

人本主义是德文 Anthropologismus 的意译，又译人本学。① "人本主义"或曰"人文主义""人道主义"，由英文 humanism 翻译而来。哲学上的人本主义泛指直接从人本身出发，研究人的本质及人与自然的关系，并强调人的地位、作用及价值的一般学说。② 美国《哲学百科全书》指出："人本主义是任何承认人的价值或尊严，以人作为万物的尺度，或以某种方式把人性及其范围、利益作为课题的哲学。"③

西方传统哲学中的人本主义思想最早起源于古希腊哲学，普罗泰戈拉反对神主宰一切的世俗观念，提出"人是万物的尺度"，这是关于人本思想最早的表达。普罗泰戈拉把人的感性看作是高于一切事物的人的根本。④ 这个命题强调人的主观能动性与主体地位。苏格拉底辩证地看待智者派推崇的思想，在反对传统观念的同时注重人的理性、德性。德谟克利特在前人的基础上提出幸福论，强调人人都有灵魂。⑤ 亚里士多德提出，人与动物最大的区别在于人具有理智，"理智的活动则需要闲暇。它是思辨活动，它在自身之外别无目的追求，它有着本身固有的快乐……还有一些其他的与幸福有关的属性，也与这种活动有关"。因

---

① 刘放桐：《"人本主义"和"人本主义哲学思潮"随想录》，《学术月刊》1999年第10期。
② 李瑜青：《人本思潮与中国文化》，东方出版社1998年版，第24页。
③ 沈恒炎、燕宏远：《国外学者论人和人道主义（第一辑：西方国家）》，社会科学文献出版社1991年版，第758—785页。
④ 胡敏中：《论人本主义》，《北京师范大学学报（社会科学版）》1995年第4期。
⑤ 魏金声：《现代西方人本主义思潮的由来与发展》，《中国人民大学学报》1994年第4期。

此，早期的人本主义思想具有很强的理性色彩，即理性的人本主义传统思想。

文艺复兴时期，思想家们倡导以人为中心，反对中世纪神学的等级桎梏与禁欲主义，强调人的价值与尊严，把人作为衡量一切事物的标准，提倡人的自由意志和个性发展，注重享受人世的欢乐与感受现实生活的意义。车铭洲指出，在人本主义者看来，人的"自然"或人的天性就是过世俗的生活，就是享受自然的愉快，就是对现实的物质和精神的享受。人不是一块石头，而是活生生的血肉之躯，是有感性和欲望的人。①

17—18世纪启蒙运动时期，思想家和哲学家高举民主和科学的旗帜，提出"自然权利""天赋人权"等理念，从文艺复兴时期强调的个人享乐，转变成对旧制度、旧思想的抨击与批判，更加强调人的理性与平等。19世纪初，德国哲学家费尔巴哈主张将人与自然看作不可分割的统一体，他提出，新哲学将人连同作为人的基础的自然当作哲学唯一的、普遍的、最高的对象——因而也将人本学连同自然学当作普遍的科学。② 费尔巴哈强调人并不是独立于自然之外的"异在"，而是与自然和人类本身有密切联系的实体。③ 他还提出"上帝人化"的思想，阐释对神的崇拜就是对人的崇拜。

马克思对费尔巴哈人本主义思想进行辩证扬弃，提出"人的全面发展""以人为本"的思想，未来社会将是一个更高级的、以每个人的全面而自由的发展为基本原则的社会形式。他认为，人类是自然的实体，但在根本上是实践的主体，在实践活动中，人类可以充分发挥主观能动性认识世界的规律，改造自然，创造出自然无法自主生产的事物，不断实现人的全面发展，最终走向共产主义社会。因此，马克思的"以人为本"思想强调人的社会性与实践性，消除一切不平等的异化关系，最终实现人的解放。

现代西方人本主义极力反对自古希腊以来的理性主义传统，宣扬并夸大非理性主义，形成了一股非理性主义思潮。20世纪20年代开始，在

---

① 车铭洲：《西欧中世纪哲学概论》，天津人民出版社1982年版，第201—202页。
② 路德维希·费尔巴哈：《费尔巴哈哲学著作选集（上卷）》，荣振华、李金山等译，商务印书馆1984年版，第184页。
③ 龚秀勇：《论费尔巴哈人本主义的当代价值》，《四川大学学报（哲学社会科学版）》2007年第4期。

西方出现了一种从文化的角度研究人的理性和非理性统一的哲学,其代表人物卡西尔认为:"对于理解人类文化生活形式的丰富性和多样性来说,理性是个很不充分的名称。尽管现代非理性主义做出了一切努力,但是,人是理性的动物这个定义并没有失去它的力量。"

人本主义是社会服务领域兴起的重要哲理价值之一,马尔科姆·派恩指出:"人本主义对社会工作理论而言既是基本的亦是边缘的,它更多地被视为一种指导实践的一般哲学立场而非一种界定具体实践取向的方式。"人本传统关注作为整体的人与其环境的互动,尊重个人对自己的经历的理解和解释,其中,完整的人是有效实践的核心。[①] 在人本主义价值观的影响下,社会服务提供者以服务对象为中心,用社会服务专业方法为其提供物质和精神上的帮助,同时相信个人存在的价值及其拥有的成长和改变的潜能。

2. 人本主义价值取向的内涵

人本主义是社会服务的哲学基础。周长城、孙玲在归纳社会服务视角下人本主义范式的内涵时提出:"人本主义强调应以整体的观点研究案主及其系统,并洞察到其背后的意义和阐释。"[②] 人本主义价值取向的内涵包括四个方面:人文情怀、尊重与接纳、突出个性化、挖掘个人潜能。

第一,人文情怀。人本主义是社会服务领域的哲学基础,人文情怀则是其中最重要的感性动力。一般公众内心具有的诸如慈善、怜悯等自发、直觉的助人意识,往往基于道德因素;社会服务提供者的人文情怀则是一种更为丰富、成熟、稳定的社会情感,与其专业价值一脉相承,并能通过专业实践不断得到强化。

第二,尊重与接纳。人本主义突出人的自由与尊严、自主与选择、价值与潜能、创造力与自我实现。这不仅是对人的主体性的弘扬、对人的主观性的肯定,更是对行为主义强调外部作用和实证主义追求确定性的否定。社会服务同样以尊重和接纳为基本的价值观念,社会服务提供

---

① 何雪松:《社会工作的四个传统哲理基础》,《南京师大学报(社会科学版)》2007年第2期。
② 周长城、孙玲:《人本主义:社会工作的重要理论范式——浅析人本主义视角下的社会工作》,《社会工作》2012年第4期。

者在面对服务对象时,要无条件尊重和接纳其价值观和行为,秉持非评判的原则,始终保持价值中立。

第三,突出个性化。人本主义充分突出人的个性,在社会服务中强调每个人都应当有权利和机会发展个性,社会服务提供者应当尊重服务对象的个体差异,充分考虑到服务对象的独特需要及其与社会主流价值之间可能存在的冲突,为服务对象量身定制服务方案。

第四,挖掘个人潜能。每个人都有发展的潜能,都有自我实现的需要,提供社会服务者的任务就是要充分挖掘当事人的潜能,满足其自我实现的需要。

3. 人本主义价值观在西方社会中的应用

人本主义价值观贯穿于西方社会的心理学、教育学以及社会服务等方面。美国心理学家、教育学家罗杰斯提出"以人为中心"的人本主义理论,由此诞生了心理治疗模式。在教育领域中,罗杰斯的人本主义思想改变了"以教师为中心"的指导性教学模式,并逐渐形成"以学生为中心"的非指导性教学模式,充分发挥学生的个性与潜能,注重学生的主体性。

罗杰斯的人本主义思想也为社会服务提供了一个认识人和问题的新视角,指导着社会服务方法实施的全过程,对当代西方社会服务实践产生了重要影响。在《论人的形成》中,他曾这样描述:"人的行为是理性的,伴随着美妙的、有条理的复杂性,向着他自身机体所能达到的目标前进。"他指出,人具有一种与生俱来的"自我实现倾向","所有的生物学驱力皆可归属于这种实现倾向的名义之下"。这种倾向使人类总是朝着健康和自我实现的方向发展;人们试图理解他们所经历的世界,无论是个体成员,还是作为整体的团体,都能在专业人员(包括催化者、团体领导者和社会工作者)有限的帮助下,找到自己的方向;这种"助人自助式的"帮助,有助于人们增强自身能力的发展,探索自我及个人存在的意义,提升个人的主体意识,而不是提供一种简单的技巧。同时,罗杰斯还极为重视生命的投入和体验,以及对人的尊崇,将其看作省思生命的重要途径。[①] 罗杰斯的人本主义思想对后来的学者和追随者们产生了

---

① 陈和:《人本主义取向的社会工作模式及其本土化过程》,《首都师范大学学报(社会科学版)》2005年第5期。

广泛而深刻的影响，之后他们也在不断的研究实践中完善和修正人本主义思想；社会服务提供者也秉持人本主义价值取向，不断为受助者提供以人为本的社会服务。

在西方社会思想不断发展与进步的过程中，人本主义的内涵也在不断完善，人本主义的根本出发点是人的权利、尊严、需要、成长、发展以及最终实现人的价值。笼统地说，可以归纳为人的生存权与发展权的实现。启蒙运动的人权观念认为，人生而平等，作为公民，享有基本的不可剥夺的权利。[①]在残疾人社会福利保障政策方面，马歇尔作为第一个阐述公民权利的福利思想家，主张"摒弃把福利视为施舍和慈善之举的偏见，从法律、政治和社会平等的立场肯定福利作为公民基本权利的合法性与合理性"[②]。为了保障公民的基本权利，以人权观念为基础的福利思想引导着西方发达国家进入了制度型社会保障政策，为民众提供了广泛的社会服务，在制度层面给予弱势群体长期的关注，针对弱势群体的特殊需要制定相应的实施细则，保护弱势群体应有的权利。到了20世纪90年代，基于"人本主义"中人的发展权理念，产生了发展型社会保障政策，该政策主张经济发展与社会发展同等重要，需要增进全体社会成员的经济和社会能力。

4. 人本主义价值观在中国社会中的应用

"以民为本"基本贯穿了中国古代人本主义思想的发展。[③] 早在先秦时期，我国就形成了较为完整的社会保障思想体系，即对"民本"的探讨。"民"与"君"相对，用孟子的话说，即"民为贵""君为轻"。中国最早明确提出"民本"思想是在《管子》一书中，其中的《管子·霸言》云："夫霸王之所始也，以人为本。本理则国固，本乱则国危。"这体现国家稳定的前提是以人民为本，人民是国家稳定的基石，是兴国之本，立国之基。这里的"以人为本"将人民作为利益的主体，因应人情，顺应人心。总的来说，中国古代的人本主义思想具有一定的人的主体性理

---

① 章程、宋宝安：《西方发达国家残疾人社会保障的成功经验对我国的启示》，《东北亚论坛》2012年第2期。

② 钱宁：《从人道主义到公民权利》，《社会观察》2004年第4期。

③ 愚心明、葛慧珠：《人本和谐观》，浙江工商大学出版社2012年版，第24页。

念,然而"天人合一""君权神授"等传统思想根深蒂固,因此无法使人民发挥主导作用,做到真正的以人为本。

马克思人本主义关于人的全面发展的思想,为中国从"民本"到"人本"的转变,以及社会保障思想体系的发展提供了良好的理论基础。新中国成立后,中共十六届三中全会通过的《中共中央关于完善社会主义市场经济体制若干问题的决定》指出,要坚持以人为本,树立全面、协调、可持续的发展观,其中坚持以人为本是科学发展观的本质和核心。党的十七大提出的"以人为本",强调把人看成是社会的主体,把人民看成是国家的主人,把人民的权力由书面转向实际生活,使人们真实地感到与自己息息相关,坚持以人民群众的根本利益为出发点。

党的十八大以来,党中央坚持把民生工作和社会治理工作作为社会建设的两大根本任务,"以人为本"既是党的执政理念,也是国家治理的基本方针,努力做到发展为了人民、发展依靠人民、发展成果由人民共享。党的十九大报告指出,中国特色社会主义进入新时代,我国社会主要矛盾已经转化为人民日益增长的美好生活需要和不平衡不充分的发展之间的矛盾。这种新的矛盾转变,再次突出了坚持以人民为中心的发展思想,强调追求社会的公平正义。习近平总书记强调,坚持以人民为中心,在社会建设上,就要以人民安居乐业作为工作导向,把增进人民福祉、促进人的全面发展作为社会建设的出发点和落脚点。在建设中国社会服务体系的过程中,就是要从完整人的角度出发,帮助社会群体赋权增能,促进人与社会的和谐发展,最终实现个人的全面发展。①

二、集体主义价值取向

1. 集体主义价值取向的定义

亚里士多德是西方思想文化传统中最早表达"集体"这一概念的学者,他把集体称作"共同体",即"城邦"。"所有城邦都是某种共同体,所有共同体都是为着某种善而建立的(因为人的一切行为都是为着他们

---

① 邵亚萍:《人本主义视角下社会工作理论本土化的困境与建构》,《重庆工商大学学报(社会科学版)》2019年第1期。

所认为的善)。"这就意味着,人必然归属于城邦,不能脱离城邦而生活。集体主义是社会主义意识形态的重要内容。第一个明确提出"集体主义"概念的人是斯大林。斯大林在与英国作家威尔斯的谈话中明确提出,个人和集体之间,个人利益和集体利益之间没有而且也不应当有不可调和的对立。不应当有这种对立,是因为集体主义、社会主义并不否认个人利益,而是把个人利益和集体利益结合起来。

集体主义是历史的、发展的,不同的时代会产生不同的理解和阐释,主要可以从道德原则、政治制度以及价值观等维度来界定其含义。例如,罗国杰既将集体主义看作政治原则,又将其界定为社会主义道德的基本原则:"马克思主义伦理学中的集体主义原则,正是作为政治原则的集体主义原则在道德领域内的具体实施","无产阶级道德领域中的集体主义原则,正是从道德方面来调节无产阶级内部、外部的关系,从道德上保证无产阶级的经济、政治目标能够得到顺利的实现"。① 刘书林则从社会主义道德原则与意识两方面去认识集体主义:"集体主义作为社会主义道德规范体系的基本原则,又是社会主义道德意识的核心。"② 陈江旗将集体主义同时定义为一种价值观和道德原则,他认为:"集体主义在中国几十年的社会主义建设中一直是起主导作用的价值观,也是我们历来所倡导的一种基本的道德原则。"③

从思想史来看,集体主义源远流长,在不同的社会历史条件下,有着不同的内容和形式。④ 早在远古时期,"集体"这一概念就有所体现。人们需要合作捕猎、建立栖息地以及繁衍后代等,当时的利益主体尚未分化,集体利益与个人利益是直接统一的。随着生产力的不断提高以及思想的更新换代,在西方历史上出现了包含一些重集体利益的思想,这种思想被称为整体主义思想。

较早的整体主义思想来自柏拉图,他强调把国家、集体利益放在首位,他认为:"立足于通过改革城邦的政治体制,明确各个阶层的社会分工,形成一个和谐的共同体后再来规定和实现个人的道德行为。"⑤

---

① 罗国杰:《伦理学》,人民出版社1989年版,第152页。
② 刘书林:《社会思潮与青年教育研究》,高等教育出版社2010年版,第315页。
③ 陈江旗:《社会主义道德建设论》,中国建材工业出版社2011年版,第15页。
④ 朱志勇:《论集体主义的历史嬗变》,《马克思主义研究》2006年第12期。
⑤ 张岂之、陈国庆:《近代伦理思想的变迁》,中华书局1993年版,第186页。

西塞罗认为:"国家是一个民族的财产。但是一个民族并不是随随便便一群人,不管以什么方式聚集起来的集合体,而是很多人依据一项关于正义的协议和一个为了共同利益的伙伴关系而联合起来的一个集合体。"西塞罗是从民族和国家的意义上使用"集合体"这个概念的,而共同利益则是民族、国家能够成为共同体的本质属性。当时所谓的"集体思想",要求个人必须无条件地服从统治者及其所代表的利益,是一种极端的、绝对的且不完备的思想,可以归为整体主义。整体主义是集体主义的前身,它与自然经济相联系,是奴隶社会和封建社会的主流价值观。

中国古代长期处于封建统治,在中国古代的伦理文化中,"孝"占绝对优势,要求子女要尊重与服从父母,后来孝道发展成了忠君思想,忠君成为最大的孝。① 人们形成以家庭为基础,国家至高无上的观点,个体利益完全服从国家利益,形成了中国古代的整体主义思想。在整体主义思想的引导下,政治家们突出"天下为公""先天下之忧而忧,后天下之乐而乐"等,突出"众""群""民",主张把群体、社会利益放在第一位,要求个人绝对服从群体和社会的利益。

由于整体主义不承认个人利益,否认追求个人利益的正当性,因此,无论在西方或东方,在封建社会解体的时期,人们都以捍卫个人利益的正当性为突破口,颠覆与重塑古代的整体主义思想,逐渐演变成集体主义思想。集体主义与整体主义在本质上存在着根本不同,整体主义强调个人完全服从集体,而集体主义强调个人与集体的有机统一。集体主义吸收了整体主义的可取之处,同时也对整体主义中过分强调集体利益这一观点进行扬弃。

卢梭作为近代西方集体主义的代表人物,强调个人与集体的有机结合,注重集体利益的同时要保护个人利益,突出了普遍意志的天然正当性和至上性。"不论是谁,如果他拒绝服从普遍意志,那么整个实体将强迫他服从。"卢梭创作《社会契约论》的主要目的是"找到一种结合形式,它用全部共同的力量来捍卫和保护每个结合者的人身和财产,每个人虽与众人结合,却只服从他自己,并且和从前一样自由"。

马克思在《1844年经济学哲学手稿》中指出,在共产主义社会中,

---

① 陈冬:《集体主义的中西方思想渊源》,《理论月刊》2014年第5期。

首先应当避免重新把"社会"当作抽象的东西同个人对立起来。随后，在《神圣家族》中，马克思恩格斯在肯定法国唯物主义的社会主义倾向时，转述了这种唯物主义关于个人利益和人类利益关系的观点：既然正确理解的利益是整个道德的基础，那就必须使个别人的私人利益符合于全人类的利益。马克思强调的是"真实的集体"，是由许多个人和局部组成的集体，是能够代表整个社会普遍利益的集体。只有在这个集体中，个人才能获得全面发展其才能的手段，也就是说，只有在共同体中才可能有个人自由。马克思把个人与共同体之间的矛盾，看成是人类历史发展的必经阶段，是在一定条件下产生并在一定条件下消亡的历史现象。他关注共同体的阶级和社会属性，而不是抽象地肯定集体主义；关注如何从根本上消除个人与共同体的对立，而不是在对立存在的前提下如何坚持集体主义；关注个人与共同体矛盾运动的必然趋势，而不是在现存的历史条件下去构造理想的结合方式。

2. 集体主义价值取向的内涵

集体主义是一种历史性存在，其内涵随着时代的进步而不断补充，学者们辩证地分析集体主义，并全面科学地定义其内涵。伦理学者罗国杰对集体主义的内涵进行了研究，他认为："对集体主义的界定应强调三方面，即集体利益高于个人利益；在集体利益高于个人利益的原则下切实保障个人的正当利益，促进个人价值的实现；集体主义强调个人利益与集体利益的辩证统一。"他较为全面地总结了集体主义关于集体和个人的利益关系。黄明理、徐明德进一步具体阐释了集体主义的三个相互联系、相辅相成的原则内容。①

第一，个人利益和集体利益的辩证统一。在《德意志意识形态》中，马克思恩格斯指出，只有在集体中，个人才能获得全面发展其才能的手段，也就是说，只有在集体中，个人才可能有个人自由。毛泽东在《论十大关系》中指出，必须兼顾国家、集体和个人三方面，也就是我们过去常说的"军民兼顾""公私兼顾"。从这些论述不难看出，个人利益和集体利益的辩证统一是集体主义原则的前提。

---

① 黄明理、徐明德：《论集体主义的基本内涵和重要依据》，《江西财经大学学报》2005年第6期。

第二，服从性。当个人利益与集体利益发生不可调和的矛盾时，个人利益应服从集体利益。从人的本质来看，人的本质是一切社会关系的总和，即人的本质在于其社会性，因此，相对于个人而言，社会是本位的，社会整体利益是第一位的。同时，从个人利益实现的根本途径来看，个人利益的满足固然有多种途径，但是实践证明，集体利益的实现是满足个人利益的最根本保证和最可靠途径。①

第三，保障性。"集体主义之所以优于群体主义，不是在于对整体利益的维护，而是在于保障每个人的个性自由和个性发展，在于以'每个人的全面而自由的发展'为终极价值目标。"② 在强调集体利益高于个人利益的同时，集体也必须保障个人的正当利益能得到充分满足。一个真正健康的集体应该是为集体中每一个个体服务的，集体中个人的主体性、价值和尊严得到充分实现，个人的正当利益得到合理的满足，这样的集体才是充满生机与活力的集体。③

3. 集体主义价值观在西方社会中的应用

西方主流意识形态强调的是个人主义，但在西方文化传统中也蕴含着集体主义思想。④ 美国教育思想家杜威提出集体主义教育理论，提倡建立"民主共同体"，即"民主集体"。在民主集体中，人们拥有共同的"利益""目的""愿望""信念""知识"，这个集体由"新个人"组成，也就是与他人具有一致性和合作性的个人，而不是完全独立自主的旧个人。"政府、生意、艺术、所有的社会制度都有一个意义，一个目的，那个目的就是不问其种族、性别、阶级或经济状况而解放和发展个人的能力。"同时，他否认所谓个人的权利独立地为个人所有的观点，"个人之所以能有权利，全赖个人是社会的一分子、国家的一分子。他的权利全赖社会和法律给他保障，否则便不能成立。这个观念是根本

---

① 黄明理、徐明德：《论集体主义的基本内涵和重要依据》，《江西财经大学学报》2005年第6期。

② 朱贻庭、秦裕、余玉花：《当代中国道德价值导向》，华东师范大学出版社1994年版，第160页。

③ 黄明理、徐明德：《论集体主义的基本内涵和重要依据》，《江西财经大学学报》2005年第6期。

④ 陈冬：《集体主义的中西方思想渊源》，《理论月刊》2004年第5期。

的观念。真讲权利的,不可不承认国家社会的组织"。由此可见,杜威认为个人和社会是不可分割的,个人首先是社会交往中的个人,无法脱离集体而存在。

西方依靠正式的契约和规则来维持社会秩序,由此建立了较为稳定的制度信任体系,因此西方集体主义价值取向下的社会制度具有稳定性和可靠性,在对这种法律、规范信任的前提下,政府乃至各个社会组织会形成高效的跨部门协同。西方发达国家在二战后建立起了福利社会,福利社会的类型一般是按照普遍主义的福利原则来划分的。普遍主义是福利国家的基本原则,蒂特姆斯解释说:"采取普遍性原则的基本的历史原因是,以服务使用者将不会有任何丧失地位身份、人格与自尊丢失及羞辱的原则和方式下,把服务提供给全体人民并让全体人民接受服务。在使用公共提供的服务的时候,能够使接受社会供给的人不产生自卑、羞愧和污名的意识,不把这些人归因为已是或将会变成'公共的负担',而把物品和服务更有效地、更方便地提供给有关的全部人口。"这种普遍性的福利国家体现了社会公正以及团结、融合、集体主义的思想。

米歇尔·鲍曼在《道德的市场》中更明确地强调在当代西方国家"集体精神"对市场经济的重要性。他认为:"如果个人利益与集体利益之间不存在和谐,关注主观利益的个人主义占据上风势必导致违背他人利益和公益的行为方式",而且"经济如果没有最低限度的'善意'和'集体精神',则会运作得非常糟糕"。①

4. 集体主义价值观在中国社会中的应用

中国封建社会中的统治阶级为了维护其统治地位,将集体主义观念加以强化作为统治人们的工具。统治阶级也正是在这样一种由自然经济所决定的人的依赖关系中,找到了维护其既得利益的工具和方法,这就是国家政权和整体主义的思想体系。② 这便促进了中国传统集体主义的生成。

---

① 米歇尔·鲍曼:《道德的市场》,肖君、董承业译,中国社会科学出版社2003年版,第27页。
② 耿步健:《集体主义的嬗变与重构》,南京大学出版社2012年版,第97页。

正统儒家思想中蕴含的集体主义思想对集体主义价值取向产生了深刻影响。首先，孔子的思想核心是"仁"，希望处于集体中的人都能以"仁"待人，保持和谐的集体关系，以达到集体的安定协调，从而建立起一个大同社会。孔子还提出"修身、齐家、治国、平天下"，个人修养水平的高低决定了集体的稳定程度，修身的目的最终是为了家庭、国家和天下的稳定。其次，儒家思想中的"忠""礼""义"也蕴含了集体主义思想："忠"是对国家、社会忠诚；"礼"是当时社会奉行的各种礼仪规范，代表了家族和群体利益；"义"代表的也是群体和社会的利益，"不义而富且贵，于我如浮云"，孔子认为谋求自己富贵的"不义"行为是应该被反对的。最后，儒家文化中"和为贵"的思想也体现了集体主义中团结与和谐的思想。中国古代的集体主义，是为了维护统治阶级的利益，以及社会的和谐稳定。

中国共产党坚持集体主义思想，坚持以最广大人民的根本利益为出发点，顾全大局、以身作则，在缔造新中国、社会主义革命、社会主义建设和改革开放的伟大历史进程中率先垂范，践行了集体主义思想。在长期的革命实践中，中国共产党始终坚持集体主义价值导向，发扬集体主义精神。例如，在抗日战争时期的大生产运动以及民主革命时期的生产自救运动中，中国共产党都充分激发了集体的力量，为取得战争胜利提供了物质保障，同时为农民的基本生存提供了可靠的社会救助资源。这种以生存自救为基本救助的社会救助模式，充分体现了社会主义集体主义价值观。① 又如，中国共产党以革命大局为重，共产党员不惜牺牲个人利益维护党和革命的利益，党组织注重保护人民的正当利益，形成井冈山精神、长征精神、红岩精神等。

党的十八大以来，以习近平同志为核心的党中央更是站在了时代和全局的高度，发展了马克思主义的集体主义思想。习近平关于集体主义的重要论述具有极为重要的现实价值，是实现中华民族伟大复兴的强大精神动力，是提高党的领导水平和执政水平的根本指引，是正确认识和

---

① 张晓燕：《论毛泽东农村社会救助中的集体主义的价值取向》，《福建省社会主义学院学报》2014年第2期。

处理利益关系的价值指南。① 在党的十九大报告中，习近平总书记强调：要加强思想道德建设……弘扬民族精神和时代精神，加强爱国主义、集体主义、社会主义教育，引导人们树立正确的历史观、民族观、国家观、文化观。不仅如此，党和国家还大力倡导大局意识教育，培养良好的道德品质，在建设社会主义和谐社会进程中，增强集体主义价值观指导下的志愿服务，增强集体主义价值观在社会服务领域的影响力。

三、利他主义价值取向

1. 利他主义价值取向的定义

利他主义源于拉丁语，意为"他者"。② 英语中的"利他主义"（altruism）一词最早由法国社会学家奥古斯特·孔德提出。伦理学对利他主义的定义是："为他人的利益而牺牲自己的利益或者以利己为目的、以利他为手段的道德原则。"③ 利他主义是社会服务的理论基础，社会服务是具有福利性的专业活动，因此，社会服务最深刻的本质特征是利他主义的社会互动。④

利他思想最早在古希腊被提出。柏拉图曾探讨过一个问题："是什么原因使一个人将朋友的利益当成或胜过自己的利益去促成？"他尝试给出回答："欲望是友谊的原因。"亚里士多德对这一问题继续作答，他认为友爱是涉及他人的一种德性，"友爱是一种德性……是城邦联系的纽带……立法者也重视友爱胜过公正"。亚里士多德认为对他人利益的关切，是一种比公正更为重要的德性，这种德性不仅可以促进个人自身的完善，还可以促进城邦的和谐发展，他把关切他人的利益作为治理天下的基石。在中世纪时期，"信、望、爱"是基督教哲学的核心教义，也是思想家们的精神支柱。奥古斯丁认为爱他者可以胜过爱自己，这是因为

---

① 陈冬：《习近平关于集体主义的重要论述及其现实价值》，《东华理工大学学报（社会科学版）》2018年第4期。
② 任巧华：《有关利他主义理论的研究述评》，《创新》2015年第3期。
③ 宋希仁、陈劳志、赵仁光：《伦理学大辞典》，吉林人民出版社1989版，第548页。
④ 王思斌：《社会工作：利他主义的社会互动》，《中国社会工作》1998年第4期。

爱的功能就是"去除情欲，成全律法"。阿奎那认为："爱的范围要扩展到爱你的敌人。"他认为利他与利己之间并非对立冲突的关系，而是彼此相互促进的关系，也体现尊重他人、无私爱人的精神。19世纪法国哲学家和伦理学家孔德对利他行为进行了最早的描述。利他行为用来歌颂为他人、为社会谋利益做出牺牲的高尚行为，并以此作为人们行为关系的准则和评价人性善恶美丑的伦理学标准和基础。① 孔德注重情感因素在利他行为中发挥的作用，在孔德看来："感情是人类的灵魂、行为的动力。推动力总是来自感情，才智永远只是一种指挥手段或控制手段。"② 这种情感被他称为"爱"，他提出："爱是本原，秩序是基础，发展是目的。爱既是出发点又是归宿，因为，爱寻求秩序并向发展进取，秩序巩固爱并引导发展，而发展则推进秩序并回归爱。"③ 所以，因为发自内心的爱而帮助他人，是一种高尚的利他行为。

利他行为广泛存在于自然界和人类社会中。早期利他主义借助动物的利他行为，来证明人类在天性中也存在着利他动机。生物学家达尔文提出"物竞天择，适者生存"的观点，他发现不仅是人类，自然界中的动物也存在利他行为，许多动物以降低自身的适应度为代价，来提高其他个体的适应度。④ 为此，达尔文将"自然选择"从个体延伸到群体，用群体选择理论解释了人类道德的进化："如果一个部落中的大多数成员具备高尚的道德情操（爱国主义、勇敢，忠诚等），并随时准备为公共事业献身，这个部落就会是胜利者。这就是自然选择。"英国哲学家斯宾塞也从生物进化论的角度提出了利己和利他的关系，他认为，人作为生物存在，首要的是维持个体的生命，也就是利己。但人凭借理性认识到，人不能脱离社会群体而单独存在，想生存必须依赖集体，需要同他人相互沟通联系，通过维护他人和社会的利益，人才得以存在。因此，人必须

---

① 王德伟：《社会变迁中"主体性"的缺失与重构——从孔德的"利他主义"说起》，《哈尔滨工业大学学报（社会科学版）》2015年第6期。
② 雷蒙·阿隆：《社会学主要思潮》，葛智强、胡秉诚、王沪宁译，华夏出版社2000年版，第67—68页。
③ 昂惹勒·克勒默-马里埃蒂：《实证主义》，管振湖译，商务印书馆2001年版，第45页。
④ 陈晓平：《利己与利他的综合——从进化论的角度看》，《学术界》2010年第1期。

要利他。① 1964年，英国生物学家汉密尔顿提出了亲缘选择理论，认为有机体个体的繁殖成功并不一定意味着个体本身的繁殖，而是它所携带的基因能否成功地传递下去，因此，共同的基因是利他行为的前提。1971年，美国动物学家特里弗斯提出互惠利他主义理论，认为利他者的利他行为是为了得到受惠者将来的回报，表面看起来对利他者没有任何益处，实际上仍然增加了其适应度。这两种理论都在社会生物学的层面揭示了利他行为的利己性根源。

早先的人类行为确实符合亲缘选择理论，但随着人类社会的不断发展，人类行为越来越受到复杂社会环境的影响。例如，居住在城市扩张、住房交通拥挤、经济不稳定、社会与文化结构失衡的环境中，人会产生相当大的压力。对此，很多学者提出了解释现代社会环境下影响利他行为动因的理论，这些理论都从人类所处的社会环境出发，解释了个体或者群体利他行为减少以及缺失的原因。如津巴多提出的"去个性化理论"认为，人类长时间置身于紧张、拥堵的城市环境会使人迷失自我，从而产生越来越多的反社会行为，亲社会行为（利他行为）减少；拉坦内和达利出的"社会抑制理论"认为，城市化进程加快会加剧人类之间的社会隔离、分散社会责任；同时，拉坦内和达利也提出了"都市超载假说"，他们认为，从助人的社会心理角度来看，城市居民往往在被他人围攻的时候会产生无助感，因为他人也不知道该如何提供帮助。

2. 利他主义价值取向的内涵

利他主义是"对他人的无私心或仁慈的关心，即因为他人的缘故，而不是作为一种增进自己利益的方式促进他人的福祉，或把他人利益放在自己利益之先的一种考虑。"巴尔-塔尔认为，利他主义的真正内涵包括五个部分：第一，必须对他人有利；第二，必须是自愿的行为；第三，必须是有意识且有明确目的的行为；第四，所获得利益必须是行为本身；第五，不期望有任何精神和物质奖赏。其中，利他主义最重要的特征在于助人者动机的纯粹性。

---

① 王林平：《"个人与社会"和"利他与利己"——迪尔凯姆现代性问题解决方案的理论起点探析》，《学术交流》2010年第11期。

（1）必须使他人获利。社会服务的利他行为可以通过以下途径使服务对象获利：培养服务对象的能力；修复服务对象的社会关系；提供人文关怀和支持；将具有利他性质的社会政策、社会福利以及社会功能以服务的方式惠及大多数人。

（2）必须是自愿行为。社会服务提供者可以既是职业的又是利他的，自愿的利他行为不排斥以获得薪资报酬为目的的职业身份。比如，医生可能是发自内心想要治好他的病人，同时他也在通过医治病人谋生，社会服务提供者也是如此。

（3）他人所获利益必须是行为目的本身。评价一个行动是否利他的关键在于行动的目的，"利他主义的终极目标是增加个人或多人的福祉"，利他行为需要充分考虑受助者的福祉。

（4）所获利益必须是行为本身。社会服务最终的利他行为是使服务对象获得"自己帮助自己"的效果。例如，在灾害社会工作中，服务提供者的行为不仅是帮助服务对象进行灾后重建，更重要的是使服务对象自身成为减灾抗灾的主力军，成为彼此社会关系恢复的互助者。[1]

（5）必须不期望任何回报。将真正的利他行动与本质上利己的善行区分开，最常用的方法是考察一个人的利他行动对施行者来说是否有净成本。[2] 当一个人帮助他人是为了从中获利的时候，人们就有理由怀疑他的这种行为是不是利他的。

3. 利他主义价值观在西方社会中的应用

利他主义价值观体现在西方社会的社会服务和社会福利政策中，一些发达国家实行普惠型社会福利模式，维护整个集体的利益。利他主义主要可以分为神学利他主义、科学利他主义和制度化利他主义。

（1）神学利他主义主要是基督教伦理观，基督教的利他源于其"博爱的精神"，这是一种无差别的爱，由这种爱衍生出来的利他是一种无条件的利他，即无条件爱他人、利他人。这也正是基督教的道德总原则爱，

---

[1] 任文启：《利他使群：社会工作本质的中国表述》，《社会建设》2016 年第 1 期。
[2] 杰罗姆·韦克菲尔德、吴同：《利他及人性：社会工作基础理论的建构》，《江海学刊》2012 年第 4 期。

爱就是无私利他，因此，基督教利他思想可以总结为无差别的利他。①

（2）科学利他主义的集大成者康德将利他思想总结为：利他的目的是自律，完善自身人格；无私利他，为别人谋福利；严苛的利他原则，应该出于责任心。②

（3）制度化利他主义的提出，是因为随着现代社会的进步和发展，一些掌握专业知识的行业对服务对象会有以权谋私的现象，所以需要通过制度对这种行为加以约束并且对行业的利他行为给予鼓励与肯定。社会学家默顿在《社会研究和社会政策》中指出，专门职业必须具备三种价值：① 求知价值，即专门职业获取系统化知识和专门技能的价值；② 实用价值，即专门职业获取训练有素的能力和技术技巧的价值；③ 援助价值，即将知识和技能结合起来，以服务他人为取向的职业价值。③

社会政策强调公平、正义，鼓励社会范围内利他主义的形成。作为利他主义的代表，蒂特马斯在社会福利方面主张通过资源再分配来减少不平等，并努力实现社会整合与伙伴关系的形成，主张福利的非判断性并且拒绝家计调查，反对将贫困归因于个人，倡导社会权利普遍化。④ 蒂特马斯在《赠与关系》一书中指出，"国家不仅有权威和资源去有效满足社会需要，它的介入还有客观的道德影响：便于利他主义的表达，加强团结，促进社会弥合并且培养同情心。"

4. 利他主义价值观在中国社会中的运用

中国传统文化中的利他思想内涵源远流长，从孔子的"仁"到费孝通提出的"差序格局"，多种利他形式与思想内涵交错。孔子的"志士仁人，无求生以害仁，有杀身以成仁"以及"仁者爱人"等思想，都体现

---

① 王海明：《利他主义重估》，《北京师范学院学报（社会科学版）》1996年第3期。

② 杜德安、卜长莉：《社会工作"利他"原则的中西方比较》，《长春理工大学学报（社会科学版）》2018年第5期。

③ 郭景萍：《现代社会工作的基本特征：制度化利他主义》，《社会科学研究》2005年第4期。

④ 朱浩：《社会福利领域的利他主义和利己主义之争——基于历史角度的分析》，《广东工业大学学报（社会科学版）》2013年第1期。

出利他主义内涵,并且更加强调人内在品质的利他。① 相较于儒家的"利他",道家的"利他"是一种宏观层次的利他,讲求"无为""大利",从国家层面强调实现人们的福祉。墨子的思想可以概括为兼爱非攻,"兼爱"思想是墨子"利他"思想的源泉,因为兼爱,所以利他。墨子的这种"利他"不同于孔子的"利他",是一种无差别的利他,有利于所有人。利他主义价值观是中国社会服务的思想基础。高鉴国认为:"社会服务者坚持'服务对象利益至上'原则,就必然信守'利他主义'的价值理念。"②

中国社会服务遵循的利他主义与西方社会有所不同。王思斌提出:"社会工作的'利他'并不是无私利他,社会工作者可以存在自身的利益。"③ 从利他的动机来讲,西方社会服务强调主观目的上的利他,即无私利他,这从基督教的爱的思想、爱他人甚至自己的敌人以及康德的思想"道德公式就是为别人谋福利"中可以了解其渊源。而在中国本土实践中,社会服务的"利他"并不是单纯强调无私利他,也关注个人利益。这不仅受社会现实情况的影响,也深受儒家思想的影响。儒家认为,利他是为了实现自身的道德追求,这是中国社会服务关注自身利益的原因所在。同理,费孝通提出的"差序格局"中,提到"以己为中心"这一概念,他认为这也是一种利他行为:人们愿意做出利他行为,是因为从自己出发,由内而外地利他。

第二节　社会服务的基本理念

一、社会服务的普惠性理念

1. 普惠性理念的定义

普惠作为社会政策理念的一种类型,其产生的历史渊源可以追溯到

---

① 杜德安、卜长莉:《社会工作"利他"原则的中西方比较》,《长春理工大学学报(社会科学版)》2018 年第 5 期。
② 高鉴国:《社会工作价值与伦理》,山东人民出版社 2012 版,第 29 页。
③ 王思斌:《社会工作:利他主义的社会互动》,《中国社会工作》1998 年第 4 期。

18世纪关于人权的政治哲学讨论中；从社会政策理念角度讨论普惠则始于19世纪末期。在社会政策领域，蒂特马斯最早使用普惠这一概念。他从再分配的角度考察了两类相反的社会政策模式：普惠型社会政策模式和选择型社会政策模式。随后，蒂特马斯进一步将社会政策模式分为补缺型、工业成就型和制度化再分配型三种类型。自蒂特马斯以来，普惠的概念开始频繁出现在社会政策和社会福利的话语体系当中，特别是在理念和实践两个层面，普惠这一概念被普遍使用。在理念层面，普惠被用来指与选择、特殊和补缺等相反的一种理念；在实践层面，普惠被用来指以北欧为代表的高福利国家的社会政策模式所具有的典型制度特征。①

对普惠这一概念进行界定和操作化，社会政策学者中形成了以下三种代表性观点。第一种观点以安妮·阿托宁为代表。受塞恩斯伯里建议从多维度理解普惠理念的启发，阿托宁将普惠的概念界定如下：① 社会政策基于强制的立法而非自愿的安排；② 受益资格适用于所有公民，不论个体的经济需求和收入状况如何；③ 任何公民都可以获得津贴或服务，并且事实上大部分公民在有需要的时候领取津贴和使用服务；④ 普惠型的社会政策体系在全国范围内提供具有统一标准的津贴水平；⑤ 普惠意味着获得社会津贴和社会服务是公民的社会权利；⑥ 普惠型社会政策的核心特征是由税收和财政支持其运作。

第二种观点以古尔-安德森为代表。他认为普惠包括如下特征：① 法律保障社会津贴和社会服务作为公民的社会权利；② 所有公民被同一种社会政策体系所覆盖；③ 社会政策经费来源由税收支持，而非基于社会保险的缴费；④ 社会政策不排斥任何公民，但有时也可以在普惠的原则内进行目标定位；⑤ 津贴和服务水平足够保障完全公民权的实现，只达到减贫效果的津贴替代率不能被称为普惠型社会政策。

第三种观点以基达尔和库恩尔为代表。在针对养老金的一项研究中，基达尔和库恩尔指出，社会政策中的普惠性理念至少有两个维度的原则：成员资格和分配方式。即是否公民都被社会政策体系所覆盖，分配是否基于需要而且以财政为经费来源。他们承认，在实践中，普惠型社会政

---

① 张佳华：《论社会政策中的"普惠"理念及其实践——以我国适度普惠型儿童福利制度建设为例》，《青年学报》2017年第1期。

策往往也具有一定的资格标准（如年龄、就业状况、收入等）和分配标准。

2. 普惠性理念的内涵

从对普惠的界定中可以看到诸多共同点。综合起来，可以从四个层面来理解社会政策中普惠性理念的内涵：① 在政策立法层面，普惠型社会政策是基于国家强制立法而建立的一项制度；② 在政策对象层面，普惠型社会政策覆盖的对象是所有公民；③ 在政策分配层面，普惠型社会政策以需要为原则，为公民提供完全的保障；④ 在政策筹资层面，普惠型社会政策以税收和国家财政作为主要资金来源。①

普惠性理念的内涵具有人本与共享性。人本即以人为本，人是人民群众，本是发展之本，普惠于民强调的是在公共权力的资源配置过程中，以民生为中心，考量国家全局性、战略性问题的始基与归宿，②即"坚持发展为了人民、发展依靠人民、发展成果由人民共享"③。公平正义是人类社会的普遍追求，也是衡量社会文明程度的重要指标，要不断满足人民日益增长的美好生活需要、不断促进社会公平正义、形成稳定的社会秩序、使人民获得幸福感，需要不断贯彻共建共治共享的社会治理理念，能够促进社会公共利益的普惠性，是实现社会公平的有效途径。④

社会福利作为国家保障公民基本权利的重要手段逐渐成为政府进行社会管理的利器。同时，福利被纳入国家制度设计框架也意味着政府要改变传统福利的选择性或补缺性功能，通过社会政策向全体国民提供普惠性福利。⑤ 普惠这一理念以北欧各国社会民主党关于"人民之家"建设的思想为基础，倡导国家基于公民需要，为公民提供高水准的、综合的、制度化的福利和服务。保障公民的福利服务需求以实现公民的自立和发展，是社会

---

① 张佳华：《论社会政策中的"普惠"理念及其实践——以我国适度普惠型儿童福利制度建设为例》，《青年学报》2017年第1期。
② 王青平、范炜烽：《从"政在养民"到"普惠于民"：民生政治之逻辑转向》，《学术论坛》2016年第10期。
③ 黄杰华：《惠农政策中的公平性问题探究》，《求实》2014年第4期。
④ 钟淑洁：《共建共治共享理念的价值意蕴》，《新长征》2019年第12期。
⑤ 曾瑞明、毕可影：《普惠型社会福利适度发展的考量维度》，《中共福建省委党校学报》2015年第8期。

主义制度的应有之义。正如陆士桢所指出的，发展适度普惠的福利制度是社会主义制度价值的必然选择，是共产党执政的根本目标。①

3. 普惠性理念在西方社会中的应用

第二次世界大战结束后，西方国家试图发展以人为本的现代社会福利，相继建立"从摇篮到坟墓"的福利国家，用完善的制度体系充分保障了福利普惠性的实现。以普惠型福利生产和供应体系为核心的福利国家堪称社会福利发展的第一座高峰，"普遍和周到的社会照顾，几乎惠及所有公民；从生到死的福利保障提高了社会中下阶层对疾病、失业、退休等风险的抵御能力，有效地将个人从物质匮乏和忧虑不安的束缚中解脱出来，从而有了更多的自我发展空间；而弱势群体生活有保证，甚至过上了较为舒适的生活，这促进了政治稳定、社会安宁以及国家团结，是社会文明的一大体现"②。

英国作为世界上第一个福利国家，福利保障不只是一种国家应对危机的干预，它对修正长久以来形成的不平等社会结构、重塑社会关系、实现社会公平正义发挥着积极的作用。这是一种让看得见的财富与公众分享，对大多数人都能感受到的繁荣进行全民共享的模式。刘金伟等认为，英国福利国家建设的推进路径的理论基础是《贝弗里奇报告》，这为福利国家的形成提供了可操作的制度方案。同时，英国工党政府通过自上而下的推进，建立全面的社会保险和社会救济系统，形成了多层次、统一型的福利体系。在立法层面，英国出台一系列有关社会保障的法律法规，例如 1945 年的《国民保险（工伤）法》、1946 年的《国民保健法》等，规范了福利国家的具体边界。③

4. 普惠性理念在中国社会中的应用

不同于福利国家高水平的福利模式，中国特色普惠型具有"广覆盖、适度性"的特征，福利制度目标定位处于普惠型和补缺型之间，是一种

---

① 陆士桢：《适度普惠社会保障体制下得社会福利服务——以儿童福利的视角》，《社会保障研究》2010 年第 2 期。

② 郭少琼：《社会温情：福利社会的兴起》，长春出版社 2012 年版，第 5 页。

③ 刘金伟、汪啸：《转型期英国"普惠型"福利国家的形成逻辑及其启示》，《理论界》2016 年第 1 期。

相对弹性的普惠定位。结合国内外的成功经验，学者们对于中国采用何种社会福利模式进行了讨论。景天魁认为中国目前应建立"底线公平"的福利模式，不应以追求福利最大化为目标，而应以经济发展与社会福利的均衡为目标。王思斌等认为，中国应建立"适度普惠"的福利模式，在兼顾与经济发展的适应性基础上追求有条件的福利最大化。杨艳萍提出构建多梯度差异性适度普惠型社会福利服务体系，在"以人为本，承认差异，因地制宜，区域协调共建"的前提下，承认区域差异，尊重差异，然后在适度普惠型福利服务政策的制定、执行、资金投入、福利服务监督评估等几个方面，考虑多种具体细节因素的影响，构建可行的适度普惠型社会福利服务制度体系。①

2006年，中共十六届六中全会明确提出要建立覆盖城乡居民的社会保障体系，民政部副部长窦玉沛第一次明确提出了适度普惠型福利制度的建设构想。② 在"十二五"规划中，中央明确提出要坚持把保障和改善民生作为加快转变经济发展方式的根本出发点和落脚点，这表明，中央在经济快速增长的同时已清醒地意识到正在显露的社会矛盾和社会问题，并加大了对民生问题的投入和解决力度。中共十八届三中全会进一步提出要建立更加公平可持续的社会保障制度，其主旨也涉及社会保障制度的普惠问题。

在大力推进基本公共服务均等化的背景下，我国在建立普惠型社会福利制度方面取得了重要进展。李迎生提出"以整合式社会福利制度推进基本社会福利的均等化"这一观点。"'整合模式'不仅对社会保障制度的改革是适用的，而且对包含社会保障制度的广义社会福利制度的改革也是适用的；不仅有利于促进城乡社会保障体系的一体化，也有利于广义社会福利制度的一体化。"③ 张映芹认为，中国特色普惠型社会福利制度的构建不可能一步到位，需要过渡期，在这个过渡期为了达到更理想的目标，可从以下四个方面进行努力：一是重塑社会福利选择的核心价值观——"公民福利权利平等"；二是废除分享的"碎片化"的福利制

---

① 杨艳萍：《关于我国适度普惠型社会福利服务研究的反思》，《重庆科技学院学报（社会科学版）》2011年第21期。
② 窦玉沛：《中国社会福利的改革与发展》，《社会保障研究（北京）》2006年第2期。
③ 李迎生：《中国普惠型社会福利制度的模式选择》，《中国人民大学学报》2014年第5期。

度，实行城乡统一的一元化福利制度；三是制定适用于中国特色普惠型社会福利制度的《社会福利法》；四是确立"福利资源公平分配"的财政分配新理念。①

二、社会服务的公平性理念

1. 公平性理念的定义

人类起源于社会实践，人既作为个体而存在，又作为社会成员而存在，人的社会性是人的本质属性。对于公平而言，它的最本质属性就在于它的社会性。公平性理念既指向个体，也指向群体。公平社会性是公平性理念最重要的属性，是实现公平个体性的保障。②

对公平性的认识是一个历史发展的过程。在西方，柏拉图在《理想国》中首先提出了公平正义的问题，强调公平即和谐的观点；亚里士多德在《政治学》中提到公平就是公正、平等；罗尔斯在《正义论》中认为"公平应遵循两个原则，即自由平等原则和机会平等原则"，并且总结了西方关于公平的思想，影响深远。在中国古代，孔子云："有国有家者，不患寡而患不均"。荀子云："公正无私。"据东方朔考察，公正作为社会组织中个人应得的分配原则，其含义与正义更为接近，其与平等、公平相关但有一定区别。③儒家所讲的公平不是绝对的社会平等，而只是一种基于等级秩序的公正和公平。④荀子也强调人在感性和理性能力上的先天平等，只是这种平等是原初意义上的，意指我们在治理社会时，应当为民众提供平等的机会，但不能保证所有资源的公正分配。与孔子、孟子相比，荀子更注重借助制度的力量来贯彻公平原则。⑤

---

① 张映芹：《构建中国特色普惠型社会福利制度的基础与路径选择》，《思想战线》2010 年第 5 期。
② 王佐书：《公平》，台海出版社 2014 年版，第 1—5 页。
③ 东方朔：《荀子公正观论略》，《东岳论丛》2007 年第 3 期。
④ 朱贻庭：《儒家文化与现代人的精神生活：与孔子对话》，上海辞书出版社 2010 年版，第 136 页。
⑤ 陈光连、尹剑：《荀子公平思想探析》，《金陵科技学院学报（社会科学版）》2019 年第 2 期。

关于公平理论的研究，发展到今天，形成了以下几种对当代社会发展有重大意义的观点。

(1) 马克思恩格斯的公平观。马克思恩格斯认为，公平是人类社会的崇高境界，是社会主义和共产主义的首要价值所在；要实现真正意义上的平等，只有"消灭阶级"；在经济领域，公平表现为按劳分配；公平是相对的，没有绝对的公平；公平源于社会劳动实践，是具体的、历史的、阶级的，不存在任何超越特定历史条件、超越阶级的抽象的"永恒公平"。①

(2) 福利经济学的功利主义公平观。一方面，应把完全竞争市场作为分析社会资源最优配置的出发点，市场再生产过程中能够最优化地配置资源，使消耗一定总量的生产资源所生产出来的社会福利达到最大值。另一方面，收入均等化也是使社会福利极大化的重要手段。②

(3) 古典自由主义的收入公平观。主要体现为对自由市场竞争中机会均等的推崇和对分配结果公平的批判。

(4) 罗尔斯的公平观。罗尔斯认为，在坚持机会公正平等、地位和职位平等开放的基础上，运用差别原则，从社会中甄别出最少受惠者，使之得到补偿，这样才能使穷人和社会不幸者的生活条件得到最大的改善，逐步减少社会的不平等。

(5) 社会主义的公平观。把竞争权利和机会均等作为评价公平的必要条件；它要求有一个平等的竞争规则；它承认作为活动结果的个人之间利益差别的合理性。

2. 公平性理念的内涵

公平性理念主要体现在以下三个方面：起点公平、过程公平和结果公平。③

第一，起点公平是指社会成员进行自我塑造和参加各项社会活动的

---

① 黄秀华：《公平理论研究的历史、现状及当代价值》，《广西社会科学》2008年第6期。

② 徐丙奎：《西方社会保障三大理论流派述评》，《华东理工大学学报（社会科学版）》2006年第3期。

③ 龚文君、周健宇：《社会保障核心价值理念再思考——基于社会学视角的社会公平理论分析》，《中共成都市委党校学报》2012年第4期。

起始条件是相等的。在现代社会中,特别是在市场经济条件下,社会成员进入社会生活时应当有一个基本的平等起点,亦即每一个社会成员都应当具有平等的基本权利,包括平等的生存权利、受教育权利和就业权利等。一个社会对于社会成员的基本权利给予有效的保护,是社会公正的底线要求。[①]

第二,过程公平是指在社会成员发展过程中,不应当有人为的或社会性的因素阻碍社会成员机会的获得和机会的实现。社会为其成员参与社会活动提供的机会、规则、路径具有合理性和平等性。亚当·斯密认为,过程公平是"每一个人,在他不违反正义的法律时,都应听其完全自由,让他采用自己的方法,追求自己的利益,以其劳动和资本与其他人或其他阶级相竞争"。因此,社会要坚持机会开放的原则,在机会有限的情况下,机会应该向全体社会成员开放,优先获得机会的成员不得损害其他成员获得机会的可能性。同时,为了避免恶性竞争所造成的无序状态,就必须制定规则、规范,使社会成员能够采取理性行为。

第三,结果公平是指社会成员在社会活动中结果的平等,也即分配公平。结果公平是社会公平的理想目标。分配集中反映社会成员的利益实现程度,涉及社会成员的收入和财富状况,决定社会成员的基本生活水准。每个劳动者都应当有获得正当利益和社会保障的权利,不因素质、知识、能力、性别等方面的差异而使其政治地位、经济地位、生活享受等方面产生巨大的或本质上的差异。通过初次分配、二次分配和三次分配,分配公平才能实现。分配公平体现着社会财富分配的合理性和平等性,是人们评判社会公平与否及公平程度的直接和主要依据,因此,分配公平是社会公平的实际体现和最终归宿。

3. 公平性理念在西方社会中的应用

社会公平是社会价值的核心。随着公平理论的普及及其规则的形成和一体化,现代化的社会政策也在逐渐形成和完善。

自工业革命开始一直到1930年,城市化和工业化加剧了社会矛盾、滋生了一系列社会问题,如失业、贫困和两极分化等现象。为了解决这些社会问题、缓和社会矛盾,西方国家出台了一系列社会政策。英国政

---

① 吴忠民:《走向公正的中国社会》,山东人民出版社2008年版,第82—83页。

府于 1802 年颁布学徒健康与道德法案，开始对工人的工作条件予以关注，于 1871 年颁布工会法，于 1874 年颁布工厂法，于 1875 年取消禁组工会的禁令；法国政府于 1864 年准许工人组织工会，于 1884 年颁布工会法；德国政府于 1883 年首次进行强制性的劳工疾病保险立法，于 1889 年进行残疾、老年、死亡保险立法。① 从 1930 年至今，西方国家出台了大量社会政策，如英国推出的社会保障法、家属津贴法等，形成了较完备的社会政策体系，在很大程度上体现了公平的理念和规则。

实现社会公平的手段之一是社会政策，社会政策的核心问题在于协调社会利益关系时如何体现社会公平，社会政策所涉及的社会公平有自己特定的角度和实现路径。② 社会政策所涉及的社会公平主要体现在权利公平、机会公平、规则公平、结果公平等维度。③ 首先是权利公平，社会学家马歇尔提出，社会政策应该建立在公平地尊重和保护全体国民的社会权利的基础上，而不应该差别性地对待不同的群体；其次是机会公平，社会政策应该保障全体公民的参与机会，尤其是弱势群体，保证他们不被社会排斥，不被边缘化，保障在做出影响他们生存与发展的重大决策时他们的声音能够被听见；再次是规则公平，社会政策应该通过公平的规则体系，使公共资源的分配能够有效起到社会保护的作用；最后是结果公平，社会政策应该通过合理的再分配制度，使全体公民平等地获得教育、住房、医疗卫生、养老服务及社会保障等各项福利待遇，必要时再通过国家干预和政策倾斜来保障弱势群体的基本生存。④

4. 公平性理念在中国社会中的应用

社会公平正义是中国和谐社会的建设目标。《中共中央关于全面深化改革若干重大问题的决定》将以促进社会公平正义、增进人民福祉为出

---

① 李迎生：《中国社会政策改革创新的价值基础——社会公平与社会政策》，《社会科学》2019 年第 3 期。

② 李迎生：《中国社会政策改革创新的价值基础——社会公平与社会政策》，《社会科学》2019 年第 3 期。

③ 关信平：《朝向更加公平、平等和高效的社会政策——对我国社会政策公平性的理论思考》，《广东工业大学学报（社会科学版）》2013 年第 3 期。

④ 李迎生：《中国社会政策改革创新的价值基础——社会公平与社会政策》，《社会科学》2019 年第 3 期。

发点和落脚点作为改革的指导思想。① 党的十八大报告提出，必须坚持维护社会公平正义。要逐步建立以权利公平、机会公平、规则公平为主要内容的社会公平保障体系，逐步实现全体公民在社会发展的各个方面都享有平等的生存和发展权利；实现机会均等，为每一位社会成员提供创业发展、奉献社会、追求幸福、实现人生价值的同等机会；实现在法律、制度面前人人平等，让每一位社会成员平等地享有权利，平等地履行义务，平等地承担责任，平等地受到保护。②

要有效实现公平性社会服务，需要从以下三点出发。③

第一，坚持和落实以人为本的思想，从公平、正义、共享的基本思路出发，尊重每个人在市场竞争和社会发展中的平等权利。要想调动所有社会成员的积极性和创造性，不断促进生产力的发展和社会和谐，就必须将维护每一位社会成员的权利和义务作为基本的价值规范加以落实。

第二，正确处理公平与效率之间的关系，以公平竞争激发全社会的创造活力。公平是社会服务的目标，而效率是实现目标的手段。要提高效率以促进公平，同时还要力争在公平中出效率，通过对社会公平的维护和实现，发挥社会服务解决社会问题、促进生产发展、调节收入分配和推动经济社会发展的作用，不仅提升经济社会的整体效率，也可以提高社会服务本身的效率，实现制度的良性运行和可持续发展。

第三，扩大社会服务的覆盖面，实现公共服务均等化。基本公共服务均等化任务从"人人享有"到"人人满意"的转变，不仅要从公共事业方面提升服务的覆盖率，也要从经济调节、市场监管、社会管理等方面，促进公共服务的发展和普及。④

在此基础上，王川兰进一步提出，可以遵循平等机会和多样性的研究路径，构建一种新的社会服务制度模型。⑤ 第一，在价值基础上继承公

---

① 胡玉鸿：《正确理解弱者权利保护中的社会公平原则》，《法学》2015年第1期。
② 学习中国：《共享发展促进社会公平正义》，《思想政治工作研究》2016年第2期。
③ 龚文君、周健宇：《社会保障核心价值理念再思考——基于社会学视角的社会公平理论分析》，《中共成都市委党校学报》2012年第4期。
④ 常修泽：《中国现阶段基本公共服务均等化研究》，《中共天津市委党校学报》2007年第2期。
⑤ 王川兰：《社会服务的价值意涵和制度模型构建——基于平等机会与多样性的研究路径》，《社会科学》2014年第9期。

共福祉和志愿利他等要素；第二，从社会个体/群体的分类统计数据等经验证据的基础上进行社会服务差异化需求的交叉性分析；第三，制度化的社会服务模型和过程需要执行组织和程序指引；第四，推进社会政策议程的转换，为社会服务有效回应社会需求提供一个使能的政策环境，实现对不同社会问题的良好治理，促进更广泛意义上的社会公平与正义。

三、社会服务的共享性理念

1. 共享性理念的定义

共享社会发展成果，一直是人类社会发展的理想和目标。[①] 无论是古代还是现代，无论是资本主义社会还是社会主义社会，在描绘社会发展前景时，共享性理念尤其引人注目。共享的前提是公平正义的分配，当代西方社会对这一问题的探讨较为深入，有许多学者提出了不同的分配理论，以构建一个公平正义的分配模式，主要以罗尔斯的"分配的正义"原则和马克思恩格斯的公平正义思想为代表。罗尔斯认为，"可用一些人的较大得益补偿另一些人的较少损失，或更严重些，可以为了使很多人分享较大利益而剥夺少数人的自由"的原则缺乏公平，因此他提出"分配的正义"，就是要实现公共资源在一个合作且秩序良好的自由体系中实现合理的分配，这种"分配的正义"体现了一种共享的倾向。

马克思恩格斯立足唯物史观，提出公平正义思想，认为社会主义和共产主义能"保证一切社会成员的富足"，能够"结束牺牲一些人的利益来满足另一些人的需要的状况"；彻底消灭阶级和阶级对立；通过消除旧的分工，通过产业教育、变换工种、所有人共同享受大家创造出来的福利，通过城乡的融合，使社会全体成员的才能得到全面发展。由此可见，马克思恩格斯在论述公平正义思想的同时，也揭示了实现共享的社会形式，即共产主义社会。共产主义社会坚持以每个人的全面而自由的发展为基本原则，坚持全体社会成员联合占有生产资料，坚持全体社会成员参与民主管理，坚持全体社会成员共同占有劳动产品，这为实现发展成

[①] 孟鑫：《共享理念与分配正义原则》，《科学社会主义》2016年第1期。

果由人民共享提供了条件。①

在《共产主义原理》中,恩格斯颇具前瞻性地提出了福利共享。他指出,由社会全体成员组成的共同联合体共同地和有计划地利用生产力;把生产发展到能够满足所有人的需要的规模;结束牺牲一些人的利益来满足另一些人的需要的状况……所有人共同享受大家创造出来的福利。因此,发展成果由人民共享是马克思恩格斯等追求的社会主义价值目标。

2. 共享性理念的内涵

第一,共享是国家发展观的升华转型,只有共享才能营造包容,只有共享才能创造和谐,只有共享才能形成合力、促进发展。②李芳、李影认为,全民共享主要体现在两个方面:一方面是整体性共享,新时代的共享应是党的十九大突出强调的人人尽责、人人享有、全体人民共同富裕的全民普遍共享;另一方面是差异化共享,比如不断引入社会组织,充分利用社会组织的力量和发挥专业优势,向广大人民提供更精准有效的、差异化的社会服务。③ 具体来讲,全民共享的理念主要包含以下几个方面的内容④:从覆盖人群而言,共享是人民共享;社会福利的整体共享性就是要实现全体人民的普遍共享。这就必须完善社会福利的供给结构,提升社会福利的供给数量与水平,增强社会福利的可及性,使所有人都能够方便且公平地享有相应社会发展创造出来的社会福利,并尽可能实现均等化。

第二,从享受内容而言,共享是全面共享。社会的发展是全面的发展,人民的需求是全面的需求。发展的全面性和需求的全面性,决定了人民共享的全面性,全社会每一个成员都能分享劳动成果和社会发展成果、发展机会以及社会资源和服务。

---

① 苗瑞丹:《论马克思恩格斯发展成果由人民共享思想及其现实启示》,《求实》2013年第7期。

② 郑功成:《对共享发展的三个基本认识》,《群言》2016年第8期。

③ 李芳、李影:《从"和谐发展"到"共享发展"——习近平关于社会福利重要论述的发展逻辑》,《浙江工业大学学报(社会科学版)》2020年第1期。

④ 庞永红、肖云:《中国特色的"福利共享"价值理念探析》,《伦理学研究》2017年第3期。

第三，从实现途径而言，共享是共建共享。共建是共享的基础和前提，因此人人共享需要人人共建。人民群众中不仅蕴藏着巨大的力量，而且蕴藏着无穷的智慧。①

第四，从发展进程而言，共享是渐进共享。共享发展是一个从低级到高级、从不均衡到均衡的渐进过程，不可能一步到位、一蹴而就。推进共享发展，必须做出理性、有效、可行的政策制度安排。②

3. 共享性理念在西方社会中的应用

在西方社会，共享性理念主要体现在经济学方面，③ 其中包括福利经济学、发展经济学以及凯恩斯主义经济思想等，这些思想的特点都是以公平正义为基础，通过政府这只看得见的手来实现社会的公平分配，从而让贫困群体获得平等的权利，实现共享。

首先，福利经济学主张通过福利政策实现公平分配来解决贫困带来的一系列社会矛盾。庇古认为，经济福利在很大程度上取决于国民收入高低，以及国民收入在社会成员之间分配的方式。基于此，他提出了国民收入均等化思想，主张政府通过主导充分就业、公平分配、社会福利等措施缩小贫富差距，实现共享。一方面，富人主动用部分收入发展社会福利事业；另一方面，国家通过对富人的累进所得税强制性转移，对低收入者进行补贴。但这种补贴不是无止境的，政府应鼓励民众从事生产劳动，并给予适当的储蓄补贴，以此来缩小贫富差别，实现社会财富共享。

其次，发展经济学主张发展中国家实现工业化、摆脱贫困、走向富裕、实现共享。阿马蒂亚·森提出了基于能力、权利和福利的"能力贫困论"，认为市场经济竞争中的贫困及弱势群体，因受自身能力不足及外部环境差异的影响而无法实现与社会的融合，缺乏实现平等的权利。"对贫困问题的认识，不能仅停留在收入层面，而应该立足于贫困者的生存状态；无须区分绝对贫困与相对贫困，无论何种贫困状态，其本质都是

---

① 陈玉：《深刻理解共享理念》，《科技展望》2016年第29期。
② 陈玉：《深刻理解共享理念》，《科技展望》2016年第29期。
③ 邵彦敏、张洪玮：《共享发展理念对世界发展理论和实践的创新》，《社会科学战线》2020年第9期。

一样的，都是由于权利的缺乏或者其他条件的不足造成的。"他提出，政府更应该关注贫困人群的能力增长，为其提供更多的就业、教育、医疗等资源，从而体现资源共享的理念。

最后，凯恩斯的有效需求理论认为，为抑制经济波动，政府应主动采取"普遍福利"政策，甚至通过财政赤字政策，大幅提升民众生活福利，包括提高工资标准和扩大社会保障，从而实现公平和效率，进而实现福利共享。萨缪尔森把合理的分配看作社会福利最大化的基础，"生产和交换的最优条件是实现最大福利的必要条件，而合理分配是实现最大福利的充分条件。但是所有个人对于什么是合理分配的偏好不尽相同。因此，必须用一定的伦理概念和价值判断来定义社会福利函数，才能找到一般化契约轨迹上的唯一最佳点，实现最大社会福利"①。凯恩斯主义强调政府的再分配作用，将公平正义作为分配的重要原则。

4. 共享性理念在中国社会中的应用

在我国历史发展进程中，共享性理念一直是最广大人民的梦想。随着时代的变迁，其内涵更加丰富，应用更加深化。以孔子为代表的儒家，主张施行"仁政"，描绘了一个"不患寡而患不均，不患贫而患不安"的大同世界。从"与民同乐""制民以产"到"人人皆可为尧舜"，孟子的思想也有着鲜明的"共享"指向。②洪秀全领导农民起义，制定了"有田同耕，有饭同食，有衣同穿，有钱同使，无处不均匀，无人不饱暖"的理想社会构建方略。康有为以儒家思想为蓝本，于1884年开始"推太平之世"，次年又"手定大同之制"，即《大同书》，他在书中论述了由"升太平"到"太平世"的大同社会的历史进程。孙中山先生提出了著名的"三民主义"思想，并作为他为之奋斗的理想社会模式。③大同理想作为中华民族自古以来的理想追求，其反映的美好愿景主要包括反对剥削、

---

① 赵艳：《萨缪尔森经济理论研究》，首都经济贸易大学出版社2005年版，第91页。

② 刘永春：《孟子思想的"共享"指向及其当代启示》，《伦理学研究》2019年第3期。

③ 邵彦敏、张洪玮：《共享发展理念对世界发展理论和实践的创新》，《社会科学战线》2020年第9期。

财产公有、人人劳动和天下为公。①

新中国成立后，毛泽东同志带领全国人民完成三大改造，实现生产资料由私变公，为后来的共享理念奠定基础。② 在中国特色社会主义新时代，中共十六届六中全会通过的《中共中央关于构建社会主义和谐社会若干重大问题的决定》，为了推进促进社会发展、解决民生问题与建设服务型政府之间的良性互动，明确提出要以发展社会事业和解决民生问题为重点，优化公共资源配置，注重向农村、基层、欠发达地区倾斜，逐步形成惠及全民的基本公共服务体系。基本公共服务体系的建立，主要涉及"发展成果由人民共享"的公共服务的制度安排问题。③

在中共十八届五中全会上，习近平总书记指出，实现"十三五"时期发展目标，必须牢固树立并切实贯彻创新、协调、绿色、开放、共享的发展理念。这意味着"五大发展理念"已经成为我国在新形势下的"发展新工作"。共享发展理念是"十三五"乃至今后更长时期我国发展思路、发展方向、发展着力点的集中体现，集中反映了党对经济社会发展规律认识的深化，是关系我国发展全局的一场深刻变革。④ 以新理念推动发展，就是要从根本上解决怎样发展和发展为了谁的问题。共享发展理念的提出及其部署，旗帜鲜明地揭示了发展的价值取向，提出了实现更高质量更高水平的发展目标，回答了发展成果由全体人民共享的核心命题，是贯穿其中五大发展理念的一条主线，也是实现共享的核心所在。⑤

---

① 陈正炎、林其锬：《中国古代大同思想研究》，上海人民出版社1986年版，第9—10页。
② 王安琪、杨文圣：《共享理念的发展史及新时期共享理念问题研究》，《山西青年》2018年第15期。
③ 郑杭生：《在共建中共享 在共享中共建》，《求是》2007年第10期。
④ 杨小云：《以共享发展理念统领青海社会服务全面发展》，《青海师范大学学报（哲学社会科学版）》2018年第5期。
⑤ 本刊编辑部：《以共享发展理念引领民政改革发展新实践》，《中国民政》2015年第24期。

四、社会服务的公民权理念

1. 公民权理念的定义

从语义上分析,公民权是由"公民"和"身份"两个要素构成的,可称之为"公民身份"。由此可见,公民权这一概念,应当着眼于人民与国家的身份关系。① 公民权这一概念最初是指古希腊时期公民的资格或条件。亚里士多德认为:"凡有权参加议事和审判职能的人,我们就可说他是那一城邦的公民。"

最早明确界定这个概念并展开具体研究的是马歇尔。② 他指出,公民身份"是一种地位,一种共同体的所有成员都拥有的地位,所有拥有这种地位的人,在这一地位上所赋予的权利和义务都是平等的"③。因此,公民权是给予一种共同体的所有成员的一种地位,所有拥有这种地位的人就这种地位所授予的权利和义务而言是平等的。

《布莱克维尔政治学百科全书》对公民权的概念进行了总结,认为公民权"主要用来表示在现代民族国家发展中的个人身份"。《牛津法律大辞典》在解释公民权时认为,公民权或公民自由权虽然与个人权利或自由权部分相吻合,但它们更多的是属于各种社会和公共利益方面的权利,而不仅仅是个人利益方面的权利。它们实质上涉及的,与其说是个人或团体可以在法律的范围内做什么,还不如说他们可以要求什么。公民权和公民自由权可以看作是自由理想的法律产物。这意味着公民权主要是一种为公共事业、公益事业效力的公权利。

马歇尔在1950年剑桥大学年会上做了题为《公民身份与社会阶级》的演讲,指出公民权可以分为民权、政治权、社会权。其中,民权指的是个人自由所需的各种权利,如人身自由、言论自由、拥有私人财产等,与此相对应的是法院;政治权指的是参与和行使政治权力的权利,与此

---

① 李清伟:《论社会政策与公民权利的实现》,《政治与法律》2008年第3期。
② T.H.马歇尔、安东尼·吉登斯等:《公民身份与社会阶级》,郭忠华、刘训练编,江苏人民出版社2008年版,第2页。
③ T.H.马歇尔、安东尼·吉登斯等:《公民身份与社会阶级》,郭忠华、刘训练编,江苏人民出版社2008年版,第23页。

相对应的是国会和参议院；社会权指的是从享受经济和安全的福利到共同享受社会文明生活的一系列权利，与此相对应的是教育系统和社会服务。①

公民权首先是一个法律概念，宪法中所表达的公民权，是以公民所享有的政治权利为核心，以个人财产权利为保障，以正当法律程序确保个体人格的平等性的基本权利体系。公民权的法律解读可以帮助我们理解公民与法治国家、公民权与国家权力的内在联系。公民权及其体系的发展也是社会权利和国家权力的博弈过程，公民权反映一定的社会关系和社会价值体系，且受到社会关系制约，是社会现实的一部分，最后由法律来保护。②

公民权也是一个历史概念，公民权是社会文明进化的结果。马克思指出，人们的社会历史始终只是他们的个体发展历史，而不管他们是否意识到这一点。法治社会的前提是承认每个人都应该是一个公民，国家框架下的法律制度设计自始至终都要围绕公民这个法治社会的基本构成单位展开。

2. 公民权理念的内涵

对公民权可以从不同方面加以考虑：一种是基于公民权的法律定义，即公民权被视为一种合法身份；另一种更加宽泛的观点是基于公民权的道德定义，即涉及的是一些与一个人在某一政治共同体中成员资格的特性有关的更加一般的问题，其中包括诸如公民的权利和责任，而不管他们的合法身份怎样。公民权涉及的是个人影响该政治系统的能力，它意味着对政治生活的积极参与。③

马歇尔在其经典著作《公民身份与社会阶级》中，从英国社会历史背景出发，分析了公民权的演进、内涵和性质，认为公民权包含三层含义。④

---

① 窦影：《文化公民权——一种社会学研究的新视角》，《社科纵横》2009年第10期。
② 魏健馨：《公民权探析》，《天津市政法管理干部学院学报》2005年第2期。
③ 珍妮特·V.登哈特、罗伯特·B.登哈特：《新公共服务：服务，而不是掌舵》，丁煌译，中国人民大学出版社2010年版，第26—27页。
④ 殷盈、金太军：《公民权、社会组织与民主：治理视域下三者互动关系的分析》，《江汉论坛》2016年第11期。

首先，公民权是一种地位。在形式上，它是个人作为特定国家成员的法律地位，通常以拥有一国的国籍为标志。这种地位或根据出生地主义或根据血缘主义而先赋获得，或通过入籍归化而后天取得。这说明具备公民资格，成为特定共同体的合法成员，可以依据出生地原则、血统原则或归化原则。欧菲尔德区分了作为"地位"与作为"实践"的公民身份，前者源于古典自由主义传统，强调公民享有免于国家干预的自由与广泛的个体权利；后者始于古典共和主义传统，主张成为公民，必须具备公共精神，并参与公共活动。马歇尔强调，公民身份是一种地位，大体说来，他受到了古典自由主义传统的影响。

其次，公民权是特定共同体完全与普遍的成员资格。不同于机械性聚合体，共同体是以一定的社会连带关系为基础的有机整体，成员具有强烈的身份感，并体现为成员对共同体的归属感和成员之间的认同感。马歇尔关注成员与共同体的关系，认为公民身份涉及的不仅是个人相对于国家的法律地位，也包含着个体之间的社会整合关系。更重要的是，他强调，这种成员资格是完全性而不是部分性的，是普遍性而不是特殊性的，这一普遍主义原则要求将共同体的所有成员无一例外地包容进来，并赋予全面的权利与义务。

最后，公民权的实质内容是平等的权利和义务。他指出，基于这种成员资格，作为共同体一分子的成员享有平等的权利和义务。成员资格构成了权利与义务分配的准则，正是它承载的权利与义务，使得公民身份具有实质意义。

3. 公民权理念在西方社会中的应用

马歇尔指出，公民权包括三个基本组成要素，即民事权、政治权和社会权。民事权由个人自由所必需的各种权利组成，包括人身自由，言论、思想和信仰自由，占有财产和签署有效契约的权利，以及寻求正义的权利；与民事权最直接相关的机构是法院。政治权指的是作为政治权威机构成员或此种机构成员的选举者参与行使政治权力的权利，与其相对应的机构是国会和地方政府的参议会。社会权指的是从享受经济福利和安全保障到充分分享社会遗产并按照社会通行标准享受文明生活的权利等一系列权利,与之最密切相关的机构是教育系统和社会服务。① 可以说,公民权经历了一个从民事权到政治权再到社会权的演化模式。

通过一系列改革法案的颁布和实施,英国公民的人身自由、信仰自由、言论自由等权利得到承认和保障。到 18 世纪末,民事权扩展到财产权,而后,个人经济自由的原则被广为接受,自由得到普及,与自由地位联系在一起的民事权已获得了充足的内容,从而为谈论一种普遍公民权提供了可能。

随着选举制度的改革,新兴资产阶级凭借其在市场竞争中的成功开始享有政治权,但工人阶级大众依然被排除在政治权之外。这就意味着政治权只是有限经济阶级的特权。1918 年的改革法确立了成年人投票权,将政治权的基础由"经济实力"转变为"个人地位",至此,普通民众才原则上正式获得政治权。

社会权的发展相比民事权和政治权则显得更为复杂。在 20 世纪之前,社会权的发展的特点是其与公民权地位的分离,社会权并没有成为公民权的组成部分,其直接表现是社会权原则被公开否定。如《济贫法》、斯宾汉姆兰体系等虽然提供了现代意义上的社会权利所包含的服务,却主要将其看作一种救济,并且享有这种救济要以放弃公民权为前提。直到 19 世纪末,随着公共基础教育和社会福利的发展,社会权获得复兴并重新嵌入公民权结构。20 世纪是福利制度突飞猛进的世纪。英国学术界对公民权的探讨经历了三次高峰,分别集中于新自由主义的社会立法、战后社会民主福利国家的实施以及 80 年代末和 90 年代初撒切尔主义的彻底改造。吉登斯认为,福利国家是一个长期的公民权演进过程所达到的最高峰。

自 20 世纪 90 年代后期以来,随着环境问题被重视,环境公民权与改善生态环境质量相关联的公民政治权利成为西方国家学者广泛讨论的一个话题,并在公司、社会服务机构等主体中流行起来。② 安德鲁·多布森指出,环境公民权提出的直接动因,是如何克服在实现生态可持续性目标上公民个体行为与态度之间的不一致性,从而有助于创建一种真正

---

① 陈鹏:《公民权社会学的先声——读 T.H. 马歇尔〈公民权与社会阶级〉》,《社会学研究》2008 年第 4 期。

② 郇庆治:《西方环境公民权理论与绿色变革》,《文史哲》2007 年第 1 期。

可持续的社会。对许多企业和国家机关来讲，鼓励雇员重视环境公民权不过是其环境管理体制的一个组成部分，或者是为了达到国际标准化组织的标准。也就是说，环境公民权被狭隘地局限于受雇者的个人行为，而不能真正理解，人拥有一定的权利去改变结构性环境问题。因此，学者提出可持续公民权这一概念，将社会服务归纳为可持续公民权包含的一种责任，也就是说，那些追求落实全面的可持续发展而不仅限于环境议程的人们，应该做出保护环境的行为，必要时应以介入政治及其他形式的抗拒活动，来反对环境恶化的结构性原因，并与不可持续性实践的非环境因素做斗争。①

4. 公民权理念在中国社会中的应用

新中国成立后，1954年宪法的颁布标志着我国公民身份成为一种制度正式被确立，"公民"一词成为表达个人基本权利的主体。② 在新中国成立初期，国家财政投入集中于工业领域，并优先发展城市居民公民权利来保障国家战略的实施。改革开放后，为实现国民经济的全面协调发展，政府大力发展农业和轻工业，资源开始向农村倾斜，农业和乡镇企业得到快速发展，促进了农民公民权利的发展。中共十一届三中全会以来，尤其是20世纪90年代以来，中国公民的各项权利获得了快速发展，成效显著。例如：1989年12月，全国人大通过了《城市居民委员会组织法》，这些制度的主要特征是群众自治，使广大基层群众充分行使宪法赋予的管理经济、文化事业和社会事务的民主权利；1997年和1998年，我国政府先后签署了《经济、社会和文化权利国际公约》和《公民权利和政治权利国际公约》；2001年7月，《经济、社会和文化权利国际公约》在我国正式生效。③

进入21世纪之后，生态公民权这一概念被引入中国。生态公民权的关键点在于维护各国公民平等享有生态资源的权利，这与我国建设

---

① 约翰·巴里、张淑兰：《抗拒的效力：从环境公民权到可持续公民权》，《文史哲》2007年第1期。

② 褚松燕：《权利发展与公民参与：我国公民资格权利发展与有序参与研究》，中国法制出版社2007年版，第82页。

③ 周作翰、张英洪：《新农村建设与公民权建设》，《深圳大学学报（人文社会科学版）》2009年第5期。

生态型社会和以人为本的科学发展观相契合。作为世界人口第一大国，中国政府本着为人民谋福利的原则，使得生态公民权的运用更具有普遍意义。习近平总书记十分重视生态文明建设，将其作为五位一体战略总布局之一。我国在大政方针上提出了宏观设想，生态公民权则将其落实到个人，从根本入手将生态政治社会化，提升生态公民权意识的影响力。[①]

第三节 社会服务的基本原则

一、普惠与特惠相结合

1. 普惠与特惠相结合的必要性

在国际上，北欧国家推行普惠型社会福利，主张通过制度安排，即由政府对全体公民实施普遍性的社会福利，强调政府责任和公民权利。英美国家实行补缺型福利，主张国家仅对市场化进程中生活困难的居民实施最低限度的福利保障，强调市场经济和自由竞争。在发展的历程中，两种福利制度都逐渐显现出一些问题，也都不断进行调整和改革。普惠型福利遭受了政府负担过重，国人患上"福利病"的挑战，补缺型福利由于贫富差距拉大，市场竞争难以解决贫困人口救济需求，不得不借助民间慈善。因此，一个国家单纯实施普惠型社会福利模式或补缺型社会福利模式是行不通的，两者都存在较多缺点。

现代社会保障坚持普惠型社会福利模式和特惠型社会福利模式相结合，这在贝弗里奇的《社会保险及其有关服务》里就已经率先倡导和提出建议。普惠型社会福利模式强调一切社会成员均享有社会保障的共同权利，从而制定对全体社会成员普遍适用的保障标准。特惠型社会福利模式针对不同类型的社会成员制定不同的法律法规和保障标准，从而实

---

① 王棋、陈鑫、班宁煜等：《生态公民权视角下中国参与国际气候谈判问题探析》，《经济师》2018年第9期。

现"特殊"关怀。①

在中国,"普惠"与"特惠"的结合具有一定的意义。例如,在农村残疾人社会保障制度方面,普惠型社会保障制度虽然让残疾人受惠,但是保障人群和保障范围有限。② 农村残疾人群体的生存现状以及社会保障体系的改革和完善,都需要加强农村残疾人群体特惠型社会保障政策的建构步伐。③ 同时,在优抚工作这项特殊的社会保障工作方面,"普惠"与"特惠"的结合也具有一定的意义。优抚工作是一项特殊的社会保障工作,对于稳定军心,巩固国防,密切军政军民关系,促进经济发展和保持社会稳定,具有重要的意义。随着我国社会福利政策从"兜底"向强化基础、适度普惠转变,优抚保障工作也应该注重经济上的优待,着力解决"普惠与特惠"的矛盾与问题,切实做到特殊群体特别优待。

2. 普惠与特惠相结合的基本原则

针对残疾人、老年人、儿童或者妇女的社会保障制度,是整个社会保障体系的重要组成部分。没有普惠型保障政策的完善与落实,就不会有特惠型保障政策的出现,所以普惠是前提和基础,特惠是加强和补充。普惠与特惠相结合,需遵循以下原则。

第一,差异化原则。差异化原则,是在坚持公民福利权利普遍性原则的前提下,在设计和实现社会福利待遇项目和待遇水平时,要能够体现出城乡差异、区域差异和行业差异的客观现实,使社会福利待遇项目具有选择性,社会福利水平具有梯度性。可以看出,社会福利制度的普遍性原则体现了正义的平等自由原则,社会福利制度的差异化原则体现了正义的差别原则(保护一个社会最少受惠者的最大利益)。差异化原则意味着对天赋差异的默认以及对弱势群体的保护,对于普惠型社会福利无法惠及的人群,政府通过"倾斜保护"的特惠措施来实现"实质平等",以达到社会发展的"最佳状态"。

---

① 郭成伟、王广彬:《公平良善之法律规制——中国社会保障法制探究》,中国法制出版社2003年版,第89页。

② 范会芳:《"普惠＋特惠":建构有中国特色的农村残疾人社会保障体系》,《郑州大学学报(哲学社会科学版)》2011年第5期。

③ 范会芳:《"普惠＋特惠":建构有中国特色的农村残疾人社会保障体系》,《郑州大学学报(哲学社会科学版)》2011年第5期。

第二，公平与效率相结合原则。① 普惠和特惠是一对矛盾统一体，关键要把握好矛盾双方的辩证关系。社会保障中的公平是相对的，公平的实现以达到帕累托最优为目标，效率本身也意味着公平，只有高效率创造更多的物质财富，才能为公平保障提供坚实的物质基础。② 市场机制侧重于社会效率的提高，社会保障制度注重社会公平的实现，但公平和效率不是截然对立的。

第三，福利水平和经济发展相适应原则。③ 在确立福利标准的时候，要考虑当地所处的经济、社会发展水平，关键要做到社会福利的适度水平。福利水平既不能低于经济发展水平，使得改善人民的福利需求落空，社会矛盾加剧，又不能大大高于经济发展水平，增加福利资金的压力，阻碍经济的发展，形成对社会成员的负激励效应，当前，中国社会福利制度的构建还处于起步阶段，各方面制度和机制还不完善，实行普惠与特惠相结合的福利制度需要统筹资金长期平衡，同时也要统筹城乡、地区等不同发展情况，有针对性地制定社会福利政策。

3. 普惠与特惠相结合的实践探索

我国传统的社会保障立法以补缺型社会福利为出发点，造成社会成员之间社会保障权利事实上的不平等，社会福利对象局限于鳏寡孤残等弱势群体，比如老年人福利、残疾人福利、儿童福利以及妇女福利等，覆盖面较窄，受益人数较少。针对这种情况，实行"普惠型＋特惠型"的双层制度架构，在以普惠型为主的情况下，同时重点考虑老年人、残疾人、儿童和妇女等群体的特殊诉求。

例如，我国现阶段残疾人社会保障的主要问题是普惠性保障不足，特惠性保障制度缺失，残疾人生活状况与健全人平均水平差距悬殊甚至呈现继续拉大的趋势，这种显失公平的状况无疑是矛盾的主要方面。因此，残疾人社会保障问题，不仅要以全民保障作为依据，还要考虑残疾

---

① 吴佳桐、刘雅萌：《我国适度普惠型社会福利制度构建的基本原则》，《社会与公益》2020 年第 8 期。
② 欧翠珍：《论社会保障中的公平与效率》，《广东社会科学》1997 年第 6 期。
③ 张军：《论我国适度普惠型社会福利制度构建的基本原则》，《学术探索》2019 年第 12 期。

人的需求，根据残疾人的需求提供保障资源，达到效率和公平的平衡。对于城乡差别状况下农村的残疾人群体社会保障，可以从两个方面来完善：其一，针对普惠型政策保障不足的现状，可以有针对性地出台措施，根据残疾人的特殊情况，由地方政府或村集体财政承担残疾人参加新农合时个人缴纳的部分现金，还可以在定点医院开设"绿色通道"（如浙江省从2008年起实施"残疾人共享小康工程"），通过一些特别为残疾人制定的优惠政策，使其在享受普通保障时，也能得到一些比健全人更多的实惠；① 其二，结合中国目前的城乡差别状况，社会保障制度可能难以一时实现城乡同步，国家可以针对城乡分别采取策略，加大对农村残疾人的社会福利投入。

在医疗保障层面，我国不同地区也开始探索普惠与特惠相结合的模式。以苏州市为例，已经呈现出起步早、与基本医保衔接整合早、"四位一体"（参保补助、实时救助、自费救助、年终救助）综合性救助体系形成早、特惠救助实施早，并针对参保群众最现实的利益诉求进行及时调整的"四早一调整"特点。对困难人员参加城乡居民医保的保费补助，对医疗负担较重人群的年度救助，实施"普惠"政策；对特困低保人群中重特大疾病患者设置自费救助制度，实施特惠政策，区别对待，普惠与特惠相结合。这种结合体现了"向困难群众倾斜、向高费用倾斜、向重特大疾病患者倾斜"，突出了医疗救助的特性和公平与效率的兼顾。②

二、公平与适度相结合

1. 公平与适度相结合的必要性

罗尔斯的《正义论》把分配正义的实质归结为平等。他提出了两条可以在分配上应用的正义原则："第一，每个人都在最大程度上平等地享有和其他人相当的基本的自由权利；第二，社会和经济的不平等被调解，使得人们有理由指望它们对每个人都有利，并且它们所设置的职务和岗

---

① 史巧云：《残疾人：从"普惠"到"特惠"》，《浙江人大》2008年第6期。
② 顾亚斌：《苏州市社会医疗救助体系特点分析》，《中国医疗保险》2016年第6期。

位对所有人开放。"他既强调人类平等的基本权利是相同的,又指出人类不可能完全平等,只能做到适度公平。然而,对不平等应该进行最大程度的限制,不能使它危害到社会的平等原则和要求。因此,人类应该强调平等原则,提倡平等,追求平等,防止不平等的蔓延和扩大,并平等地分配各种基本权利和义务。①

无论是社会保障制度、社会福利服务还是社会政策,其理论体系中都包含着社会公平的思想。但是当前的社会保障和社会福利服务都存在不同程度的公平性不足。在经济快速增长的同时,社会福利、社会保障制度发展相对缓慢,特别是在养老、医疗、教育等民生领域,还存在比较严重的"负福利"的现象,社会福利服务的获得不公平,社会政策的执行结果也不甚公平,且处于不断加剧的状态。② 因此,需要在公平的基础上,结合适度原则。这里的"适度"主要是指提供给服务接受者的程度,需要坚持适度原则,从实际情况出发,基于各地区的经济和社会状况来规划服务的分配。

景天魁提出:"适度公平就是底线公平。"③ 在社会服务领域,底线是指社会成员的基础性需求,主要包括解决温饱的需求(生存需求)、基础教育的需求(发展需求)以及公共卫生和医疗保障的需求(健康需求)。底线划分了社会成员权利的一致性和差异性,底线以下部分体现权利的一致性,底线以上部分体现权利的差异性。在二者中,底线公平理论优先强调"无差别的公平",同时也重视"有差别的公平"。④ 因此,社会在"无差别的公平"与"有差别的公平"之间寻求一个良好的平衡,最终形成一种全面的公平观。

底线公平理论反映了效率与公平的关系。随着我国贫富差距的拉大,社会矛盾凸显,公平问题亟待解决,但是我们又不能忽略效率。因此,

---

① 孙君恒:《分配正义的两种当代模式——罗尔斯的公平论与诺齐克的权利论》,《河南师范大学学报(哲学社会科学版)》2003年第5期。
② 栾文敬、刘雅岚:《基于底线公平的适度普惠型社会福利体系构建——我国"负福利"现象引发的思考》,《福建行政学院学报》2013年第2期。
③ 景天魁:《适度公平就是底线公平》《中国党政干部论坛》2007年第4期。
④ 景天魁:《底线公平:和谐社会的基础》,北京师范大学出版社2009年版,第204页。

"合理的差别就是公平"①,也就是说,要实现社会公平,必须是适度的水平。2007年,民政部提出,为了加快社会福利事业的发展,中国将推进社会福利模式由补缺型向适度普惠型转变。②根据底线公平理论,这里的底线体现的就是公平与适度的结合。

2. 公平与适度相结合的基本原则

穆怀中曾提出社会保障适度水平的理论框架、测度模型和实证分析。根据该分析,社会保障适度水平下限的测度标准是保障人民的基本生活;社会保障适度水平上限的测度标准是实现保护与激励的统一,激励公民积极劳动。③具体而言,要实现公平与适度相结合,需要遵循以下四项原则。④

第一,弱者优先原则。在现实社会中,弱势群体在经济、政治、社会等方面缺乏资源和权利,他们极易陷入生存危机之中。弱者优先是现代社会福利制度发展中的一个优良传统。在现代社会福利体系中,社会救助制度,特别是其中的最低生活保障制度,是整个社会保障大厦的基石。弱势群体处于社会分层体系的下层或底层,自我保障能力较弱,优先保障弱者最能体现公平的理念。与此同时,这种福利保障水平需要是适度的、中等的。

第二,政府首责原则。现代社会福利制度从产生之日起,一直就是政府而不是市场对其负主要责任。政府的福利责任首先是底线福利责任,政府在满足公民的底线福利需求(生存、健康和发展需求)问题上,是第一责任者,有不可推卸的责任。

第三,社会补偿原则。在任何一个国家,社会资源都是有限的。由于各种原因,社会成员占有社会资源不尽相同,实现公平性原则不能没有社会补偿。从理论角度讲,社会补偿是社会正义的体现,它要求在社会和个人之间建立起一种责任关系和契约关系,社会要承担对每个社

---

① 景天魁:《底线公平与社会保障的柔性调节》,《社会观察》2005年第1期。
② 窦玉沛:《中国社会福利的改革与发展》,《社会福利》2006年第10期。
③ 穆怀中:《中国社会保障适度水平研究》,辽宁大学出版社1998年版,第38—42页。
④ 景天魁、毕天云:《论底线公平福利模式》,《社会科学战线》2011年第5期。

成员的责任，个人也要承担对社会的责任。从实践角度讲，社会补偿是一种"先富带动后富"的机制，目的是最终实现共同富裕。①

第四，持久效益原则。社会保障公平进程需要低水平起步，从允许差别着手，确保人人享有低水平但又有差别的社会保障，然后坚持可持续渐进的原则，与经济发展水平相适应，最终建立较公平的社会保障体系。② 只有可持续的社会服务制度才能促进社会公平，实现公平发展。

3. 公平与适度相结合的实践探索

中国作为一个发展中国家，由于受到人口和经济因素的制约，社会保障水平应该与经济发展水平相适应，既保持与经济发展水平相适应，同时福利标准又不能超越经济发展的承受能力。所以，不能忽视我国经济发展水平，片面地追求覆盖面的一步到位。应该在底线公平基础上循序渐进，随着经济逐步发展，逐步扩大保障受益面，把握适度公平。③

适度公平的理念和准则随着我国经济发展和社会进步而不断变化，是基于经济发展和现代化社会平等两者之间的权衡。在改革开放后，我国经济飞速发展。20世纪80年代的社会福利改革强调的是制度配套，目的是抵消经济体制改革导致的不平等。90年代，社会福利政策的主要目标为维持社会稳定。进入21世纪后，我国的社会福利政策更加关注公平问题。

2001年，社会保障的目标从"实现社会安全和稳定"转为"提高生活质量和社会服务"。2007年，民政部提出，为了加快社会福利事业的发展，中国将推进社会福利模式由补缺型向适度普惠型转变。④ 栾文敬、刘雅岚认为，建立适度普惠型社会福利体系是社会发展的内在要求，要将底线公平理论运用于实践，逐步内化为政府的一项基本职能和制度，强化服务型政府的责任，发挥非政府组织的作用，最后提高公民维护合法

---

① 景天魁：《底线公平福利模式》，中国社会科学出版社2013年版，第11页。
② 张燕：《实现城乡社会保障适度公平的原则及政策》，《重庆行政（公共论坛）》2015年第6期。
③ 周莹：《构建我国社会保障立法的适度公平机制》，《华东政法大学学报》2008年第6期。
④ 窦玉沛：《中国社会福利的改革与发展》，《社会福利》2006年第10期。

权益的责任意识。①"十二五"规划进一步提出，要建立覆盖城乡居民的社会保障体系，根据社会公平的价值取向，给相对贫穷的农村居民更多支持，使之感受到不公平的差距正在缩小，增强公民的公平感。

三、供给与需求相结合

1. 供给与需求相结合的必要性

随着社会的不断进步与经济的高速发展，越来越多的国家在大力发展经济的过程中，也把重点放在满足人民的物质与精神需求上。这意味着公共产品与社会服务的供给模式需要日益完善，才能与人民的需求相匹配。在探索社会服务供给与需求有效结合的道路上，社会服务的供给模式和需求内容都经历了不同的阶段。

具体来讲，西方国家社会服务供给模式经历了三个阶段。②

（1）传统官僚制阶段。20 世纪 50 年代，政府组织是公共服务的主要供给者，它几乎承担了所有的公共服务供给，因此政府既是"掌舵者"又是"划桨者"。这种供给模式组织周密、执行迅速、目标明确，其过程具有连续性和统一性。然而，也造成政府机构臃肿，财政压力过大，以致公共服务供给高度垄断，定位模糊，难以满足不同利益主体的需求，导致"政府失灵"。

（2）市场多元化阶段。20 世纪 70 年代后期，在公共服务供给模式市场化的导向下，出现了公共服务私有化、外包等多元供给模式改革。这场"重塑政府"的"新公共管理运动"开始涌现出政府以外的服务提供主体，引入市场竞争机制，鼓励私人投资和经营公共服务行业，提高公共管理水平和社会服务质量，从而满足人们多方面的需求。然而，这种商业型供给模式盲目崇拜市场，过于强调效率优先，忽视市场自身的缺陷，公共服务产品缺乏监管，质量无法得到保证，也无公平可言，不利于社会的和平与稳定。

---

① 栾文敬、刘雅岚：《基于底线公平的适度普惠型社会福利体系构建——我国"负福利"现象引发的思考》，《福建行政学院学报》2013 年第 2 期。
② 徐霞：《西方公共服务供给模式的演变及启示》，《安徽商贸职业技术学院学报（社会科学版）》2009 年第 1 期。

（3）整体合作阶段。20世纪90年代，西方出现公共服务改革的新趋势，整体型公共服务供给模式以为公众提供无缝隙的公共服务为宗旨，采用整体型组织模式，重点在于解决人们的生活问题，实现资源高度整合，并用公私合作、跨部门合作等方式来提供公共服务，有利于实现政策间的协调，把不同的利益主体基于共同的服务需求联合起来，克服市场化阶段中为公众提供碎片化服务的弊端，实现公共服务的整体性、系统性。

与之相对应，西方社会关于社会服务的需求也经历了从"精神本位"到"物质本位"，再到现代社会的"以人为中心"的变化。① 根据马斯洛的需求层次理论，人们的需求层次正在由过去的低层次需求（如衣食住行和安全）逐步向高层次需求（如受尊重、自我实现）转变。② 为了满足更高层次的需求，人们开始盼望更好的教育、更可靠的社会保障、更高水平的医疗卫生服务、更优美的社区居住环境和更丰富的精神文化生活。

当前，我国经济社会发展中的主要矛盾之一是公共需求的全面、快速增长与社会服务供应严重不足之间的矛盾，这是社会主义初级阶段主要矛盾在当前的突出反映。它一方面表现为社会服务总量不足，另一方面表现为社会服务分配失衡。③ 党的十九大明确指出，我国社会主要矛盾已经转化为人民日益增长的美好生活需要和不平衡不充分的发展之间的矛盾。人民日益增长的美好生活需要的主要内容就是社会保障和公共服务，即"幼有所育、学有所教、劳有所得、病有所医、老有所养、住有所居、弱有所扶"。这个论断反映了发展经济学的经验性规律，是我国新时期经济社会发展的必然趋势，凸显了社会保障与公共服务在国家治理格局中的重要性。因此，将社会服务的供给与人民日益增长的美好生活需要相结合，构建社会服务供给和需求相结合的新模式，是中国社会建设的题中之义。

---

① 张曙：《需求、供给与我国社会工作制度建构》，《学海》2011年第6期。
② 周三多、陈传明、鲁明泓：《管理学——原理与方法（第四版）》，复旦大学出版社2003年版，第71—73页。
③ 丁元竹、杨宜勇、李爽等：《促进我国的基本公共服务均等化》，《宏观经济研究》2008年第5期。

2. 供给与需求相结合的基本原则

社会服务的目的是以成本相对较低的方式提供与居民偏好相一致且保证质量的服务。要实现社会服务的有效匹配，需要明确区分服务供给方式的相对优势，识别服务对象需求的多维度特征，遵循"质量与效率兼顾"的原则，并依据现实条件及时调整匹配，保持社会服务供给与需求的动态平衡。① 总体来讲，社会服务供给与需求相结合需要遵循以下原则。

第一，进行科学的多元需求评估。② 社会结构的分化导致社会福利需求的多元性，社会福利服务的目标定位应做到有效整合社会发展目标、专业发展目标、各类不同层级政府机构发展目标、服务对象发展目标、社会工作者自身的发展目标，实现多元需求的满足，以获得更多的社会认同，促进制度变迁。需求评估的科学性至关重要，这样才能促成需求为本取向下的专业服务供给。

第二，提高基本社会服务供给总量和供需匹配度。③ 从供给侧结构改革出发，提高基本社会服务供给总量。在基本社会服务领域，继续保持基本社会服务的财政投入总量。针对基本社会服务项目供需匹配度不高的问题，应建立基本社会服务的需求发现机制和表达参与机制，做好需求调查，通过大数据分析、信息挖掘、民意调查等实时收集社会公众对基本社会服务供给的需求情况，通过满意度调查等了解公众对政府社会服务供给结果的认同状况，从而进行动态调整，确保基本社会服务供给有效，提升服务的供需匹配度。

第三，优化供给结构。④ 在公众对公共服务的需求日益多样化和服务水平要求不断提高的背景下，仅仅依靠政府提供公共服务已无法有效满足公众的多样化、多层次需求，让社会组织深度参与公共服务供给成为必然趋势。这也是新时代社会组织发挥桥梁纽带作用的集中体现。

---

① 冯猛：《城市社区服务的供需匹配：模型构建及其应用》，《福建论坛（人文社会科学版）》2016年第2期。

② 张曙：《需求、供给与我国社会工作制度建构》，《学海》2011年第6期。

③ 霍萱、林闽钢：《政府基本社会服务供给现状与影响因素研究》，《社会工作与管理》2019年第5期。

④ 白启鹏、宋连胜：《新时代社会组织的功能定位与发展路径》，《天津行政学院学报》2019年第3期。

3. 供给与需求相结合的实践探索

在我国，社会保障与包括就业、教育、医疗、养老照料等在内的社会服务是社会民生事业的主要内容，也是人民日益增长的美好生活需要的主要内容。习近平总书记指出，我们的人民热爱生活，期盼有更好的教育、更稳定的工作、更满意的收入、更可靠的社会保障、更高水平的医疗卫生服务、更舒适的居住条件、更优美的环境……人民对美好生活的向往，就是我们的奋斗目标。

针对社会服务供给的不平衡不充分，党的十八大以来，我国公共政策的一个取向是逐渐消除社会保障和公共服务方面的城乡差别和人群差别，建设城乡一体化、均等化、全民共享的社会保障与公共服务供给体系。党的十九大明确提出要求，指出增进民生福祉是发展的根本目的，要保证全体人民在共建共享发展中有更多获得感。从这个要求出发，我国公共政策将进入一个新的阶段，城乡一体化、公共服务均等化、社会保障全国统筹、建立全国统一的社会保险公共服务平台，成为公共政策的新趋势。①

党的十九大报告提到，化解我国当下社会发展不平衡不充分的问题，满足人民日益增长的美好生活需要，要求我们推动经济建设、政治建设、文化建设、社会建设和生态文明建设"五位一体"协调全面发展，特别是在社会建设方面，完善社会保障体系，着力提高居民生活水平，加强和创新社会治理，推动社会治理的社会化、法治化、智能化、专业化。

例如，在新时期，我国农村居民对社会服务的需求呈现出需求标准更高、需求类型更多、个体需求偏好差异更明显等趋势，对农村服务供需均衡也提出了新的挑战。②《"互联网＋社会组织（社会工作、志愿服务）"行动方案（2018—2020年）》明确提出，应着力推动"互联网＋

---

① 王震：《公共政策70年：社会保障与公共服务供给体系的发展与改革》，《北京工业大学学报（社会科学版）》2019年第5期。

② 谢舜、罗吉：《农村公共服务供需均衡中的"互联网＋社会组织"研究》，《广西大学学报（哲学社会科学版）》2019年第5期。

社会组织治理"的发展模式。① 这种模式具有需求导向和柔性供给的反馈与匹配机制,注重捕捉需求变化的细节和个性化需求。

同时,随着我国老龄化和家庭结构的变化,对居家养老服务的需求也在快速增加。为了应对不断增加的居家社区养老服务需求,在供给方面,政府加大了政策支持力度,创新了供给模式,社会各方面也加大了投入。② 当前我国主要从政策和项目两个角度对社会养老服务进行供给。在政策供给方面,《社会养老服务体系建设规划(2011—2015 年)》提出,我国养老服务体系建设的原则是居家为基础、社区为依托、机构为支撑;《"十三五"国家老龄事业发展和养老体系建设规划》将居家养老和社区养老服务放到一起来论述,提出大力发展居家社区养老服务,养老服务体系建设的原则是居家为基础、社区为依托、机构为补充、医养相结合。

四、生活质量与能力提升相结合

1. 生活质量与能力提升相结合的必要性

生活质量,又称生活素质、生存质量、生活品质,其概念具有多维内涵。1920 年,英国剑桥学派福利经济学家庇古在《福利经济学》一书中首次使用了"生活质量"的概念。③ 美国经济学家加尔布雷斯认为,"生活质量"是指人们对生活水平的全面评价,随着国民生产总值日益失去衡量社会发展程度的价值,现在应追求的是和谐、悠闲和有保障的生活。④ 罗斯托在经济成长阶段论中提出,由于诸多社会问题的出现,人们对物质生活的追求不断减弱,开始转向舒适生活及精神方面的享受进而强调生活质量的提升,进一步将生活质量作为衡量社会发展的标尺而不

---

① 高一村:《民政部发布行动方案 未来三年着力推进"互联网+社会组织(社会工作、志愿服务)"》,《中国社会组织》2018 年第 18 期。

② 王震:《居家社区养老服务供给的政策分析及治理模式重构》,《探索》2018 年第 6 期。

③ 张广利、林晓兰:《高龄空巢老人的社区照顾——基于生活质量的视角》,《福建论坛(人文社会科学版)》2012 年第 8 期。

④ 赵彦云、李静萍:《中国生活质量评价、分析和预测》,《管理世界》2000 年第 3 期。

再是有形产品的数量多少："追求生活质量是人类社会发展的必然趋势。"① 他将世界各国的经济成长划分为五个阶段：传统社会阶段、为起飞创造前提阶段、起飞阶段、成熟阶段和高额群众消费阶段。而后，他在1971年又将生活质量引入经济成长阶段论中，认为第六个阶段应该是追求生活质量阶段。

从一般意义上讲，生活质量既包括客观生活质量，也包括主观生活质量，因此经济发展并不能自然而然地给全体社会成员带来生活质量的改善。同时，对经济发展的最终检验，不是依据普通的物的指标，而是依据人的发展程度。发展的状态不仅是一种物质状态，也是一种精神状态。因此，要想提高生活质量，就必须提高人的能力。② 阿马蒂亚·森将人的可行能力提升作为生活质量的一个重要指标。所谓可行能力，是指一个人实际上能够做到的功能性活动的组合。他指出："发展人的可行能力使人们享受一种有价值的生活……主要包括人类体力、智力和生产能力等。"③ 他将现代社会的贫困看作是由收入贫困、能力贫困、脆弱性和社会排斥等因素造成的，消除这种贫困的根本途径是发展人的可行能力。

人的发展是发展的根本动力，离开了人的发展，发展就无以为继。在一些发达国家，生活标准在提高，但生活质量并不一定同时在提高，人们的幸福感、满足感、创造力并不一定同时在提高。其原因是在发展进程中，出现了拜金主义、极端个人主义、信仰危机等。因此，在社会经济发展中，必须将生活质量与能力提升相结合。

2. 生活质量与能力提升相结合的基本原则

毕仁指出："社会服务的哲学思想来源于三个基本假设：第一是对人的生存与发展权利的尊重；第二是相信人有独特的个性；第三是坚信人有自我改变、成长和不断进步的能力。"社会服务旨在帮助弱势群体解决

---

① 朱浩：《中国老年照顾服务政策：政策评估和展望——基于"生活质量—社会质量"理论分析框架》，《社会工作》2014年第6期。

② 苗元江、余嘉元：《幸福感：生活质量研究的新视角》，《新视野》2003年第4期。

③ 阿马蒂亚·森：《以自由看待发展》，任赜、于真译，中国人民大学出版社2002年版，第292—293页。

困难，挖掘改变与提升的潜能。因此，生活质量与能力提升是相辅相成、相互促进的关系，二者缺一不可。总体来讲，生活质量与能力提升相结合需要遵循以下原则。

第一，维护生存权和发展权是能力提升的基本保证。杨庚提出，生存权是享受其他权利的前提和基础，发展权是保证人们享有广泛权利的基本条件。[①] 生存权是拥有生活质量的底线，必然包含生活保障权，不仅指生命安全权（包含生命权、健康权和其他人身权），而且包括人们的基本生活条件应受到保障，国家有义务通过发展经济、社会、文化事业，不断改善人们的生活条件。发展权是政治、经济、社会和文化权利的全面综合。因此，只有生存权和发展权得到应有的保障，人们才能获得能力提升的机会。

第二，能力提升是提高生活质量的途径。增能是社会服务领域的理论基础之一，也是促进服务对象提升自我能力，挖掘个人潜能的常用方法。[②] 增能的对象往往是被排斥在主流社会之外的弱势社会群体。弱势群体在经济利益、政治权利方面处于弱势地位，缺乏资源和机会。增能的基本价值在于协助弱势群体及其成员，通过行动去增强适应环境的潜能，通过社会政策和计划去营造正义社会，为社会成员提供接近资源的平等机会。所以，增能视角下的社会服务不仅要具体地为弱势群体提供物质帮助，更重要的是帮助他们提升自己的能力，以应对各种挑战，从而获得良好的生存环境，提升生活质量。社会服务关注的能力不只是技术性能力，而且包括现实生活中的能力，这种能力发展包括人的全面发展以及获得美好生活的权利。根据可行能力理论，弱势群体改变现状的有效方式是提升能力作为发展的手段，提升能力创造发展的机会。

3. 生活质量与能力提升相结合的实践探索

我国目前还处于发展中国家行列，人均 GDP 较低。有学者认为，结合我国的实际情况，我们可以从收入状况、居民消费、社会安全、教育

[①] 杨庚：《论生存权和发展权是首要的人权》，《首都师范大学学报（社会科学版）》1994 第 4 期。

[②] 高万红：《增能视角下的流动人口社会工作实践探索——以昆明 Y 社区流动人口社区综合服务实践为例》，《华东理工大学学报（社会科学版）》2011 年第 1 期。

状况、健康状况、资源与环境、城市环境和社会服务八个方面建立符合我国国情的生活质量评价指标体系。[①] 与此同时，提倡以人为本，强调人的全面发展，实现人民的物质生活、社会生活、精神生活和政治生活的全面发展，使人的体力、智力等各种潜能得到充分体现。[②] 在生活质量与能力提升相结合的实践中，我国在不同方面都进行了探索。

在社会救助方面，生活质量概念在构建和完善贫困救助政策中的价值已受到一些学者的关注。2014 年出台的《社会救助暂行办法》，新增了不少与提升贫困者生活质量有关的功能目标，主要体现在强调贫困者需求导向、动态变化及兼顾发展需求等方面，并且对被救助者就业扶持方面的内容进行了细化，主要目的是通过这些具体的救助措施提升贫困者就业脱贫的能力。[③] 该办法第 42 条明确规定，国家对最低生活保障家庭中有劳动能力并处于失业状态的成员，通过贷款贴息、社会保险补贴、岗位补贴、培训补贴、费用减免、公益性岗位安置等办法，给予就业救助。这些措施的目的是促使贫困人群提升就业脱贫能力。

在残疾人就业保障中，政府为残疾人提供相应的就业措施，发挥残疾人的优势与能力，提高其生活质量。2015 年 6 月，残联、国家发展改革委、民政部、财政部、人力资源社会保障部等联合印发的《关于发展残疾人辅助性就业的意见》（以下简称《意见》），指出：辅助性就业指组织就业年龄段内有就业意愿但难以进入竞争性劳动力市场的智力、精神和重度肢体残疾人从事生产劳动的一种集中就业形式，在劳动时间、劳动强度、劳动报酬和劳动协议签订等方面相对普通劳动者较为灵活。《意见》要求：到 2017 年所有市辖区、到 2020 年所有县（市、旗）应至少建有一所残疾人辅助性就业机构，基本满足具有一定劳动能力的智力、精神和重度肢体残疾人的就业需求。公办或社会资本兴办的残疾人辅助性就业机构建设用地按公益事业建设用地纳入计划。通过实施残疾人辅

---

① 彭念一、李丽：《我国居民生活质量评价指标与综合评价研究》，《湖南大学学报（社会科学版）》2003 年第 5 期。

② 王培刚、李光勇：《和谐社会视野下的生活质量：社会需求与政策回应》，《社会科学研究》2010 年第 2 期。

③ 王三秀、高翔：《从生存维持到生活质量：社会救助功能创新的实践审思》，《中州学刊》2016 年第 9 期。

助性就业政策，保障残疾人自身权利可以发挥积极作用，不断扩大就业规模，提高残疾人群体的生存能力。

我国老年人口的生活质量特别是高龄老人的健康问题，也越来越受到政府和社会的关注。2006年末，中国政府第一次以白皮书的形式发布关于老龄事业的发展状况，体现了中国政府对老龄事业的重视，表明了中国政府应对人口老龄化的积极态度。① 2017年，出台《"十三五"国家老龄事业发展和养老体系建设规划》，我国在老年人口就业方面有了一个极大的政策推进，包括加强老年人口人力资源开发、发展老年人口志愿服务、支持老年人才自主创业、对老年人口进行岗前技能培训、建立老年人才信息库等，老年人通过再就业等形式提升经济能力，获得经济上的满足。不仅如此，老年人对于社会参与、文娱体育健身、文化素养和技能提升等需求也不断增加，社区老年"星光之家"、老年大学等公共服务场所为老年群体提供精神上的支持，促进其能力发展，做到"老有所养、老有所医、老有所为、老有所学、老有所乐"。

思考题

1. 人本主义、集体主义以及利他主义价值取向的内在联系是什么？

2. 普惠性、公平性、共享性以及公民权理念在中西方社会服务中有哪些不同？

3. 如何在社会服务实践中做到普惠与特惠、公平与适度、供给与需求，以及生活质量与能力提升之间的平衡和结合？

---

① 李建新、李嘉羽：《城市空巢老人生活质量研究》，《人口学刊》2012年第3期。

第四章
社会服务的基本功能

> 社会服务是政府及社会为了维护和保障全体公民,尤其是社会特殊困难群体的社会福利权益需求,主导并实施向其家庭或个人提供必要的照顾服务的一项政策制度安排。社会服务的目标包含政治目标、社会目标、经济目标和道德目标,社会服务功能主要是将相关资源传递给需求者进而达成其需要满足的过程,因此其政治、社会、经济和道德功能也存在一定的差异性。社会服务在运行中还应明确预防思路,遵循社会公平正义理念,明晰社会服务的权利程度。

第一节　社会服务的基本目标

社会服务的基本目标是指通过实施社会服务所要达到的基本目的。社会服务的基本目标包括政治目标、社会目标、经济目标和道德目标。政治目标主要是指通过社会服务来实现社会政策稳定社会的目标。社会目标主要是指通过实施社会服务来实现社会基本公平。经济目标主要是指通过实施社会服务来实现社会经济的协调发展。道德目标主要是指通过实施社会服务来实现社会道德水平的提高。

任何国家的社会服务都具有基本目标，但不同国家的社会服务的目标存在差别性，这是由不同国家的社会、经济、政治和历史文化传统差别所决定的。同样，任何一个国家的社会服务都包含其政治、社会、经济和道德目标，但同一国家在不同时期，其社会服务的政治、社会、经济和道德目标的地位存在一定的差异性，这是由同一国家在不同历史时期的政治、社会、经济和道德发展水平所决定的。尽管各国在不同时期的社会服务的政治、社会、经济和道德目标存在地位和影响上的不同，但这并不意味着各国在不同时期的社会服务目标的变化没有普遍性特征，也不意味着不同国家在不同时期的社会服务目标中只有一种主要目标，其他相关目标可以被忽视甚至无视其应有的地位。事实上，在社会服务发展变化进程中，社会服务的目标的发展变化既存在一种从重视政治目标到重视社会目标，再发展到重视经济目标，进而发展到重视道德目标的单一性社会服务基本目标取向，同时存在一种从强调单一性社会服务目标发展到强调社会服务的政治、社会、经济和道德目标相互协调的发展趋势。①

---

① 丁建定：《英国社会保障制度史》，人民出版社2015年版，第425页。

一、社会服务的政治目标

1. 社会服务的政治目标的内涵

社会服务的政治目标主要是指通过社会服务来实现社会政策稳定社会的目标。社会服务是现代社会发展到一定阶段的产物,是西方资本主义国家为解决社会发展进程中出现的社会矛盾和民生问题而出现的政策实践模式。社会服务的最初形式是用以减轻和缓解工业化进程中面临失业、破产的城市贫困居民以及到城市寻找工作的农民的生存压力。1958年,英国学者理查德·蒂特马斯在其著作《福利国家》中首次明确了社会服务的概念,随后这一概念开始进入政治视野,通过社会政策的服务传递方式来系统化地解决社会问题。随着经济社会的发展和社会保障制度的日趋完善,社会服务开始逐渐进入国家政策的视野,成为西方福利国家建设的一个重要组成部分,在经济社会领域发挥重要作用。目前,社会服务已经成为社会政策架构下不可或缺的组成部分。

2. 社会服务的政治目标的选择

世界上不同国家的社会服务发展在不同时期具有不同的政治目标。20世纪90年代末,在"第三条道路"思潮的影响下,英国新工党政府进行了全面的社会政策改革,尤其是增加了对社会服务的资金投入。此外,为了减轻和消除儿童贫困及其引起的社会排斥,英国新工党政府于1997年推出了"确保开端"的儿童社会福利改良计划,为4岁以下儿童家庭,特别是贫困儿童家庭提供家庭访问咨询、医疗卫生服务、儿童发展计划、家庭支持政策、教育环境改善等社会服务。1998年,英国政府又制定了"国家儿童照顾战略",确保3岁以下儿童早期教育服务质量的提升,为14岁以下儿童提供校外托管照顾服务,为16岁以下有特殊需要的儿童提供特殊教育服务。在老年照顾服务上,英国政府通过了《全国老年人工作大纲》,开始大幅提高照顾老人的补助金预算,并且制定了提供居家养老服务的详细指标。同时期的瑞典把完善普遍建立的社会服务体系作为这一时期福利社会的一个鲜明的政治目标,并把社会服务当作一种每个人都应该享有的福利权利来加以推行和发展。在瑞典，由于面向全民的社会服务体系已经日趋完备，从20世纪90年代中期开始，瑞典在社会服务领域采取了一系列新的优化措施。比如在儿童社会服务上扩大了服务范围，使适龄儿童获得该项服务的资格普遍化。在老年服务上加大了对家庭照顾的政策支持力度，使得老年贫困程度降低至0.5%。由于瑞典坚持普遍主义的社会福利理念，其社会服务事业是面向全体公民提供完备的服务，人们所能享受的社会服务的比例很高，并且包括多种多样的服务类型，种类也很健全，专业化水平很高。[①] 英国和瑞典的社会服务都是采用高水平的社会服务供给模式，同时构建普遍化、规范化、现代化的服务体系，都是以改善民生、提高服务质量、实现社会稳定为出发点。英国和瑞典在社会服务结构方面的改革路径是不同的，英国是重点通过扩大社会服务项目的提供内容和供给范围来对其社会服务予以完善；瑞典则是重点通过采取优化的方式对其社会服务体系予以完善。英国和瑞典虽然改革的路径不同，但都加大和提高对社会服务的投入力度和重视程度，针对不同群体的不同需求建立起种类繁多并具有针对性的社会服务体系。

英国和瑞典社会服务发展的历史经验凸显了社会服务改善民生的政治目标，以民生问题作为政治决策、政治职能和政治资源配置的重心。纵观西方社会服务发展的历史进程，社会服务的发展是在经济和社会发展的环境下持续推进的，它的服务对象不断扩展，服务内容不断丰富，服务形式不断创新，服务功能不断完善，实现了从早期的物质救济服务向物质保障与精神保障相融合的转变，从个人社会服务向家庭和社区照顾、面对全体公民的普惠性社会服务的转变。社会责任理念的不断普及，使得西方国家从宏观层面认识到社会服务在维护社会稳定上的重要性。在社会责任语境下，西方各国在强化政府责任的基础上，加大对社会志愿组织和民间机构开展社会服务的扶持和补贴力度，从多元化角度加强了对弱势社会群体基本生活和正当权利的保护。这种以政府责任为主体的社会服务已经成为国际社会普遍认同的社会服务实践形态，得到不同政治经济体制国家的采纳和应用。

---

① 林闽钢、梁誉：《社会服务国家：何以可能与何以可为》，《公共行政评论》2016年第5期。

中国和西方发达国家因社会背景、政治经济体制以及文化理念的差异，所形成的社会服务体系在价值理念、主体关系以及供给方式上均不相同。新中国成立后，计划经济时期的社会保障制度并没有考虑社会服务体系建设。改革开放以来，在我国服务型政府的建设中，社会服务被放在重要的位置，保障民生服务被作为政府的重要政治目标。目前，我国社会服务体系的发展基本确立了政府主导下的民政部门与社会组织相互补充的社会服务多元供给模式，在稳定社会秩序、促进社会公平与经济发展上发挥了广泛而深远的作用。

二、社会服务的经济目标

1. 社会服务的经济目标的内涵

社会服务的经济目标主要是指通过实施社会服务来实现社会经济的协调发展。随着社会经济的发展和公民权利意识的增强，社会服务由早期简单的生活救济型向全面的、以服务促发展的普惠型转变，在优先确保弱势群体的照顾服务的基础上，社会服务功能得到实现，社会服务体系逐渐成熟。社会服务作为国民收入再分配的一种制度安排，旨在为社会经济发展过程中的弱势群体提供基本的社会服务支持，使其生活服务质量与社会进步保持一致，共享社会发展和经济改革的成果，减少社会经济发展过程中蕴含的社会风险，弥合社会分歧以保持社会和谐，营造更好的社会经济发展大环境。社会经济发展进程决定社会服务发展水平，社会服务也是现代国家推进经济增长与社会发展融合的一种"社会投资"，是实现国家稳定可持续发展的一种经济发展政策。[①]

2. 西方社会服务的经济目标

社会服务供给能够满足民众社会福利高级需求，使之提升自身能力，实现人力资源质量的提升和社会整合，促进经济发展。可以说，社会服务是打破社会福利发展瓶颈的关键工具，也是社会经济协调发展固有矛盾的破解之道。所以，社会政策的实现需要不断满足社会服务对象的需

---

① 范斌：《试论社会投资思想及对我国社会福利政策的启示》，《学海》2006年第6期。

求,为经济社会发展提供持续动力。在经济目标的驱使下,社会政策在社会分配领域可以发挥重要作用,主要通过积极的社会服务来实现其经济效应。人生不同的阶段需要不同的社会服务,各项社会服务发挥着不同的作用:在年幼时需要完备的儿童社会服务,在青年时需要有助于成长的教育服务,在中年时需要收入维持和就业服务,在老年时需要便捷有效的养老服务和长期护理照顾服务。社会服务的经济目标要求我们在发展完善社会服务时应替代传统的风险事后弥合和再分配机制,通过投资于人力资本,在促进经济增长的同时,实现经济目标和社会服务相互融合和相互促进。

随着社会经济的发展,一个国家的社会福利水平不仅仅体现为现金给付,而是更多地体现为政府提供的社会服务。如何通过有效的制度安排来提高社会服务供给水平是核心问题。因社会背景、政治经济制度和文化观念等因素的差异,中西方形成了不同的社会服务供给模式。在西方发达国家,社会服务奉行福利多元主义的理念,主张政府不是社会服务唯一的供给者,市场、社会组织、家庭与社区等各类服务主体合作供给社会服务,各类服务主体之间相互配合从而实现功能互补,社会服务供给模式普遍采取的是多元化协同供给模式。西方发达国家崇尚的是自由合作的价值理念,政府与非营利组织、企业、公民都是独立的社会主体,在社会服务中相互合作,形成伙伴关系。新公共管理运动,注重提高政府绩效、放权,在社会服务方面强调以市场机制为社会服务的资源配置的基础,运用竞争机制、价格机制、供求机制以及约束机制,调动和引导社会力量参与社会服务,形成政府、市场、社会多元社会服务合作伙伴关系和供给体系,以实现社会服务的最佳供给和资源的有效配置,从而达到提升社会服务质量与绩效的目的。①

3. 中国社会服务的经济目标

中国社会福利实行"国家-单位制",社会福利的具体事务由政府直

---

① 王刚、王荣科:《竞争与规制:市场化视角的社会服务模式重塑》,《安徽大学学报(哲学社会科学版)》2013年第4期。

接包办统揽，实行垄断性经营。① 随着社会服务需求增加和供给能力短缺矛盾突显，社会福利正在从补缺型向普惠型转变，社会服务提供主体也从政府一元主体向多元主体过渡。② 受制度惯性和路径依赖的影响，当前中国社会服务仍然是政府及其主导的事业单位绝对统领社会服务的供给。国家统计公报是我国发布法定统计数据的权威文件，表明社会服务领域的经济投入情况。2009 年国家统计公报在呈现民政事业发展数据时，第一次使用"社会服务"的概念，将民政福利机构定位于"社会服务"范畴。《2020 年民政事业发展统计公报》显示，截至 2020 年底，全国注册登记提供住宿的各类民政服务机构情况如下。第一，提供住宿的养老服务。全国共有各类养老机构和设施 32.9 万个，养老床位合计 821.0 万张。全国共有注册登记的养老机构 3.8 万个，比上年增长 11.0%，床位 488.2 万张，比上年增长 11.3%；社区养老服务机构和设施 29.1 万个，共有床位 332.8 万张。第二，残疾人服务。2020 年，全国共有困难残疾人生活补贴对象 1214.0 万人，重度残疾人护理补贴对象 1475.1 万人。第三，提供住宿的儿童福利和救助保护服务。全国各类民政服务机构集中养育孤儿 5.9 万人，基本生活保障平均标准 1611.3 元/人·月。全国共有注册登记的儿童福利和救助保护服务机构 760 个，床位 10.1 万张，年末在机构抚养人员 4.6 万人。其中儿童福利机构 508 个，床位 9.1 万张；未成年人救助保护机构 252 个，床位 1.0 万张，救助流浪乞讨未成年人 0.9 万人次。

民政部 2020 年的统计数据表明，政府用于社会服务项目建设的资金效应突出。这些服务机构和设施在直接为儿童、残疾人、老年人等特殊群体提供养育、保护、照料、康复护理等服务的基础上，还面向全体社会成员服务，成为各级政府为人民群众尤其是困难群体提供社会服务的重要平台。同时，民政部门倡导的"政府主导、部门协作、社会参与"的工作机制基本形成，强化了各级政府对于社会服务事业的主导、投入和监管职能，加强了相关部门的协调配合，增强了社会和人民群众参与

---

① 许芸：《从政府包办到政府购买——中国社会福利服务供给的新路径》，《南京社会科学》2009 年第 7 期。

② 张笑会：《福利多元主义视角下的社会服务供给主体探析》，《理论月刊》2013 年第 5 期。

社会服务的积极性和主动性。此外,民间也积蓄了巨大的社会服务能量。特别是一部分专业企业和个人,在社会服务产品的提供上,凭借自己的资金储备、技术优势和管理经验,开发出许多个性化、人性化的社会服务产品,服务产业已具有一定规模。服务对象本身大量的个性化服务需求,已经在我国形成巨大的服务市场,有效促进了第三产业的发展,实现了社会服务促进经济增长的目标。

三、社会服务的社会目标

1. 社会服务的社会目标的内涵

社会服务的社会目标主要是指通过实施社会服务来实现社会基本公平公正。社会服务是维护社会基本公平的基础性制度安排之一,通常发挥着社会矛盾的"缓冲器"作用。社会服务促进社会公平公正主要体现在:第一,社会服务主要用以确保需要公共服务的弱势群体获得照料,提高弱势群体的生存状况,改善弱势群体的生存和生活能力,使得弱势群体能够克服困难,维护和保障特殊困难人群的基本生存权益;第二,社会服务是提高整体社会福祉,最大限度地促使更多的社会个人参与到社会服务供给中,为保障社会主体活力的持续释放提供的一种制度安排;第三,社会服务具有化解社会矛盾、维护社会公正、推动社会进步和实现社会融合的重要功能。以养老社会服务为例,完善的社会养老服务体系可为经济发展创造良好的社会条件。

2. 西方社会服务的社会目标

从 20 世纪中期至今,德国、英国、法国、瑞典等西方典型福利国家养老保障制度理念的发展经历了一个从重养老金制度到养老金制度与养老服务体系并重的过程。这些国家为应对人口老龄化的挑战,通过大力发展养老服务,丰富养老保障的制度内涵,给予国民持续稳定的安全预期,实现了维护社会稳定、促进社会团结、增强社会成员的国家认同感的目标,并为国民经济的健康发展提供了稳定的社会条件。同时,健全的养老社会服务体系可以使人们从内心感受到生活有制度上的保障,有助于消除人们对未来个人社会服务需要的满足忧虑。当人们意识到社会具有安全感时，促进社会健康发展的精神激励因素就会活跃起来，继而创新和进取精神也会得到发展，并持续推动社会进步，为国民经济的健康稳定发展提供充足动力。

3. 中国社会服务的社会目标

改革开放以来，随着社会经济的不断发展，我国社会服务的形式、内容、作用等正在发生变化，伴随着中国特色社会主义事业总体布局的科学定位而持续丰富完善，社会服务逐步成为一项政府主导的、保障民生的社会政策。党对社会服务的公平性的认识体现在党的重要文献和决定中。党的十六大以来，社会服务的概念在党的重要文献和决定中被多次提出。《中共中央关于构建社会主义和谐社会若干重大问题的决定》中明确强调，要以增强社会服务功能和提高社会管理、依法办事能力为重点，大力加强基层政权建设。要深入开展城乡社会志愿服务活动，建立政府服务、市场服务相衔接的社会志愿服务体系。党的十七大在对建立中国特色社会保障体系做出的制度安排和部署中，提出2020年实现覆盖城乡居民的社会保障体系，这就是以社会保险、社会救助、社会福利为基础，以基本养老、基本医疗、最低生活保障制度为重点，以慈善事业、商业保险为补充的制度体系。在该制度体系中，政府责任包含两个方面，即提供物质保障和服务保障。基本公共服务的服务水平与经济社会发展不适应，需要推进标准化。长期以来的"重经济、轻社会"的倾向，造成社会发展滞后于经济发展，服务水平与所处经济社会发展阶段不相适应。党的十八大报告提出，要加快健全基本公共服务体系，完善社会保障制度和服务体系，加强和创新社会管理。党的十九大报告做出了中国特色社会主义进入新时代的重大政治论断。新时代社会治理开始导入服务型治理思想，多元主体参与社会福利供给将成为主要形式，社会政策在积极福利思想的影响下更具赋权性质。服务型治理模式中的社会服务要求激发多元主体的内生动力，改静态式、被动式和纵向式管理服务为整合式、主动式和网络式合作服务。党的十九大报告还提出，实现服务水平与经济社会发展相适应，要坚持在发展中保障和改善民生，在发展中补齐民生短板，促进社会公平正义。通过健全基本公共服务标准体系，确保基本公共服务覆盖全民、兜住底线和均等享受，使人民群众的获得感、幸福感、安全感更加充实、更有保障、更可持续。

从社会服务实践进程看，目前我国社会服务已发展成为基本公共服务的重要内容，是我国基本民生保障的一项重要任务和事业。为实现国家经济社会高质量发展要求，亟须我们从政策和理论视角对社会服务进行更系统和深入的认知。目前，我国社会建设迎来了大发展的历史时期。为加快推进以改善民生为重点的社会服务建设，实现社会公平公正，我国政府密集出台了诸多社会政策。例如，实行免费义务教育，颁布《社会保险法》和《社会救助暂行办法》，修订完善《老年人权益保障法》，实施廉租房、公租房政策等，涵盖了"幼有所育、学有所教、劳有所得、病有所医、老有所养、住有所居、弱有所扶"等各个方面。不仅社会政策数量猛增，而且社会政策理念由服务经济发展逐渐转向注重人民至上，社会服务的政策地位也由边缘逐渐走向前台，由配套措施转变为政策和服务并重的发展趋势。

四、社会服务的道德目标

1. 社会服务的道德目标的内涵

社会服务的道德目标主要是指通过实施社会服务来实现社会道德水平的提高。社会福利传递能力的提升，应该体现在完善的社会服务体系上，而完善的社会服务体系，道德精神是其灵魂。在社会的发展过程中，社会服务体系是一个庞大的系统。作为社会福利政策的传递工具，社会服务关乎一个国家或地区的社会治理目标的实现。社会服务体系的建设在注重制度建设的同时，还应具备相应的道德理念和道德能力，社会服务的运行才能更具针对性和可行性，社会服务的落实才能更具刚性基础，从而更有效地提升国家的社会治理能力。为确保社会服务的科学高效运行，要明晰社会服务运行所依赖的道德目标。社会服务的道德目标需要建立和完善制度的共同责任机制，明确公民个人和家庭的社会服务道德行为准则，明确社会服务相关者和利益共同体和谐共存的道德规范，并依据普遍行为准则、道德规范、德性要求制定社会服务的运行制度。[①]

---

① 郭建新：《从道德维度看社会治理能力的提升》，《光明日报》2014年4月30日第3版。

2. 社会服务的道德目标与公民意识

在社会服务的道德目标建设中，应注重公民意识的培养。公民意识是基于人力资本供给角度来应对社会服务新挑战。加强公民意识的培养，首先要明确公民在社会服务过程中对自身角色、地位、价值的认知及其自觉反映，明确个体享有社会服务的权利内容，还要主动承担相应的义务。社会服务的应用价值表面上通过共建也能唤醒民众的公民意识，民众的归属感和对国家的责任感不断被激发，使得民众能积极参与到社会服务的发展中。在具体政策措施的制定过程中将民众的价值意愿体现在社会服务中，实现社会服务的人本意蕴，也是实现社会稳定的重要保障。因此，全民共建的发展氛围的实现需要社会服务加强公民意识的培养。首先，大众的公民意识是社会服务工作得以实现的现实根基，而积极参与是提升社会服务人性化和全面性的核心。社会服务道德目标的实现应使民众意识到自身在社会服务中的特有价值，明晰自身所享有的权利，使民众意识到社会服务并不仅仅是政府行为，而是需要非政府组织和所有民众的积极参与。其次，拓宽参与渠道，为公民参与共建社会服务道德内容提供便利，保证其参与的有效性和积极性。应构建多层次的社会参与机制，畅通民众的表达机制，广泛听取民众的意见，形成社会服务的基本内容。完善社会服务考评制度，建立政府、民众和服务机构之间的协商对话机制，使民众的心声得到政府和社会各界的重视，从而激发民众的归属感和责任心。

在社会服务的道德目标建设中，家庭具有基于伦理义务的道德责任。家庭的服务供给主要建立在伦理道德的基础上，离开了伦理道德的约束，家庭的服务供给将难以维系。家庭成员之间的相互支持是一种道德义务，家庭服务供给的实现依靠道德力量。[①] 在传统文化的影响下，我国养老服务对象养子女防老的理念根深蒂固。这一观念使得人们将养老等同于子女养老。传统家庭养老服务供给的核心就是子女养老，子女是老年人老年生活照顾的主要承担者。长期以来，我国单一依靠家庭提供养老服务，家庭成为养老服务的主要提供者。这种理念一直持续到现在，使得家庭

---

① 景天魁等：《福利社会学》，北京师范大学出版社2010年版，第237页。

在养老服务供给中仍然担负主要责任。① 在家庭关系中，道德伦理价值往往具有不可替代性。子女赡养父母，首先应该是道德伦理关系，受道德伦理价值的指引；其次才是法律关系，受法律的规制。由子女或其他法定赡养人为老年人提供所需的养老服务，是一种道德和伦理上的要求。《老年人权益保障法》规定，老年人养老以居家为基础，家庭成员应当尊重、关心和照料老人。赡养人应当履行对老年人经济上供养、生活上照料和精神上慰藉的义务，照顾老年人的特殊需要。转型时期的道德危机有赖于社会的道德重建，敬老爱老永远都是一种值得提倡的美德，这些都说明家庭应该在养老服务供给中承担起道德责任。

第二节　社会服务的基本功能

一、社会服务的政治功能

1. 西方社会服务的政治功能

社会服务的政治功能主要是指通过实施社会服务来化解社会矛盾，解决社会问题，实现社会稳定。任何社会福利体制都包含社会福利和社会服务两大基本内容。发展社会服务是西方国家社会经济发展到一定阶段的必然产物。西方福利国家发展的经验表明，在福利国家发展的初期，政府关注社会保险和各种收入维持项目。随着福利国家的不断发展，政府开始注意到社会服务的重要性，于是把更多的资源用于社会服务，社会服务模式也已不再是初期针对生活困难者的物质济贫服务，而是不断扩大社会服务的实施对象，增加社会服务供给内容，丰富社会服务的具体形式，实现由早期简单的生活救济型社会服务向全面的、以服务促发展的普惠型社会服务的转变与提升。在优先确保对弱势群体的照顾服务的基础上，现代社会服务功能得到实现，社会服务体系也逐渐成熟，不

---

① 丁建定、李薇：《论中国居家养老服务体系建设中的核心问题》，《探索》2014年第5期。

但改善了生存状况，减少了社会问题，提高了个人、家庭和社区的社会福祉，而且维护了社会公正，实现了社会融合，真正实现其稳定社会的政治功能。

作为一项公共政策，社会服务是针对社会处境不利、遭受痛苦，或大多数脆弱群体的需求和问题所进行的干预，是政府实施的一项社会福利政策，是捍卫人的尊严的关键工具。① 21世纪以来，欧洲14个福利国家社会服务支出增长速度加快，"准社会服务国家"开始出现。不少国家设有专责部门，比如澳大利亚设有人类服务部，美国设有人类服务署，韩国设有社会服务局等。丹麦、瑞典、挪威、捷克等国专门制定了《社会服务法》，英国制定有《地方当局社会服务法》，冰岛制定有《市政当局社会服务法》。

2. 中国社会服务的政治功能

我国政府也把社会服务作为社会政策的重要内容。现阶段，政府作为服务提供主体承担的社会服务主要以保障全体社会成员的生存和发展、调整社会利益格局进而推进社会公平为目标，不但明确了政府在社会服务供给中的责任主体地位，而且形成了与社会服务发展相适应的资源投入体系，从而建立责任政府和服务型政府。2016年底，国务院出台《"十三五"社会服务兜底工程实施方案》。随后，国家出台了一系列关于社会服务领域的政策，如养老服务、残疾人和儿童福利服务等政策。国务院2017年发布的《"十三五"推进基本公共服务均等化规划》明确将基本社会服务列为八大类基本公共服务的第五项，要求国家建立完善基本社会服务制度。2021年，国家发展改革委、民政部等联合印发了《"十四五"时期社会服务设施兜底线工程实施方案》，就进一步加强普惠性、基础性、兜底性民生建设，完善重点群体关爱服务体系，提高社会服务兜底能力和水平，织密扎牢民生保障网，提出具体建议。新时期，贯彻落实好这些社会服务新政策，确保达到预期社会效益，并随着社会服务的发展不断改进和完善这些政策，成为实现社会服务政治功能的关键议题。

---

① 李兵：《公共政策治理框架的建构及其在社会服务领域的运用》，《行政论坛》2018年第1期。

目前，我国社会服务体系基本形成了养老社会服务体系、青少年社会服务体系、健康社会服务体系和残疾人社会服务体系等齐头并进的良好局面，服务水平和质量不断提升，服务内容不断创新。随着社会服务体系的建立和完善，社会服务的覆盖范围逐渐扩大，社会服务逐步由补缺型服务向普惠型服务转变的趋势越来越明显，通过社会服务来化解社会矛盾，解决社会问题，应对社会风险，弥合社会分歧，规范社会行为，协调社会关系，维护社会公正，促进社会和谐。

二、社会服务的经济功能

社会服务的经济功能在于社会服务对经济发展具有重要的促进作用，具有调节经济运行、促进人力资源合理配置的功能。社会服务作为公共服务的延伸，也是公共服务的重要组成部分，但社会服务更强调服务对象的特殊性以及服务性质的非营利性。社会服务供给能够满足民众社会福利高级需求，使之提升自我能力，实现人力资源质量的提升和社会整合，促进经济发展。与公共服务及其提供方式相比，社会服务在内容上既与公共服务中的社会公共服务部分交叉，同时在利用社会资源、针对弱势群体的生活福利性社会服务方面又可作为公共服务的有效补充；在服务的提供方式上，社会服务的提供可以通过政府购买社会服务机构的服务的方式进行，以有效发挥不同主体的比较优势。与市场服务及其提供相比，社会服务面向的群体主要是弱势群体，并通过有效配置社会资源而非通过营利性服务来提供。由此对弱势群体的基本需求以及高端需求的满足形成了完整的社会服务供给体系。① 社会服务的经济功能主要包括以下内容。

1. 社会服务具有调节经济运行的功能

社会服务调节经济运行的功能在养老服务业方面最具代表性。养老服务业是国民经济的主要增长点之一。满足老年人对养老服务的消费需求，不仅涉及养老设施建设以及适老产品开发、生产和销售，有助于第二产业的发展，而且关系到质量合格服务的大规模有效提供，有益于第

---

① 王名、李勇：《关于社会服务改革发展的思考——兼论社会服务机构的性质与功能》，《社会政策研究》2016年第1期。

三产业规模的扩大。在全球老龄化背景下，近半个世纪以来，美国、德国、日本等典型福利国家通过财政补贴或长期护理保险等公共政策的直接支持与间接引导，增强了老年人的消费能力。其养老服务业吸引了大量社会投资，吸纳了大规模的社会就业，直接为经济发展贡献力量。

一国或一地区应积极主动发展养老服务业，因其是国民经济的主要增长点之一。满足老年人对养老服务的消费需求，不仅涉及养老设施建设以及适老产品开发、生产和销售，有助于第二产业的发展，而且关系到质量合格服务的大规模有效提供，有益于第三产业规模的扩大。几十年来，不少欧洲典型福利国家的治理逻辑从传统社会保障模式逐渐转化为发展、竞争、创新社会保障模式。在后者的逻辑中，社会保障被视为促进国民经济增长的方式，最终目标是经济增长、创新和国际竞争力的提高。在政策实践中，面对全球老龄化，德国、美国、日本等典型福利国家通过财政补贴或长期护理保险等公共政策的直接支持与间接引导，增强老年人的消费能力。其养老服务业吸引大量社会投资，吸纳大规模的社会就业，直接为经济发展贡献力量。到2030年，在国内生产总值（GDP）占全球85％的45个国家，长期护理服务业将创造约5亿个就业岗位。[①] 养老服务业是这些国家整个国民经济不可或缺的组成部分。

例如，面对人口老龄化，日本自20世纪70年代开始大力发展老龄产业，不仅提高了老年人的消费能力，扩大了市场需求，而且增强了民间资本投资养老服务的信心，增加了就业机会，推进了"银发经济"的快速发展。特别是1990年以来，日本在无法预期经济增长的前提下，通过筹资渠道和服务供给体制两个方面的努力，来建设老年人长期护理制度，建成了目前覆盖全体国民（所有需要长期护理的人）的普遍型长期护理制度，[②] 为同期人均GDP的稳健增长做出重要贡献。2015年，日本65岁及以上老年人占总人口的比例为27.3％，老年人消费支出占总消费支出的42.3％。近年来，日本养老服务市场规模年均扩大5万亿日元，

[①] 郭林：《中国社会养老服务资源优化配置》，社会科学文献出版社2020年版，第48页。

[②] 小岛克久、王茜铃：《日本经济发展与社会保障：以长期护理制度为中心》，《社会保障评论》2019年第1期。

年均增加就业岗位约 30 万个。到 2025 年，日本养老产业将拥有约 7000 亿美元的市场。①

完善的养老服务体系是开放经济的必要支撑。在北欧这种相对较小的经济体中，普遍主义型养老保障很发达，这被认为是开放经济的特点之一。瑞典、丹麦等小规模经济体受制于狭小的国内市场，为了实现规模经济，必须走出口型的开放经济道路。同时，为了适应尖端技术层出不穷的世界市场并赢得竞争进而占有一席之地，这些国家必须时刻保持产业结构调整。② 在这一过程中，为了给予国民稳定安全预期从而激发社会创新活力，它们建立了强有力的养老服务保障体系。

社会服务对我国经济的发展同样具有一定的调节功能。《"十三五"推进基本公共服务均等化规划》明确提出，充分发挥市场机制作用，支持各类主体平等参与并提供服务，形成扩大供给合力。随着国家越来越重视社会服务建设，不断扩大覆盖范围，增加内容供给，在这一过程中，市场机制将发挥越来越重要的作用，政府也有责任、有义务为市场机制的完善提供有利的宏观环境。市场经济中市场机制的良性运行需要行政、财政、税收、法律等一系列制度的支撑，以弥补市场自身的缺陷。社会服务供给中，市场机制的良性发展也需要优化社会服务供给整体系统的顶层设计，包括合法性制度、激励性制度、约束性制度。第一，不同的需求群体自下而上的需求表达和自上而下的统筹安排会要求精准对接社会服务需求，此时社会服务的供求沟通平台就显得格外重要。该平台的建设可以减少社会服务的供需错配，提高社会服务生产递送的效率，促进整体社会服务市场的高效发展。第二，社会服务在供给中更加关注服务的覆盖面和公平公正，但是也应注重一定的效率。社会服务的市场机制可以通过精细准确的价格机制来量化社会服务中的政府责任和个体责任，将服务"有"和"无"转化为价格"高"和"低"，不但可以有效扩大社会服务的覆盖范围，还能减少不必要的重复建设和投资，有利于形成社会服务供给的合力，促进社会融合。第三，市场经济中的竞争机制

---

① 杨振轩、胡立君：《日本养老产业发展中的政府职能与启示》，《学术界》2018 年第 1 期。

② 金渊明：《韩国社会福利国家的未来：自由主义＋南欧福利体制？》，《社会保障评论》2017 年第 2 期。

可以清晰合理地划分社会服务供给中的责权关系,这种特殊的供给模式会约束社会服务的提供方、购买方和需求方,从而改变政府行政机制对社会服务市场的控制程度,最大限度地实现社会服务市场供给模式创新。第四,为实现社会服务市场的良性运转,应建立一套科学的社会服务评估体系,通过不同监督主体的协同监督,形成监督合力,共建社会服务行业动态进出机制,有助于社会服务市场的规范化发展,从而保障社会服务的可持续运行。

2. 促进人力资源合理配置

从社会服务发展的动力来看,需要确立社会投资理念,着眼于人力资本这一能力建设的核心要素,开发和提高个人的能力和素质。[①] 社会服务市场机制的深层次发展需要复合型人才。政府购买服务需要把握购买对象的真实水平,社会组织则需要具有社会创新精神的社会企业家,企业也需要具有敏锐眼光的投资者。以上不同责任主体的耦合发展目前已初具成效。截至2020年底,全国民政部门登记和管理的机构和设施共计229.3万个,职工总数1644.8万人,固定资产原价7278.0亿元;各类民政服务机构和设施拥有床位848.2万张,每千人口民政服务床位数6.0张;民政服务设施建设项目规模2519.1万平方米,全年实际完成投资总额190.9亿元;全国民政事业费支出4808.2亿元,占国家财政支出的2.0%,其中,中央财政向各地转移支付的民政事业费1704.2亿元,占全年民政事业费支出的35.4%。民政支出表明,目前积极的财政政策在经济新常态背景下,经济增长从高速转向中高速开始追求高质量发展,我国经济结构深度调整,通过明确社会服务供给中市场机制的积极地位,民生持续改善也会为经济发展创造更多有效需求,为推进供给侧结构性改革提供强大内生动力。

社会服务促进了人力资本和经济效率的提升,医疗服务体系建设、养老服务体系建设直接促进了经济增长。社会服务业可作为一国或一地区第三产业的重要组成部分,吸引社会投资,吸纳社会就业,并直接为经济发展贡献力量。例如,面对人口老龄化,自20世纪70年代开始,

---

① 林闽钢、梁誉:《社会服务国家:何以可能与何以可为》,《公共行政评论》2016年第5期。

日本大力发展老龄产业，并在2000年实施长期护理保险制度来增强社会资本投资养老服务的信心与提高老年人的消费能力，扩大了市场需求，增加了就业机会，推进了"银发经济"的快速发展，这对缓解日本经济增长压力贡献了力量。

社会服务的经济功能的实现有赖于多方协同供给。良好的理念可以明确社会服务供给中市场机制的积极地位，市场机制聚焦于效率，能够与行政机制、社会志愿机制相互补充、相互促进。积极的财政政策在经济新常态背景下，可以为民生持续改善创造更多有效需求，为推进供给侧结构性改革提供强大内生动力。充足的人才是社会服务得以实现的人力资源保障。社会服务市场机制的深层次应用需要多种多样的人才。社会服务供给中市场机制的应用应当充分挖掘可能的人才创新模式，让更多社会服务供应者愿意也有机会进入市场，购买者和服务对象也因此获得更多选择空间。其中，专业社会工作者进入社会服务领域是关键，通过社会服务评估等工作，提高社会服务的针对性和有效性。社会服务的有效需求可以促进社会工作队伍的建设，同时为社会工作提供更多的适配岗位，提高社会服务领域的就业率。

三、社会服务的社会功能

1. 社会服务的社会功能的内涵

社会服务的社会功能体现在促进经济增长与社会服务体系建设相互协调中实现社会公平正义。社会服务不同于社会救助服务的简单现金给付，而是以劳动形式为主的服务给付型社会服务，具有明显的福利性特征；社会服务属于公共服务的一部分，具有显著的公共性特征；社会服务的对象覆盖是一个由特殊群体向全体公民发展的过程，服务理念是从基本生存型向权利保障型递进的过程，具有清晰的层次性特征；在世界范围内，无论社会服务的供给主体是政府还是社会组织，大多数社会服务均是无偿或低偿提供给目标群体，以维护社会公平正义，实现社会稳定为目标，具有显著的公益性特征。

2. 社会服务的社会功能的发挥

中国社会保障制度是在发展水平很低、经济增速很高、经济体制与经济社会结构迅速变革中进行改革和建设的。以经济建设为中心是中国改革开放后的指导思想，只有经济快速增长才能快速摆脱贫困。社会保障建设早期的定位是为经济建设服务，作为国企改革和社会主义市场经济体制改革的配套政策，这是中国社会保障制度改革发展的逻辑起点。在这个阶段，政府担心过快的社会保障支出会造成巨大负担、拖累经济增长，因此确立了保基本的社会保障发展思路。20世纪末，我国人民生活水平总体进入小康阶段。但是，这个时期的收入差距扩大、教育卫生养老等基本公共服务短缺问题日益凸显。因此，促进社会公正成为这一时期快速发展社会保障和社会服务体系的重要任务。1998年至2018年，国家对社会保障和教育卫生服务的投入迅速增长，促进了社会保障和社会服务体系的发展，用20年时间在人口最多的发展中国家建成了覆盖范围最广的社会保障网和公共服务体系。① 这个体系不仅有效发挥了维护社会稳定的功能，而且助力社会体制改革，为社会健康持续发展做出了重大贡献。

从政策对象的角度而言，新时代人们对美好生活的向往越来越迫切，社会群体的需求逐渐个性化和复杂化，对社会公平与正义的期待也愈加强烈。人们不仅要有基本的物质生活，还希望受到公平对待，拥有施展才华和实现自我价值的机会。而贫富两极分化、资源过度集中、社会阶层固化、社会矛盾多发等现象显然不符合广大人民的意愿，更会对社会困难群体和弱势群体造成伤害。国家制定社会政策，就是为了调节资源分配，化解社会矛盾，解决社会问题，更好地回应社会成员的需要。因此，社会服务及其载体社会服务机构的发展，对于贯彻落实国家的社会福利政策具有重大现实意义。

以残疾人社会服务为例，我国早期残疾人保障是一种消极的基本维持性保障，以物质救助为主。而物质救助又主要以现金给付等为主，缺少有针对性的社会服务介入，离积极的发展性保障有很大的差距。自《残疾人保障法》颁布以来，依托低保制度和残疾人制度两项补贴制度，当前我国残疾人的物质保障能力得到了很大的提升。但是目前残疾人最缺乏的不是钱等物质因素，而是一系列服务，包括衣食住行等基本生活

---

① 王延中：《改革开放40年与社会保障中国模式》，《当代中国史研究》2019年第1期。

服务、文化娱乐服务与精神慰藉服务以及完善的康养服务等积极性服务的介入。就功能而言，国际劳工组织《21世纪社会保障展望》报告指出，社会服务具有四种社会功能：社会服务能够防止造成损失和伤残；社会服务能够保护那些安全和幸福受到威胁的人；社会服务能够使那些已经不能过正常社会生活的人恢复生活能力；社会服务可以帮助某些人和社区发挥其潜力。报告中尤其强调，给残疾人及其家庭以帮助使残疾人不仅能在自己的家里继续生活，而且能走出家门参加社会生活。社会服务是公共服务的重要内容，也是服务型政府的重要体现。国务院2017年发布的《"十三五"推进基本公共服务均等化规划》明确将基本社会服务列为八大类，明确要求国家建立完善基本社会服务制度。残疾人是平等公民权利的参与者，是国家基本公共服务的享有者，构建国家基本社会服务制度必然要求大力发展残疾人社会服务，实现社会应有的公平公正。

新时代，人民群众对美好生活的需要，必然要求发展社会服务，不断提升基本社会服务供给水平，这也是经济增长之后公众对社会服务需求增长的普遍定律。从我国社会服务的实践历程看，社会服务主要是针对社会成员所发生的特定困难而提供的体现公平与公正的帮助、扶助或支持服务。社会服务具有行动指向的特定性和具体性等特点。社会服务的发展水平是衡量社会公平程度的重要标志。随着我国经济社会的快速发展和综合国力的持续提高，社会服务已经从早期保障基本生存，单纯作为经济建设的配套措施，朝着资金保障与服务保障相结合的适度普惠型方向迈进，转向全方位参与经济社会发展、创新社会建设和社会管理，对促进社会公平正义，完善国家社会保障体系，推动政府职能转变做出了积极贡献。

四、社会服务的道德功能

1. 社会服务的道德功能的内涵

社会服务的道德功能表现为合理划分责任、提升社会道德。社会服务作为公共服务的延伸，是公共服务的重要组成部分，但其更强调服务对象的特殊性和服务性质的非营利性。社会服务同样与社会政策紧密相关，是在道德的制高点进行支持，通过人道主义的制度优势进一步对弱势群体和贫困人员进行物质支持和生活服务保障。社会服务通常以社会福利政策作为前提，是对社会政策的具象化和实体化延伸，也是实现社会政策目标的过程中的终端环节，通过进一步营造公平正义的社会环境，进一步激发民众的高尚的道德需求。因此，社会政策目标的达成要依赖社会福利资源的传递，同时也是一系列社会服务活动的开展过程。可见，社会服务是一个特殊的行业，强调道德精神和价值引领。完善的社会服务能够为公民道德建设提供正确的价值导向，促进良好道德的形成，所以应当以完善、规范的社会服务体系推进公民道德建设。

2. 社会服务的道德功能的实现

政府应发挥作为社会服务责任主体的道德引领作用。从社会服务发展演进的阶段性特征来看，随着政府社会责任的提出，政府从公权力行使主体转变为基本公共服务的责任主体，社会服务成为政府的基本职能之一，即向服务对象提供必要的照顾服务支持，是政府必须履行的政治义务和责任。从某种程度上讲，社会服务的质量可以直接体现政府的执政水平和治理能力。在后工业化时代，人们正在经历着信息社会，同时即将迎来智能社会。社会结构和社会生活方式的转变意味着新的社会风险的出现，后工业化进程的显著特点之一就是社会的复杂性和不确定性因素增长，人们面临的风险越来越多，越来越复杂化。为了适应此种社会结构的变迁，原有的"服务型政府"要被赋予新的内涵，政府需要发挥道德的领导力作用。[①] 政府不只是单纯地提供服务，而是要向社会传递出一种信任、合作与互惠的价值，引领社会资本的建设，明确社会服务供给中政府的积极主体地位。

完善的社会服务具有激励和约束机制，能够化解个人和社会之间的利益不协调问题。首先，在实践层面，社会服务的参与者作为服务市场的参与者具有机会主义倾向，要想实现社会服务的良性发展，仅仅依靠参与者的道德自律是远远不够的。所以，实现社会服务体系的完善，应将参与者个人的市场行为动机前置于约束和激励体制下，将参与者的个

[①] 王勇：《后工业化不确定性治理向度的服务型政府若干思考》，《天府新论》2012年第5期。

人利益诉求转化为对社会服务运行效率的追求。积极推进社会服务信息化平台建设，构建公开透明、高效运行的社会服务体系，依靠信息科技减少信息不对称带来的道德风险。其次，构建社会服务监管体系，加强对社会服务的有效监管，确保社会服务资金的安全使用。社会服务资金的使用往往涉及多个环节。资金使用中很容易产生道德风险，所以应加强社会服务资金监管，将社会服务资金的管理、使用置于有效监督之下，解决好社会服务资金的合理使用问题，更好地提高社会服务资金的使用效率。

社会服务机构承载着一定的道德责任。在社会服务建设中，还应吸取西方国家"福利病"的经验教训，摒弃政府对社会服务大包大揽的做法，支持社会服务机构的发展，政府以自身的优势弥补社会服务机构的短板。社会服务机构本身就是一种价值驱动的服务组织，以服务为宗旨，因而承载着更多的道德责任。社会服务机构必须以利他主义价值观为统领，以科学知识为基础提高专业化水平；同时要增强文化敏感性，向政府呈现社会群体的真实需要和解决问题的合理化方案，而非刻意逢迎对方的特殊意图，从而提高本土化服务水平。还应当将社会服务和自我积极发展结合起来，明确社会服务的内容、范围和对象，将弱势群体作为社会服务的重点关注方向，同时引导有劳动能力的社会成员自食其力，鼓励有能力者对弱势群体进行人道主义帮扶。[1] 加强社会服务行业内部的团结与协作。从社会服务机构的性质和宗旨出发，以更好地增进社会成员福祉为终极目标，避免狭隘的本位主义，从而凝聚起行业发展的不同力量。并且，社会服务行业需要加强互助合作，实现良性竞争，避免垄断产生的过度逐利行为，防止社会服务机构的内卷化。当社会服务行业形成共同责任体意识，通过制定出合理规范的规章制度，营造出亲密团结的行业文化时，将助推社会服务实践在社会道德建设中发挥更大效能。

---

[1] 成志刚、江俊巍：《社会保障的历史演进、道德意蕴及价值取向》，《湘潭大学学报（哲学社会科学版）》2015年第6期。

第三节　社会服务的合理水平

一、社会服务的预防水平

1. 社会服务的预防水平的内涵

在社会服务发展领域，目前政府过于注重社会服务的事后治理服务水平改进，对事前预防和控制重视不足。现阶段，社会服务主要是实现社会福利功能的一种传递机制，基本上属于事后补偿行为。新时期，社会治理转型的一个重要目标是通过强化预防性思路防范化解社会风险，尤其是在改进社会服务等诸多方面取得了显著的成效。社会服务体系也是化解社会风险的一种制度安排，我们要把化解风险的过程进行前置，由事后化解风险向事前防范风险推进，由被动服务走向主动服务。

2. 社会服务的预防水平的提升

现阶段在充分发挥社会服务稳定社会功能的基础上，转变社会服务发展思路是提升社会服务水平的重要思路之一。所以，应当采取以预防为先导的多层级的服务手段，主要包括以下方面。

（1）建立完整的社会服务预防体系。随着工业化、城市化进程加快，不同生活环境下的不同社会群体，特别是那些生活困难群体，包括儿童、老人、残疾人等特殊群体的生存与发展是我国社会服务体系中的重要内容。目前的事后处置在一定程度上影响了该群体的治理效果，亟须改变社会服务的发展思路。社会预防是指社会主导的防范和化解社会风险的各类措施，应通过强化预防性发展思路，提高预防性工作的发展力度，完善社会服务的涵盖范围，有效弥补单纯治理工作带来的缺陷。

（2）重新审视社会服务流程内容。可以将社会服务的预防功能和其他功能进行整合，实现消极服务和积极服务的整合。例如，在健康社会服务中，公共卫生服务体系是防范和化解疾病风险的一个重要保障体系。公共卫生服务体系包括疾病防治和体检治疗，也包括环境卫生和污染治理等。可以通过公共卫生服务体系防范和化解风险，加强预防体系建设，真正做到防患于未然，使健康问题处置前移，实现医疗服务领域疾病预防控制、治疗危机干预和康复保健照护的一体化功能整合。除了要建立健全社会预防体系外，社会服务的客体也要加强预防，增强风险预防意识，包括疾病防控、伤残防控、灾害防控等，个人也要增强预防意识。加强社会预防体系建设和个人预防体系建设，在预防风险的出现，是新时期社会服务发展改革的目标。

二、社会服务的公平程度

1. 社会服务的公平程度的内涵

社会发展的基本宗旨是人人共享、普遍受益。保障和改善民生既要关注最广大人民的根本利益和要求，也要关注和着力改善特定人群的特殊困难，通过弥补民生问题中的短板人群和短板领域，实现保障和改善民生的全民性和公平性。公平正义是社会主义的本质特征，社会服务就是以推进社会公平、实现社会稳定为追求目标，是公平思想和正义理念在社会福利传递与实践层面的具体体现。同时，社会服务也是社会对弱势群体的支持与帮助，是确保个体生存权和发展权得以实现的基本保障。因此，应将公平正义作为社会服务建设的本质要求，将弱势群体作为基本关注对象，充分考虑和保障弱势群体的合法权益。

2. 社会服务的公平程度的提升

改革开放以来，为了配合市场经济体制的建立，我国重点发展了以社会保险为核心内容的社会保障，社会保障体系初步形成了"以社会保险、社会救助、社会福利为基础，以基本养老、基本医疗、最低生活保障制度为重点，以慈善事业、商业保险为补充"的主要框架，其中，"重保险、轻服务"是社会保障体系建设中长期存在的问题。随着国家治理现代化的持续推进，我国在服务型政府的建设过程中将社会服务的发展提升到了新的高度,并且明确社会服务是政府实施社会治理的重要措施之一。政府通过直接向全体国民提供社会服务,不仅可以减轻社会保险现金支付的压力,还能在一定程度上缓解城乡社会保障制度水平差异,缩小不同社会群体收入分配差距,充分发挥社会服务促进社会公平正义的作用,提高社会保障制度的实施效果。

在社会服务的发展过程中,社会整体的公平正义是永恒的追求。国家发展各项事业中体现的本质就是公平正义。社会的基础保障就是全面推动社会公平正义,促进社会的统筹一体发展。在社会治理的基础层面上可以看出,社会的基础保障就是对弱势群体的关注,通过进一步的保障形式去促进社会公平正义。在政策、资金的支持、鼓励下帮助他们,保障他们的生存权和发展权。在发展阶段,针对具体问题,将弱势群体作为重点保障对象,保障他们的核心利益,维护他们的合法权益,这是整个社会的责任,也是政府的应尽义务,凸显了社会主义社会的独特意义。在城乡公平体系建设中,在城乡融合发展进程中,依据不同的结构需求进行差异化调整。城市的社会服务水平在各个方面都高于农村,在不同的经济结构中,因为城市早期具有相对较高的经济优势,城市社会保障制度比农村社会保障制度水平更高、制度更完善。农村则由于经济结构的特性,农业附加值较低造成农村经济发展水平较低、人均收入不高、生活质量参差不齐等特点,进而影响了农村社会保障制度建设以及农村社会服务的发展,在整体效果上影响农村社会治理的效能。在社会服务发展中,依据公平正义原则,在效率的配置上做工作,应充分统筹城乡社会服务,加大对城乡社会服务的资金管控力度,推动城乡社会服务的公平性发展。落实好社会服务机制建设,完善社会服务的基本管理职能。以人民为中心的发展思想是以促进社会公平正义为主要目标,有利于激发社会经济活力,可为社会服务发挥积极治理作用提供有益指导。

三、社会服务的权利程度

1. 社会服务的权利程度的内涵

基本公共服务均等化理论认为,基本公共服务是政府确保社会成员人人都能享有的、与公民基本权利和基本需求相关的社会服务,是公民的基本权利,它体现了发展的社会属性。社会服务体系建设对于保障老年人、残疾人、青少年等群体的生活能力具有重要的指导意义,应将社会服务作为基本公共服务的重要内容,明确社会服务的权利属性。目前,社会服务的发展应坚持公益性,政府通过建立政策支持体系,社会服务作为准公共物品向弱势群体提供,解决社会服务的可及性和可得性问题,加大对社会服务设施的投入,建立相应的社会服务机构,支持和促进社会服务体系建设。

2. 社会服务的权利程度的提升

从社会服务权利主体的责权关系来看,福利多元主义理论认为,社会、国家和个人等提供的福利总和即社会总福利,国家是现今最主要但并非唯一的福利生产者,市场也是福利的来源之一。市场、国家和社会作为单独的福利提供者都存在一定的缺陷。国家、社会和个人之间与其说是相互竞争的关系,不如说是相互补充的关系。社会服务体系的建设与发展需要国家、市场和社会三方共同做出努力。① 在为弱势群体提供社会服务中,政府提供社会公共服务以公平为基本原则,针对的是全体弱势群体,应积极发挥政府的主导作用,履行其筹资和规制能力。市场和社会组织提供的社会服务强调个性化,主要提供差异化、专业化的社会服务,应充分发挥市场和社会在社会服务供给上的作用,并通过政府补贴、价格管理和社会化提供等方式来完成。同时还应发挥个人的自助作用,这不仅可以为民众提供充分的社会服务,还可以避免过分的社会福利服务所带来的弊端,有利于个人责任心和进取心的提升。

从社会服务权利客体的整合来看,需要我们以社会福利权利为价值出发点,整合社会服务客体。社会福利权利实现的具体体现就是社会福利对象的普惠化。在社会救助和社会保险实现普惠化后,公民对社会服务的强烈需求也更加凸显出普惠化的发展趋势。长期以来,我国社会福利建设中存在城乡差异、地区差异和体制内外差异,实质上造

---

① 彭华民等:《西方社会福利理论前沿:论国家、社会、体制与政策》,中国社会出版社 2009 年版,第 13—21 页。

成了社会福利分配的不公和权利失衡。因此，对社会服务客体的整合，应从纵向生命周期整合和横向全体公民整合两个方向努力。纵向生命周期整合是将贯穿个人整个生命周期的儿童服务、就业服务、家庭服务、养老服务进行整合性规划以保障社会服务的连续性和科学性。横向全体公民整合是将弱势群体和普通群体进行整合，实现公民权利的同质性，让社会服务能够惠及全体公民，体现公民权利的共生共享共建发展。

从社会服务权利的发展理念来看，需要以"社会投资国家"为理念，整合社会服务权利程度。"社会投资国家"理论提出社会福利应由消费型向投资型转向，由消极型向积极型转向，由排斥型向包容型转向，具体到社会服务领域就是对社会服务功能的整合。从服务的目标来看，可以将社会服务的具体消费功能、生产功能和赋权功能进行整合，例如在社会救助服务领域，应摒弃以往重救济轻赋权的救助理念，实行救济服务和向救助对象赋权的责权一体化整合。从服务客体来看，可以考虑将社会服务的社会保护功能和社会赋权功能进行整合，从而实现基础服务和优势服务的整合，例如实现家庭服务领域弱势群体和优势群体的生活兜底服务和能力提升服务的包容性功能整合。①

从社会服务权利的监督和评估来看，需要以目标为导向，对社会服务的供给和管理进行监督和评估。在服务监管方面，规范政府购买服务选择程序和资金监管办法，加强资金使用监管，通过社会组织和服务对象对服务项目运行和服务质量进行监督。在服务评估方面，对政府部门和社会组织的服务提供情况进行定期评估。由社会组织、第三方机构以及服务对象对政府部门进行评估，由政府部门、第三方机构和服务对象对社会组织进行评估。②

---

① 王磊、王青芸：《社会治理视域下的整合社会服务：逻辑、趋势与路径》，《社会建设》2020年第4期。
② 林闽钢：《走向社会服务国家：全球视野与中国改革》，中国社会科学出版社2020年版，第292页。

🔺 思考题

1. 简述社会服务的基本目标。
2. 社会服务有哪些基本功能?
3. 为什么说社会服务需要合理水平?
4. 简述社会服务不同发展时期的目标与功能的选择。
5. 在社会服务实践中如何实现公平合理?

第五章
社会服务的发展变化

西方社会服务随着社会保障制度的发展及社会保障制度内涵的不断延伸而逐步发展起来，在社会保障制度发展与福利国家兴起时代，西方国家逐步建立以医疗保健服务、养老服务、就业服务及儿童和教育服务为主要内容的社会服务体系。在福利国家改革过程中，社会服务领域的私营化、地方化与综合化改革成为福利国家改革的重要内容，而就业服务领域的改革受到特别关注。改革开放以来，中国社会服务伴随着社会保障制度的发展并作为社会保障制度完善的重要内容逐步发展起来，尤其是在养老服务、健康服务与就业服务等领域，中国特色社会服务体系正在逐步建立。

第一节　西方社会服务的发展

一、西方社会服务的出现

1. 社会服务的属性

社会服务是现代社会生活的重要基础，也是社会现代化的重要表现。社会服务与人类社会相伴发展。自从有了人类，实际上已经有了社会服务，无论是在中国古代社会生活中还是在西方古代社会生活中，社会服务都是社会生活的重要组成部分和重要手段，只不过古代社会服务的主体更多的是个体或者家庭成员，当个体或者家庭成员无法提供服务或者所提供的服务无法满足服务对象的需求时，才会寻求其他社会成员、社会组织等力量的帮助。

现代社会服务是伴随着现代社会保障制度而出现的，社会保障制度的主要目的是为由于各种原因而导致没有收入或者收入中断，从而难以维持生计者提供基本生活保障。社会保障制度所提供的主要帮助包括货币等形式的物质帮助。而对于部分社会成员甚至全体社会成员来说，仅有物质帮助还是不够的，还要有必要的社会服务，才能使社会保障制度所提供的物质帮助真正满足服务对象的需求。

简单地说，社会保障制度体系是一个系统，它不仅包含社会保障制度，而且包含社会服务。社会保障制度是社会保障制度体系的基础，而社会服务是社会保障制度的延伸和扩展。社会保障制度的目标在于保障公民的基本生活，基本社会服务的目标则是促进和提升公民的发展和福祉。社会保障制度从功能上说，主要是达成需求者需要的资源和条件，如现金、设施与人力资源。社会服务体系从功能上说，主要是将相关资源传递给需求者进而达成其需求满足的过程，亦即利用相关社会资源实现需求者满足的途径，主要包括服务的提供者即谁服务，服务的内容即服务谁和服务什么，服务的方式即怎么服务，以及服务的效果即是否合理满足需求者的需要。社会保障制度与社会服务的基本关系表现为，社会保障制度是社会服务的基础和前提条件，社会服务是社会保障制度目标和预期的实现途径，社会保障制度加社会服务亦即资源加传递过程，才有助于服务对象需求的合理满足。

2. 英国医疗服务的出现

济贫法是近代西方社会保障制度的核心内容。济贫院是近代西方国家尤其是19世纪中期以后英国等典型福利国家提供政府救济的主要场所，因此，济贫院所提供的社会服务成为西方现代社会服务的重要开端。英国19世纪中期的济贫院往往是一个独立的世界，四周的高墙将贫民与外面的世界分隔开来，并有一批领薪的工作人员来管理。除了院长和女看守以外，小型济贫院中还会有1名神父、1名医疗人员、1名教师、1名护士和1名门房。在一些较大的城镇联合济贫教区的济贫院中，院长往往会有1名助手或者助理院长。院长是济贫院的总管，女看守主要负责管理女性贫民并督查济贫院内务工作，院长负责制定济贫院的相关规定，确定济贫院的经济状况。济贫院中的医疗人员多为短期聘用人员，负责向院内贫民提供必要但极为有限的医疗服务。济贫院中的神父除了早晚祈祷外，还要提供周日的宗教服务，每天问询院中的孩子一次，并安抚病人，处理葬礼。护士负责提供日常服务而非现代意义上的医疗服务，基本上就是济贫院中的苦工，并与其所服务的病人吃住在一起。教师接受院长指派和控制，不仅要教孩子一些知识，还兼做儿童保育员。

19世纪中期，英国济贫院提供的基本社会服务主要是医疗服务。早在18世纪，英国就已经出现了慈善医院，对有需要者提供必要的医疗服务。慈善医院大体上分为综合性医院和专科性医院。1770年，伦敦建立的综合性医院成为公共医院的开端。18世纪末，许多城市开始建立公共医院，这些公共医院在一定意义上变成了慈善医院的非住院病人部，许多地方的济贫法当局也对公共医院提供一定的支持，并利用公共医院处理济贫院内贫民的医疗问题。19世纪初，只有贫民可以得到国家医疗服务，英国正是从济贫法制度中开始衍生出一种基本医疗与健康服务。慈善医院提供急需的医疗服务，只有慈善医院无法应对日益增长的人口对医疗的需求时，济贫法制度才不得不为民众提供医疗服务。

19 世纪中期，英国济贫法当局采取措施，开始实施贫民医疗服务。1842 年的法令开始指定精神病患者调查员，对各郡已经建立的精神病院进行调查。到 1844 年，英格兰和威尔士已经指派了 2800 名医疗官员，其职责是处理由济贫官员所提出的患病贫民，济贫监督官向济贫院医疗官员提供按病人计算或者按年计算的报酬，一些济贫监督官也采用向地方诊所付费的办法来利用这些诊所向贫民提供医疗救济，医疗官员还常被指派关照济贫院中的贫民，但是，这些医疗官员如果提供分娩服务则需另外付费。

1862 年的精神病法授权各地的精神病监督员可以将精神病患者从济贫院转到精神病院。19 世纪中期，迫于不断增加的济贫院内外医疗救济支出的压力，许多联合济贫教区开始将济贫院内外的医疗救济分开实施，并分别指派医疗救济官员，负责院外医疗救济者称为街区医疗救济官，负责院内医疗救济者称为济贫院医务官。从 19 世纪 50 年代开始，许多联合济贫教区开始建立公共医院，这些医院逐渐用于一般民众而非仅为贫民提供医疗救济。1860 年，"国立医院"一词开始广泛用于指称济贫医院，并很快发展起来。1861 年，英格兰和威尔士共有 6.5 万张医院病床，其中约 5 万张是由济贫医院提供的，其余是由慈善医院提供的。

1867 年，英国议会颁布首都济贫法，该法把伦敦的各联合济贫教区合并为一个救济区，并成立首都救济局，该局在整个首都救济区的范围内建立起专科医院、综合医院、热病医院以及隔离医院，并建立起首都急救服务系统。英国济贫法局主席哈迪指出："有一件事情我们必须始终坚持，那就是济贫院中的医疗必须采用一种全然不同的制度。"哈迪的继任者高斯钦甚至提出了"向所有贫民提供免费医药"的建议。1868 年，英国济贫法局开始为济贫医院添置设备，并开始聘用经过训练的护士。

3. 法国社会服务的出现

1879 年，法国工人党出现，其经济、社会和农业纲领中都明确写入社会福利方面的主张和目标。1881 年通过的法国工人党经济纲领规定：① 对成年工人实行八小时工作制，每周休息一天，禁止雇佣 14 岁以下的童工，对14～16岁工人实行六小时工作制，工人协会负责保护和监督徒工；② 由工人统计委员会根据当地食品价格每年规定最低工资标准，禁止雇主以低于法国工人的工资雇佣外国工人；③ 实行男女同工同酬；④ 对全体儿童进行科学和职业教育，由政府和市镇负担费用；⑤ 由社会负担老人和残疾人的生活费用；⑥ 禁止雇主干预工人互助金和保险金的管理，这些基金完全由工人自行管理；⑦ 雇主应该对工伤事故负责，雇主应根据所雇佣工人数量和该行业危险程度向工人基金缴纳保证金；⑧ 工人参与工厂规章的制定，取消雇主对工人任意罚款和擅自处理工人的权利。

1891年通过的法国工人党市政建设纲领，进一步提出有关社会福利方面的要求：① 建立学校食堂，提供免费或者廉价学校餐，每年冬季和夏季学生入学时分发鞋子和服装；② 在市政工程招标细则中增加规定实行八小时工作制和市议会与工会协商规定最低工资额条款，并建立专门的检查机构监督上述规定的实施；③ 委托工会和同业公会团体管理劳工介绍所，取消私人职业介绍者的许可证；④ 维修整治公认为有害健康的房子，费用由房东承担；⑤ 建立妇产医院、养老院和残疾工人收容所，为无固定住所的求职者提供食宿；⑥ 建立免费医疗机构和按成本收费的药房，修建免费公共浴室和洗衣房，建立市镇承担费用的疗养院等。

4. 西方就业服务的兴起

19世纪末20世纪初，随着失业问题的日益严重，英国等国开始实施失业保险制度，为失业保险制度参加者提供失业保险津贴，同时建立劳工介绍所，为失业者提供就业服务。劳工介绍所在19世纪80年代的英国已经出现。1902年，英国议会通过一项伦敦劳工局法令，建立由税收作财政基础的劳工局。1905年，伦敦已有10个市区性劳工局。1906年，关于贫困的中心委员会接管各劳工局和伦敦失业基金会，并拨款10725英镑在各区建立劳工介绍所。到1907年，伦敦已有21个劳工介绍所，每月有10000名申请人在此登记。

劳工介绍所法于1909年10月20日被英国议会批准。该法的主要内容是：贸易部可以在它认为适当的地方建立劳工介绍所，也可以对那些由任何其他机构及个人维持的劳工介绍所提供帮助，贸易部在执行这些权力时可以与其他任何拥有权力的机构和个人协作。贸易部也可以利用其认为合适的方式收集有关劳动力供需的信息，还可以通过与现在正在维持某一劳工介绍所的机构与个人协商接收该劳工介绍所，这些机构与个人有权将其移交给贸易部。

贸易部可以就劳工介绍所的管理做出总体规定，并在财政部批准的情况下向已由劳工介绍所为其找到工作、申请人不得不前往者提供经费。任何人如果由于贸易纠纷影响其行业的存在而拒绝接受劳工介绍所所提供的工作，或者由于劳工介绍所所提供的工作的工资低于该行业正常就业者现行工资而予以拒绝，都不能被取消资格或遭受歧视与偏见。任何人如果故意对依法建立的劳工介绍所的官员或为劳工介绍所工作的任何人弄虚作假，以便得到工作，将被处以不超过10英镑的罚金。法令颁布后，各地开始建立劳工介绍所。1910年2月，已建立并开放61个，1911年2月已达175个，到1914年2月增加到423个。在劳工介绍所登记的申请人1910年9月为140万人，1914年全年达200万人。

早在1902年，瑞典就建立了第一批劳工介绍办公室，这些劳工介绍机构主要由地方自治机构举办。第一次世界大战后，随着瑞典失业问题的不断加剧，特别是劳工介绍机构在保持劳动力市场合理运行中的作用越来越明显，瑞典政府开始对劳工介绍机构提供资助，并对公共和私人劳工介绍机构的活动进行规范，各郡政府也逐步取代自治机构来管理劳工介绍机构。

二、西方社会服务的发展

20世纪上半期，西方国家社会保障制度快速发展，社会保障制度内容范围越来越广，除了社会保险制度和社会救助制度外，还有种类繁多的社会福利制度及社会保障服务。于是，西方国家社会保障制度内容体系逐步完善起来。其主要内容包括先后成为不同时期的重点的三个主要方面：一是针对全体有收入者实施的社会保险制度，这是社会保障制度的核心内容，主要体现社会保障权利与义务的协调关系；二是针对没有收入或低收入者的社会救助制度，这是社会保障制度的基本内容，主要体现政府对社会特殊群体的责任；三是针对全体公民的公共福利制度和社会保障服务，这是社会保障制度的补充内容，主要体现公民基本生活和发展权利。正是由于社会福利与社会服务的充分发展，部分西方国家才宣布建成了福利国家。换句话说，福利国家不仅仅需要有完善的社会保险制度与社会救助制度，更需要有充分的社会福利制度与完善的社会服务体系。

1. 英国国民保健服务的发展

两次世界大战之间，英国社会要求建立有效的国民保健制度的呼声不断高涨。1918年，工党宣布："建立一种针对全体民众的统一的国民保健制度已经是一件刻不容缓的重要事情，必须尽快建立起健康部以负责公共健康服务工作，公共健康法的实施范围也应该扩大。"1918年的产妇与儿童福利法对促进英国母婴医疗保健的发展产生了重要影响。法令规定，地方政府有权为产妇提供牛奶与营养品，并有权向产妇提供家庭服务及产妇用品，还有权建立产妇与婴儿福利中心和产前诊所。根据这一法令以及以后的一些法令，英国建立起了全国性的母婴保健体系。到1938年，英格兰和威尔士已经建立起1795个产前诊所，为产妇进行定期体检与咨询。1936年，英格兰和威尔士的母婴福利中心已经达到3368个，有60％以上的婴儿接受此类中心提供的保健服务。医院分娩也开始为社会所接受，一些地区在医院分娩的产妇达到产妇的一半以上。例如，1936年，伦敦的斯提普尼区，在医院分娩的产妇比例已经达到65％。

1940年8月，英国各种医疗团体联合建立一个委员会，为战后英国健康服务改革提出计划。1941年，健康部已经认为，必须为整个社会建立起一种综合性国民保健制度；1942年5月，医生委员会提出一项国民保健服务计划，其中包括建立健康服务中心以及在地区管理的基础上合并医院等重要主张。与此同时，社会主义者医疗协会以及纳菲尔德基金会重建联合会等不仅主张在战后建立综合性健康服务，而且主张实施免费的国民保健服务。1942年12月，《贝弗里奇报告》发布，大大推动英国政府在国民保健制度改革方面的进程。1944年2月，英国政府发布了《国民保健制度白皮书》，该白皮书主张建立一种覆盖每一个医疗部门及相关活动的综合性国民保健制度,对健康服务实行免费原则,其费用完全由税收承担。该白皮书同时对医疗服务划分的合理化、如何向全体国民提供充分的健康服务提出要求,并主张应该对疾病予以及早治疗。该白皮书认为,慈善医院应该保持其独立性,应该鼓励慈善医院在其地域范围内与公共医院保持合作,并为国民健康服务制度发挥一定的作用。

1946年5月,《国民保健法》提交英国议会讨论,并很快获得通过。《国民保健法》规定,应该建立一种普遍的国民保健制度以促进英国民众的身心健康,加强对疾病的防治。除了该法所规定的一些收费项目外,其他各项健康服务项目都是免费的。英国国民保健制度由三个部分组成,即医院与特殊服务、由地方健康当局提供的服务以及由开业医生提供的一般性医疗与牙科服务。

关于医院提供的健康服务,法令规定,取消英国各种医院之间的等级及类型之分,为了促进各种医院以及各种健康服务项目之间的协作,所有医院实行国有化,并直接转归健康部管理。经过健康大臣签署批准作为教学医院的慈善医院的基金仍然由这些医院的理事会掌握。为了对医院和特殊服务加强管理,法令规定成立地区医院委员会,分别管理其所在区的医院。英格兰和威尔士划分为14个区,苏格兰划分为5个区。在每一个区中,选择一个或一个以上的医院作为教学医院,每所医院附属于一所大学。法令开始实施时,共有此类教学医院36所。地区医院委员会在经过健康大臣批准后,指定管理医院日常工作的医院管理委员会。当时,共有376个此类医院管理委员会建立起来。

关于一般医疗服务及牙科服务,法令规定,实施全民性免费医疗保健服务,每一个地方健康当局建立一个执行委员会,执行委员会负责一般性医疗和医药服务、一般性牙科服务以及补充眼科服务。每一个执行委员会由1名经健康大臣指定的主席和24名其他成员组成,其中的4名成员由健康大臣指定,其他成员从相关利益团体中产生。开业医生可以与执行委员会签约,并由与之签约的执行委员会为其支付工资,开业医生被允许为病人开具处方以及一些医疗器具。执行委员会有责任为民众提供牙科服务,与执行委员会签约的牙科医生可以提供较为广泛的医疗服务。执行委员会必须为其所在地区的民众提供眼科保健服务。

关于由地方健康当局提供的健康服务，法令规定，相关的地方政府是指郡政府和市镇政府，在国民健康服务法下，这些政府机构被称为地方健康当局。地方健康当局的主要职责是建立健康中心，提供母婴关怀、接生、健康访问、家庭护理、接种牛痘以及救护运输服务。地方健康当局不能雇佣开业医生及牙医提供一般性医疗保健服务，母婴关怀包括提供产前与产后婴儿福利诊所、孕妇牙科保健及母婴护理服务。

2. 美国社会服务体系的建立

1935年《社会保障法》在美国建立起联邦养老保险、失业保险制度的同时，也开始在美国建立起社会服务体系。该法第五章授权各州实施妇女和儿童福利，其中包括第一部分妇女和儿童健康服务、第二部分残疾儿童服务、第三部分儿童福利与服务、第四部分职业康复，第六章为公共健康服务计划，这两章内容构成美国社会服务体系的基本法律框架。

关于妇幼保健服务。《社会保障法》规定，各州的妇幼保健设施计划必须包括下列条款：① 由州政府负责提供部分资金；② 由州政府健康服务机构对这一计划直接进行管理或由该机构对计划的管理进行监督；③ 管理方法（涉及选举权、机构保有权及个人补偿权的除外）的确定能满足计划运行的需要；④ 州机构应提交详尽报告，以使劳动部部长能确信该州按照法律规定实施妇女儿童健康服务计划；⑤ 扩大和改善由地方儿童健康机构管理的地方性妇女儿童健康服务工作；⑥ 同医疗、看护及福利组织合作；⑦ 提供在贫穷地区进行特别服务的样板。儿童局应对满足上述七项条款的妇女儿童健康计划予以批准，并通知劳动大臣与该州健康服务机构。劳动部部长应预先在每一个季度到来之前，对各州妇女儿童健康服务预算报告进行评估，各州提交报告的内容包括对本州这一季度内实施妇女儿童健康服务计划所需资金的预算，以及州政府和所属机构可为实施妇女儿童健康服务计划提供资金的预算。州妇女儿童健康服务计划经儿童局批准并实施之后，如果劳动部部长在对该州该计划的管理机构或监督机构进行听证之后，发现该州在该计划的管理运行中出现大量不符合本法规定的案例，劳动部部长应通知州有关机构改变这类做法，直到劳动部部长认为满意之后，才能对财政部做出该州实行妇女儿童健康服务计划方面的进一步担保。①

关于残疾儿童服务,《社会保障法》规定,为使各州最大限度地利用所具备的条件扩大和改善（特别是在农村和严重贫困地区）对残疾儿童的服务,联邦政府对残疾儿童服务提供财政拨款,以达到满足本法本章立法目的的资金需求。依据本法本章拨付的款项只对已经儿童局批准其州残疾儿童服务计划的州支付。州残疾儿童服务计划必须包括下列条款：① 由州政府负责提供部分资金；② 由州政府某一机构对这一计划直接进行管理或由该机构对计划的管理进行监督；③ 管理方法（涉及选举权、机构保有权及个人补偿权的除外）的确定能满足计划运行的需要；④ 州机构应提交详尽报告,以使劳动部部长能确信该州按照法律的规定实施残疾儿童服务计划；⑤ 同医疗、看护、福利组织及依照该州法律对残疾儿童提供康复负有责任的机构合作。儿童局应对满足上述条款的残疾儿童服务计划予以批准,并通知劳动部部长与该州健康服务机构。劳动部部长应预先在每一个季度到来之前,对各州残疾儿童服务预算报告进行评估,各州提交报告的内容包括对本州这一季度内实施儿童服务计划所需资金的预算,以及州政府和所属机构可为实施儿童服务计划提供资金的预算。在州残疾儿童服务计划经儿童局批准并实施之后,如果劳动部部长在对该州该计划管理机构或监督机构进行听证之后,发现该州在计划的管理运行中出现大量不符合本法规定的案例,劳动部部长应通知州有关机构改变这类做法,直到劳动部部长认为满意之后,才能对财政部做出该州实行残疾儿童服务计划方面的进一步担保。②

关于儿童福利与服务,《社会保障法》规定,为使联邦政府通过儿童局与州一级公共福利机构合作,扩大和加强儿童福利与服务工作,特别是在农村地区加强这方面的福利与服务工作,对无家儿童、无依靠儿童、被遗弃儿童、为不良环境所威胁的儿童提供保护和照顾,联邦财政拨款用于儿童福利与服务,各州所分配的资金主要用于处于农村的区、县或其他地方儿童服务机构需要的费用,还可用于对其他在儿童福利方面做

---

① 劳动和社会保障部劳动科学研究所：《外国劳动和社会保障法选》,中国劳动出版社1999年版,第472—474页。

② 劳动和社会保障部劳动科学研究所：《外国劳动和社会保障法选》,中国劳动出版社1999年版,第474—476页。

出良好工作及具有特殊需要的州有关机构或组织提供资金援助。

关于职业康复服务，《社会保障法》规定，为使联邦政府与各州及夏威夷地区合作，扩大和加强残疾人职业康复工作，与《对工业伤害及其他原因残疾人员提供康复并促进就业法》相适应，特提供联邦财政拨款，建立联邦职业康复计划。①

关于公共健康服务，《社会保障法》规定，为对各州、县、区及州政府所属机构建立和维持良好的公共健康服务并向从事这类工作的地方工作人员提供培训，联邦财政拨款建立公共健康服务计划。由财政部部长在每一财政年度开始时，按照批准的公共健康服务办法对州拨付资金。确定对各州付数额的依据为：① 该州人口数据；② 该州有关特殊医疗问题；③ 该州资金需求。在每一财政年度开始之前，公共健康服务机构在经过州及地方健康服务机构会议评议之后，向财政部确信应对各州拨付的资金数额。得到这一确信之后，财政部部长应通过审核后按照确定的资金数额对各州实施拨付。②

1935年《社会保障法》中关于美国社会服务体系的规定，使美国建立起联邦社会服务体系，该社会服务体系是西方国家中较早建立的比较系统的社会服务体系。该社会服务体系与美国联邦社会保险与社会救助制度一起，构成联邦社会保障制度体系的重要内容。因此，1935年《社会保障法》被称为美国社会保障制度发展史上的重要里程碑。

3. 日本社会服务体制的建立

战后日本社会保障制度体系的重要发展之一是社会服务体制的建立，这一体制的建立清晰地呈现为从"福利三法体制"到"福利六法体制"的转变。儿童服务构成战后日本社会服务体制建设的重要内容。1945年9月，日本发布《战争孤儿保护对策要纲》，提倡通过家庭收养、集体收养的方式，尽快解决孤儿的生活和教育问题。1947年，日本颁布《儿童福利法》，18岁以下的青少年、儿童都在此法的保护之

---

① 劳动和社会保障部劳动科学研究所：《外国劳动和社会保障法选》，中国劳动出版社1999年版，第477页。

② 劳动和社会保障部劳动科学研究所：《外国劳动和社会保障法选》，中国劳动出版社1999年版，第478—479页。

列。儿童有权向国家申请享受自己应该拥有的权利。在各级政府部门设置儿童福利行政机构，在各个社区设置儿童问题咨询所，儿童福利机构的官员由儿童问题专家担任。建设儿童福利设施，发行儿童健康手册和母子保健手册。

残疾人服务是日本社会福利服务体制的另一主要内容。1949年，日本通过了《残疾人福利法》，1950年4月开始正式实施。该法强调为残疾人提供职业训练与就业机会，取消对伤残军人的特殊援助，将援助对象扩大到所有残疾者，在社区设置适合残疾人就业和生活的场所，对残疾人的生活和就业提供咨询和援助，各都、道、府、县设置残疾人福利司，强调残疾人事务的专业化管理。

《儿童福利法》和《残疾人福利法》与1950年颁布的《生活保护法》，这三项法令结合在一起构成日本"社会福利三法体制"。为了对社会福利与服务体系实施规范化管理，1951年，日本政府颁布《社会福利事业法》。该法指出：社会福利事业是为了对那些需要援助的人，通过教育、职业训练、福利服务等积极的方式进行援助，使他们能够获得独立生活的能力，社会福利的实施应尊重每一个人的人格和尊严。法令将社会福利事业分为两种：第一种是面向社会弱者的福利设施和福利事业，主要由政府管理，以实现保护人权和生存权的原则；第二种是对一般民众的生活提供服务，主要由民间福利事业团体运作。政府应该积极推行社会福利的专业化管理，推动民间社会福利事业的发展，对民间福利事业团体实施税收优惠政策等。① 《社会福利事业法》确立了社会福利与服务事业的地位，确定了政府和民间福利组织的财政与职能范围，推动了社会福利与服务事业的民主化、规范化和多元化发展。

日本政府在20世纪60年代更加关注社会福利与服务事业的发展。1960年，日本颁布《精神病患者福利法》，该法旨在通过对精神病患者的治疗康复、社会回归等给予必要的援助和保护，进一步提高精神病患者的福利待遇。地方政府必须建立精神病患者医疗康复设施、生活保护设施及劳动工厂设施，并设置专门机构处理精神病患者相关的行政事务，其工作人员必须要具有一定的医务、心理等专业技能。1963年的《老年

---

① 沈洁：《日本社会保障制度的发展》，中国劳动社会保障出版社2004年版，第23—24页。

福利法》规定，老人福利服务对象分为一般需求对象和特殊需求对象。前者指所有65岁及以上的老人，为其提供的服务主要是养老保障和医疗保障。后者指患有残疾或者生活困难的老人，除为其提供基本服务外，还要提供福利收养设施，派遣家庭服务员等。1964年的《母子福利法》规定，援助对象包括所有的母子家庭和儿童，除经济方面的援助外，重点放在为母子家庭创造良好生活环境上，抚养有未满18岁儿童的单亲母子家庭有权接受政府福利援助，主要援助项目有母子家庭基本生活费用、帮助母亲就职、优先提供子女教育费无息借贷及低价公营住房等，各级政府必须保证建设一定规模的母子宿舍、母子生活咨询所等母子福利设施。《精神病患者福利法》、《老年福利法》和《母子福利法》，促进了日本社会服务体制的发展。

4. 瑞典社会服务的发展

瑞典是第二次世界大战后典型的福利国家，其社会服务随着社会保险、社会救助与社会福利制度的发展而逐步发展。就业服务是瑞典社会服务的重要内容之一。1934年，瑞典政府通过法律明确规定，地方政府必须无条件提供劳工介绍方面的服务，与此同时，以营利为目的的私人职业介绍机构将被逐步关闭。第二次世界大战期间，各种公共职业服务机构迅速发展。1947年，瑞典成立国家就业局，负责管理全国职业服务与劳工介绍制度。各郡建立劳动委员会，代表国家就业局具体处理所在地区劳动力市场事务。劳工介绍所一般由总部和几个分部组成，同时，还建立一些特别部门处理特种行业的职业介绍事务。

劳工介绍所与雇主和雇员保持密切联系。定期公布企业缺职，登记求职者，为求职者提供职业信息，这是劳工介绍所的基本职责。此外，劳工介绍所还有责任为谋到职业者前去工作提供旅行和迁移费用，还要为一些将在特种职业就业者提供必需的工作服和工具。国家职业介绍机构还组织一些培训活动，帮助一些人从一种行业转向另一种行业。此外，还为年轻失业者提供特殊的短期教育与职业培训，为残疾人提供培训，以便使他们能够独立从事工作。瑞典失业保险制度建立以后，劳工介绍机构又增加一个重要的职责，即控制和监督失业保险补贴的发放。

儿童服务在瑞典社会服务中占有重要地位。为了保障儿童在家庭中能够得到合理照顾和关怀，瑞典政府授权有关当局进入家庭对孩子的生活和发展状况进行调查，提出改进意见或者建议。如果家长没有改善儿童的相关生活和发展环境，或者这些建议与意见根本没有效果，有关当局可以将孩子从这样的家庭带走，由相关儿童福利机构照管。1943年，儿童福利机构的记录中一共有39300名孩子，其中的35200人是从他们自己的家庭带到儿童福利机构的孩子，他们中的58%生活在新的领养家庭，22%生活在儿童之家，7%生活在儿童与青年福利学校，13%生活在其他相关的儿童福利机构。

第二节　　西方社会服务的改革

20世纪70年代后期，西方国家开始进入社会保障制度改革时期，西方国家采取一系列综合性社会保障制度改革措施，降低一些社会保障项目的津贴标准，减少社会保障项目及降低社会保障支出是当代西方国家社会保障制度改革的基本措施。此类改革措施没有对西方社会保障制度的基本理念和制度模式带来根本性变革，而是在现有社会保障制度基础上进行改革。强调社会保障制度中个人责任的改革措施是当代西方国家社会保障制度改革的主要措施，也是当代西方社会保障制度改革的核心内容；改革失业保险制度与积极就业政策的推行是当代西方国家社会保障制度改革的重要措施；社会保障私营化与地方化政策的推行是当代西方国家社会保障制度改革的激进措施，此类改革集中体现在社会服务领域，地方化、私营化与综合化成为西方社会服务的改革的重要特征。

一、社会服务的地方化改革

1. 瑞典社会服务的地方化

1982年，瑞典政府颁布社会服务法，对社会救济制度做出了新的规定。法令指出，为了体现更多的人道主义，也为了尊重各种社会救济接受者的自尊心和独立意识，采用社会服务法代替社会救济法，社会服务法成为社会救济制度和社会服务制度的基本法律。社会服务法不仅涉及现金补贴，也涉及老年、学前儿童、残疾人关怀以及其他形式的救济和帮助。法令规定，社会救济只向那些生活标准低于一种合理的水平、自己无法以其他方式改善其处境者提供，接受社会救济的主要对象包括：① 低于规定的收入水平的低收入家庭；② 没有参加其他有关失业保障制度，或者其他有关失业保障制度难以满足其需要的失业者；③ 没有参加健康保险制度，或者健康保险制度难以满足其需要的患病者；④ 陷入企业纠纷难以得到正常收入者；⑤ 因带有孩子不得不局限于家庭之中，或因不能得到儿童照顾而不能寻找工作者。社会服务法的颁布实施，进一步规范了瑞典社会救济和社会服务的适用对象和范围，为更加有效地推行以地方化为主要特点的社会救济和社会服务改革奠定了基础。

1983年，瑞典政府颁布保健法，规定瑞典各郡政府应该承担起规划所有的保健服务的主要责任，主要包括：各郡政府可以通过个人协议确定私人医生每年拥有的病人数量，在没有达成这种协议的情况下，接受医生的保健服务不能得到社会保险的资助，全部费用由病人自己承担。各郡政府也可以规范和控制私人医疗保健市场。这样，保健法就使得以各郡为基础的综合保健模式开始形成，各郡既是保健服务的提供者，又是保健消费者的代表，同时又是保健服务的财政来源和保健市场的管理和监督者。

从20世纪90年代开始，瑞典政府加大了社会保障制度地方化改革的力度。1992年生效的《老年与残疾人健康和社会关怀法》规定，地方政府必须承担起各种有关老年与残疾人长期性健康关怀和社会服务的责任，其中包括：保证各种老年与残疾人护理之家及其他长期医疗服务机构的正常运行；支付老年与残疾人任何身体方面的治疗所需要的费用；地方政府可以通过与各郡政府签订协议而承担起对老年与残疾人护理之家的责任，也可以通过与各郡政府签订协议，并报经国民健康和福利部批准，得到在5年实验期内提供基本医疗保健的机会。

瑞典社会救济和社会服务主要由地方政府实施和管理，但是，中央政府对地方政府提供财政方面的资助，这是瑞典社会救济与社会服务中国家责任的根本体现。20世纪90年代以前，瑞典中央政府对地方政府提供社会救济和社会服务财政资助的主要特点是，按照社会救济和社会服务的不同项目，实行分项目提供财政资助。这种财政资助方式使得瑞典中央政府对社会救济和社会服务具有决定性影响，这不利于地方政府在社会救济和社会服务方面作用的发挥，也不利于地方政府与中央政府在社会救济和社会服务方面保持正常的关系。

1993年，瑞典政府颁布实施一项新的社会服务立法。这项法令规定，以后瑞典中央政府在对地方政府提供社会救济与社会服务的财政资助方面，不再按照不同项目分类提供财政资助的原则，而是实行综合性财政资助原则，即中央政府根据各郡人口结构、税收情况等提供不同数量的社会救济与社会服务财政资助，中央政府所提供的财政资助如何使用，由地方政府根据各地实际情况自行决定。瑞典社会保障制度地方化改革措施的实施，分清了中央政府与地方政府在社会救济和社会服务方面的不同职责，理顺了中央政府和地方政府在社会救济与社会服务方面的关系，明确了地方政府在社会救济和社会服务方面的权利和责任，有利于地方政府根据所管辖地区的实际情况，制定和实施更加有效的社会救济和社会服务措施。这不仅有助于提升瑞典社会救济和社会服务的效果，而且有助于促进瑞典各地社会经济与社会保障事业的协调发展。社会保障制度地方化改革成为瑞典社会保障制度改革初期的重要特点。

2. 美国社会服务的地方化

推进社会服务地方化是里根政府社会保障制度激进改革的又一重要措施。1982年，里根政府提出在10年内将数十项社会福利与公共服务项目在联邦、州和地方政府之间进行明确划分，要求联邦政府在1984年全部接管和担负医疗补助项目，抚养未成年人家庭援助、食品券等众多社会福利项目由各州政府负担。为此，联邦政府在各州建立特种信托基金，逐步减少对该信托基金的拨款比例，并在1991年转变为全部由各州和地方政府自筹经费，或者根据各州和地方政府的实际情况予以取消。1983年，里根政府提议将30多种专项补助合并为4种，并划归各州和地方政府实施。

二、社会服务的私营化改革

1. 瑞典社会服务的私营化

20世纪90年代，瑞典政府认为，必须促进各种传统上由公共基金资助的老年福利和服务的竞争性，并希望通过引入竞争机制来提高各种老年社会服务资源的利用效果。公共与私人老年服务机构之间的合理竞争，被认为是在实现社会服务方面提高个人选择自由度的重要手段。1992年，瑞典政府颁布法令，要求有效合理利用各种老年社会服务资源，提高老年社会服务的实际效果，强调为老年人提供更多的个人选择机会。这在一定程度上消除了老年服务私营化方面的障碍，有利于地方政府与其他机构签订协议，承担起老年服务与关怀方面的责任。

1992年，瑞典已经建立起270个私人老年护理机构，占瑞典全国老年护理机构的1/3。根据当时的一份有关老年服务的研究报告，瑞典71个地方政府和6个郡政府已经就老年照顾与私营老年社会服务机构签订了协议。这些私营老年社会服务机构实行商业化经营，提供有偿服务。其主要优点是可以减轻政府在老年服务方面的负担，并增加个人在选择社会服务方面的自由度。但由于瑞典社会保障与社会服务私营化的发展存在很大的阻力，私营老年社会服务机构一时难以获得明显的经济收益，老年社会服务私营化发展缓慢。

瑞典医疗保健也开始引入公共与私营医疗机构之间的竞争机制。医疗保健方面的私营化取得了一定的成绩。早在20世纪80年代初，瑞典就出现了为非住院病人提供服务的私营医疗中心，这些私营医疗中心多由医疗专业人员组成，常被称为"医生之家"。一些大城市还建立了城市医疗保健服务有限公司，这是一种更加商业化的私营医疗保健机构。这些私营医疗保健机构为病人提供方便廉价的医疗服务，受到瑞典社会的普遍欢迎，很快在瑞典全国发展起来，它们联合组成一个公司性质的组织以降低管理费用，并得到政府提供减税优惠的支持。到20世纪80年代中期，接受私营医疗保健机构服务的非住院病人，已经占瑞典成年医疗保健服务市场的一半左右。可以说，医疗保健领域是20世纪80年代以后瑞典社会保障私营化发展最明显、效果最显著的领域。

此外，儿童服务领域的私营化也取得了一定的成效。随着越来越多的瑞典妇女走上就业岗位，儿童照顾成为一个重要的社会问题，也是一个蕴藏着巨大商机的领域。为了适应社会需要，瑞典的一些城市特别是斯德哥尔摩这样的大城市，开始建立专门从事儿童照顾的私营服务机构，即儿童日托中心。与此同时，各种各样的父母合作性儿童日托机构在瑞典各地建立起来。到20世纪80年代中期，瑞典各地已经建立起125个父母合作性儿童日托机构。

2. 英国社会服务的私营化

1983年，英国保守党政府对国民保健制度的私有化与市场化已经基本认同，认为："私有因素具有重要的作用，国民保健的私有化将减轻这一制度所面对的压力，并为国民保健制度提供了一个有用的选择道路，它表明，在国民保健服务方面存在不同类型的解决问题的办法。"1989年，英国保守党政府发布了有关国民保健制度改革的白皮书《为了病人而工作》，决定对国民保健制度实施实质性改革。

1990年，英国颁布国民保健与社会关怀法，对国民保健制度实施私有化与市场化改革。法令规定，医院和社会关怀应该从地方健康当局的直接控制下摆脱出来，建立起自主经营的国民健康服务公司，参加者持有股权并由财政为之担保，其直接管理医院，地方健康当局不再负责管理医院与社会关怀服务，而只是确定当地健康需求服务的基本目标。从1993年4月起，社会保障制度不再对私人或志愿性寄宿院的新增人员提供帮助，地方当局有义务确定提出此类需求的人的需求是否属实，并采取适当的措施为其提供有效的服务。到1995年，几乎所有的英国医院以及大部分的社会关怀服务已经实现私营化与市场化。

国民保健制度改革的目标是逐步将医疗保健由普遍的权利向个人责任转变，从强调个人对医疗保健是否需要转向强调医疗保健制度参加者的个人表现，以便有效降低政府在医疗保健方面的财政支出，同时确保为全体民众提供充分的医疗保健服务。1998年，英国工党政府推行新的国民医疗保健计划，主要是减少医疗保健服务覆盖面，鼓励医疗保健服务市场化。2000年7月，英国工党政府公布了国民保健5年计划，旨在建立全面有效的国民保健服务体系，其中包括建立100家医院，增设

7000张病床，招收20000名护士、7500名会诊医生、2000名普通医生和6500名医疗专家。

三、社会服务的综合化改革

1. 美国保健服务改革计划

美国克林顿政府于1993年底提出健康保障法案。健康保障法案要求各州在1995年1月1日或最迟在1997年1月1日前建立地区性健康联盟，向所在地区居民提供健康保障。各大公司可以参加地区性健康联盟，也可以建立公司性健康联盟，为其雇员提供健康保障，但一旦选择加入地区性健康联盟，则不能再转为公司性健康联盟。各州必须向联邦健康委员会提交有关本州的改革方案，并说明如何对低收入个人、家庭提供资助，还要建立保证金以备某项健康计划宣告破产时向参加者提供给付。联邦健康委员会将监管各州新的健康保障计划的建立和实施。任何一种健康计划均不得拒绝任何雇主或雇员参加，除非该计划的参加者已经达到其最大容量，或者进一步扩大将影响该计划的稳定性。

健康保障法案规定，65岁以下者都可以通过地区性健康联盟或公司性健康联盟获得保障，65岁及以上者继续享受老年保健医疗。雇主必须为雇员及其家属支付健康保障费用，政府资助小雇主、穷人、低收入者和55～64岁退休者的健康保险费用支出，自由职业者将按照雇主和雇员所承担的健康保障费用之和缴纳费用，失业者和兼职工作者可以按其收入支付分担额。为贫困和永久残疾人提供的医疗援助不再向没有接受抚养有未成年人家庭援助和社会保险津贴者提供，未登记的个人在急诊时可以继续享受特殊医疗援助。健康保障给付包括住院服务，外科医生或其他保健专家提供的服务，不由病人分担的疾病预防服务，计划生育与怀孕服务，临危护理，家庭健康服务，每年不超过100天的技术性护理或特殊护理，救护车服务，门诊化验、诊断、处方药、生物制剂及其他治疗服务，耐用医疗设备，常规性视力和听力测试，为儿童配眼镜，为儿童预防牙病以及提供健康教育课程等。

可见，克林顿的健康保障计划是一项全民综合保健计划，它推动了美国健康保障制度的发展。但是，该项法案遭遇来自各方的反对和压力。保险业为维护其既得利益提出反对,一向很少为雇员提供健康保险的小企业担心该法案将给他们带来不利也表示反对,美国公众对政府能否管理好如此庞大的健康保障计划表示怀疑,医生协会出于自身利益考虑抵制该项计划,劳工组织和其他社会团体也担心该项健康保障计划的实施会使更多的人支出更多的健康费用,从而影响本组织/团体的利益,更多的人担心新的计划将开征新的税种。因此,尽管克林顿在第一届总统任期内做出很大努力,其健康保障法案始终没有变成现实。

2. 日本老年保健服务改革

1982年,日本制定《老年保健法》,将老年医疗保健划分为医疗和医疗外保健两个部分。医疗部分的主要对象是加入各种医疗保险制度的70岁及以上的老人,他们将负担部分医疗费,其中门诊费每月400日元,住院费以两个月为限,每天为300日元,余下部分医疗费由国家承担20%、地方承担10%,其余70%由相关健康保险机构承担,可见,《老年保健法》重新恢复了老年医疗缴费制度,从而事实上终止了老年医疗费支付制度。为使各种健康保险制度的医疗费用分担更加合理,该法规定,老年医疗费用的一半根据各类健康保险制度支付的老年医疗费用分摊,余下的一半根据各类健康保险制度中老年人参加的比例分摊,从而争取老年医疗费用在各种健康保险制度中的相对公平。同时,医疗外保健由市町村对40岁及以上居民提供各种保健服务,其费用实行国家、都道府县和市町村各承担1/3。1982年《老年保健法》是国民皆保险制度实施以来日本针对医疗保障制度进行的一次重要改革。

1986年,日本对《老年保健法》进行修改,其主要内容是进一步增加患者所负担的医疗费,门诊费由400日元增长到800日元,住院期限制度不再实施,但个人所承担的住院费从每天300日元提高到400日元。为了进一步推进老年医疗费分担机制的合理性,提高按照老年人加入各类健康保险制度的比例分摊医疗费用的比例,规定:1986年,80%的老年医疗费用根据老年人加入各类健康保险制度的比例分摊,1987—1989年提高到90%,1990年以后全部老年医疗费用改为根据老年人加入各类健康保险制度的比例分摊。1991年,日本再次对《老年保健法》进行修改，个人承担的门诊治疗费用标准分阶段提高到每月1000日元，住院费用分阶段提高到每天700日元。同时，提高公费负担的比例，护理费的一半由国家承担，并增设老人访问看护制度。可见，日本老年医疗保障改革的主要途径是将医疗费用转嫁至保障对象。

四、增强就业服务体系建设

1. 调整产业结构，创造就业机会

20世纪70年代以来，西方国家都把创造就业机会、促进就业增长作为就业政策的重要目标和内容。德国政府采取一系列措施创造新的就业岗位、促进就业增长。首先，政府鼓励和支持失业者自我创业。德国的行业协会举办各种创业培训班，自我创业者准备创办的企业如被行业协会认为可行，其就可以接受行业协会提供的免费创业培训。创业培训包括企业创办、经营与管理，以及信贷、财务、税收与营销、相关法律法规与政策等方面的内容。自我创业者可以一边接受培训，一边办理创办企业的手续，如遇具体问题，还可以得到有关专家的直接指导和帮助。接受创业培训的失业者还可以领取额外生活费用补贴。

德国政府还为自我创业者提供必要的基础设施与财政支持。许多州政府建立了创业中心，创业中心建有创办企业必需的基础设施如厂房、车间、仓库、实验室等，并提供与企业经营相关的服务，如技术咨询、市场营销、秘书以及中介服务等。政府对新办企业还提供财政补贴，补贴期限从企业开办之日起直到企业能够自负盈亏、独立经营为止，补贴额相当于新办企业自有资本的1%。整个20世纪90年代，德国政府用于这方面的补贴每年都在30亿马克左右。

其次，大力发展中小企业，提供更多就业机会。德国现有中小企业300万家，占企业总数的90%以上，中小企业就业人数占总就业人数的2/3以上，中小企业产值占国民生产总值的1/2以上。大力发展中小企业对德国经济发展与就业环境都具有直接影响。政府采取多种政策措施，尤其是在资金方面加强对中小企业的支持，如提供财政补贴和低息长期贷款、实行税收减免、提供科研与技术补贴、设立中小企业发展基金等。1988年，德国联邦政府和各州政府用于资助中小企业的款项约50亿马

克。1989 年，德国联邦政府和各州政府还为中小企业获得贷款提供 90% 的担保。

最后，采取特殊政策措施，实现主要部门的就业稳定。德国的煤炭、钢铁等传统部门是重要的就业部门，也是国际竞争激烈的部门，这些部门的企业经常开工不足，劳动者就业极不稳定。德国政府对这类企业予以成本和价格方面的补贴，保证企业正常生产，以保障企业的劳动者就业稳定。德国还实行特殊农业政策与区域经济政策，促进全社会就业稳定。政府实行农产品价格控制政策，保证农业劳动者的利益，避免因农业劳动者大量脱离农业而增加工业部门的就业压力。德国政府还对落后地区实施投资倾斜政策，帮助落后地区发展经济，避免经济落后地区的劳动力向经济发达地区盲目流动。德国政府的上述措施，有利于创造新的就业机会，促进就业增长与就业环境改善。①

美国政府运用宏观经济政策，调整经济发展与人口布局，创造就业机会，促进就业增长。在这方面所采取的主要措施有：① 适应科学技术发展需要，大力发展中小企业，创造更多的就业机会；② 支持农业经济和农村的发展，增加农业收入，提供农业就业机会，缓解农业劳动力对工业劳动力市场的冲击；③ 鼓励人口流动，合理调整劳动力市场区域压力，主要是鼓励北部传统工业区的劳动力流向南部新兴工业区，政府为此提供所需的费用；④ 调整产业结构，政府对传统工业提供资金与政策优惠，帮助实现传统产业重组，使传统产业走出困境，保障这些部门原来提供的就业机会不致减少。与此同时，政府大力支持信息经济等新兴经济部门的发展，以提供更多的就业机会。

法国政府从 20 世纪 70 年代开始扶持中小企业的发展，一方面简化申办中小企业的各种手续，另一方面减免中小企业的一部分税收。到 20 世纪 80 年代，法国中小企业的数量已经发展到 25 万个左右，为法国社会提供了相当可观的就业机会。法国政府还拨款在一些地方建立企业，不仅创造新的就业机会，而且分散大中城市的就业压力。政府还实行有效的农业支持政策，保护农业经营者和劳动者的利益，分散工业企业的就业压力。

---

① 丁建定：《德国的就业保障和就业促进政策》，《中国社会保障》2003 年第 5 期。

法国政府还运用财政手段，鼓励企业扩大就业机会。最初主要是对创造就业岗位的企业发放奖金，后来将这一措施制度化和完善化，将向创造就业机会的企业发放奖金改为减免创造新的就业机会的企业的社会保险费。这种措施得到法国企业的支持和拥护，有利于企业不断地扩大就业机会。法国政府对雇佣非全日制劳动力的企业与部门也给予同样鼓励，减免这些企业和部门的一部分医疗保险费。这样，大多数企业和部门因工资和税收成本的降低，开始乐于雇佣非全日制劳动力，从而为社会提供了新的就业机会。20世纪90年代以后，法国政府加大对企业的财政支持力度，大量发行公债，并将相当大一部分款项用于支持企业的发展，避免因企业经营困难导致失业人口增加。

2. 开展职业培训，提高劳动力素质

德国政府为提高劳动力素质采取的主要措施如下。

首先，加强劳动力市场建设，为民众提供充分有效的劳动力市场服务。德国的劳动力市场管理和服务体系主要是由各与劳动力市场有关的部门和各级劳动局负责实施，这些管理和服务主要包括：研究劳动力市场变化与就业政策并提出改进意见，这些工作主要由与劳动力市场有关的各主要部门负责实施；对民众提供职业介绍和职业咨询等，这方面的工作主要是由各级劳动局负责实施。德国在全国已经建立起职业介绍与信息中心，收集有关劳动力市场变化的各种信息，特别是负责登记各种新增职业岗位与求职者信息等，从而避免求职者在选择新就业机会时的盲目性，从而实现劳动力市场的合理化与规范化。

其次，大力开展职业培训，提高劳动者职业技能。德国政府一直重视职业教育与培训，早在20世纪初，德国的职业教育与职业培训就走在了欧洲主要资本主义国家前列。第二次世界大战以后，随着德国科学技术的发展，德国政府对职业教育与职业培训更加重视。20世纪60年代以后，德国颁布实施一系列法令，推动职业教育与职业培训的发展，例如1969年的《联邦教育法》和《职业培训法》，1970年的《联邦教育促进法》，1981年《职业培训促进法》等。

德国的职业教育与职业培训包括以下三个方面。① 职业教育。德国的职业教育实行双轨制，即企业内部技术培训与企业外职业技术学校专业知识学习的双轨教育。接受职业教育者一般是尚未寻找到职业者，或者是已经找到职业但是还没有找到培训机会者。他们1周内3～4天在企业接受技术实习与培训，1～2天在职业技术学校接受基础知识学习，企业内部技术培训所需费用由企业承担，职业技术学校所需费用由州政府承担。② 职业进修。这是专门为已经就业者或者为重新就业者提供的培训，此类进修主要是为了升迁或适应不断变化的技术与设备的需要，或是为将来失业时能够找到更好的工作做好准备。职业进修所需一切费用均由劳动局承担。③ 改行培训。这是一种对改变职业者提供的培训，其中除了一部分是主动转行者外，更多的是为那些从经济情况不好的行业转向经济情况较好的行业的人提供的培训，其费用主要通过补贴或贷款，培训时间较短者有时也可以得到资助。

此外，德国还采取其他措施，促进特殊群体的就业。德国政府对已经找到工作却因缺乏路费而难以前往就业者提供贷款或其他帮助，以保证他们能够顺利就业。政府对残疾人群体提供专门的就业恢复补贴，帮助他们尽快恢复健康，并为他们的就业提供特殊帮助。当一些经济部门或企业不景气时，德国政府往往对其予以财政方面的帮助，以便使其生产保持连续性，不致引起在这种行业或部门工作的人失去工作。[①]

20世纪80年代末，英国已经在各地建立起对失业者的培训机构，这种名为企业培训委员会的组织的基本原则是，促进经济发展和创造就业机会，为劳动者提供终身学习的机会，保证经过培训的劳动力能够适应劳动力市场的需求，尤其是对那些在劳动力市场上处于不利地位者提供有效帮助。经过就业中心认定培训资格的失业者，可以进入企业培训委员会及其他被认定的培训单位进行培训，费用由政府或培训单位承担，失业者在接受培训期间，由政府发给一定数量的救济金，向培训合格者颁发政府认可的资格证书。

英国政府也注意建立有利于促进就业的中央政府管理体制。首先，1995年，英国将教育部和就业部合并成立教育就业部，负责制定和实施促进就业尤其是就业培训的各项政策，使得英国的教育政策与就业政策能够更好地协调，推进教育改革，扩大职业教育，加强就业培训。其次，明确社会保障部的职能，即制定失业保障政策，发放失业保障津贴与救

---

① 丁建定：《德国的就业保障和就业促进政策》，《中国社会保障》2003年第5期。

济金。社会保障部在这方面的工作，必须与教育就业部保持协调。再次，在教育就业部下，设立就业服务局，具体负责与就业服务相关的具体事务。于是，英国建立起失业保障政策与就业政策、失业保障与就业培训相结合的管理机制，这种机制有利于各项就业政策的制定和实施，在促进再就业方面发挥了一定的积极影响。①

布莱尔政府推行所谓"从福利到工作"的"新政"，采取一系列措施，向失业者提供就业帮助。对年轻失业者，社会福利部门不仅为其提供就业咨询，还为那些雇佣年轻失业者的雇主提供补贴，鼓励雇主尽可能雇佣失业者。受雇于志愿性工作的失业者所应该获得的各种福利受到政府保证，社会还对年轻失业者提供就业培训服务，失业者在接受培训期间各种福利受到同样保障。对单亲家庭提供同样的就业服务，主要是提供就业机会、就业指导以及儿童护理服务。支持和鼓励那些具有劳动能力的残疾人争取就业，为其提供合适的就业机会、培训和咨询等。布莱尔政府试图通过尽可能扩大就业解决失业问题，实现"使能工作者得到工作，使不能工作者得到保障"的目标。②

美国政府颁布实施一系列有关职业技术培训的立法，其中主要的有1984年的《就业培训合作法》，该法规定：① 提供就业调查研究，包括职业定向和咨询；② 提供教育和技能训练，使接受培训者有进入劳动力市场的能力；③ 提供自谋职业培训；④ 提供工作经验，增加就业可能性；⑤ 把一部分依靠社会福利生活者变为依靠自我劳动生活者。③ 美国的职业技术培训和教育体系包括入门培训、在职培训、脱产培训、升级培训和再训练计划等多种层次，这些培训又可以分为政府实施的职业技术培训与企业实施的技术培训，尤其是企业实施的职业技术培训的作用更加明显，它不仅成为提高职工职业技术水平的重要途径，而且在经济不景气时，也成为企业保持和储存有技术的劳动力的重要途径，因而越来越受到多数企业的重视。

美国政府建立起劳工部，负责劳动就业、工资和劳动条件改善相关的各项工作，其中就业与培训署、退伍军人就业与培训服务机构、就业

---

① 杨伟民：《失业保险》，中国人民大学出版社2000年版，第133—135页。
② 刘昕：《英国最新福利制度改革评析》，《外国经济与管理》1999年第9期。
③ 吕学静：《各国失业保险与再就业》，经济管理出版社2000年版，第82页。

标准署和劳工统计局等是直接管理劳动力市场和就业培训的主要机构。这些机构还附设许多分支机构，实施有关劳动力市场和就业培训的具体政策和计划。就业与培训署的主要职能是管理联邦与州就业保障计划，资助和监督为困难者提供就业培训的各项计划，制订和改善有关学徒培训计划，并进行有关劳动力市场的研究、开发与评估。退伍军人就业与培训服务机构主要负责对退伍军人提供就业服务和培训。就业标准署主要负责制定和监督正常就业标准。劳工统计局主要负责收集、提供和分析有关的劳动力市场信息。除联邦政府建立了专门负责劳动力市场和就业培训的机构外，美国各州也都建立了相应机构，具体负责各州劳动力市场和就业培训工作。

日本政府多次对《职业培训法》进行修改和补充，以适应日本社会变化的需要，并于1985年颁布实施《职业能力开发促进法》。根据这些法令，逐步建立起职业技术培训制度。同时，为培养和造就高水平专业劳动者队伍，日本还十分注意加强职业技术能力鉴定，并不断扩大参与职业技术能力鉴定的工种部门，制定出严格的技能鉴定类型、鉴定方式、鉴定登记以及鼓励措施。

20世纪70年代以后，法国进一步加强职业技术教育与培训工作。1971年，法国颁布《职业教育方向法》和《学徒训练改革法》等，进一步加强职业技术教育的地位和作用，同时也进一步规范职业技术教育的管理。这些法令规定：所有雇佣10名以上领薪工人的雇主，每年必须缴纳相当于其职工工资总额的1%左右的费用作为国家继续教育费用来源。1975年，法国又颁布《哈比改革法案》，要求法国普通中学加强职业技术教育。1978年，法国政府又通过法令，规定工程技术人员有权力享受培训假期，所有在本行业就业2年以上者，如在同一企业工作半年以上，可以依法享受500小时发薪技术培训。法国还颁布《继续教育法》和《就业训练法》等法律法规，建立起系统的职业技术教育制度。

目前，法国的职业技术教育与培训基本上分为三种。第一种是中等职业技术教育，它包括国立技术中学、市立技术中学、职业预备班以及学徒训练中心等。中等职业技术教育与培训在法国教育中占有重要的地位，中等职业技术教育与培训主要招收完成义务教育后即将就业者，其突出特点是与普通教育相互渗透、相互结合。第二种是高等职业技术教育。法国政府还建立许多高等职业技术学校，培养具有较高水平的专业技术人才，进入高等职业技术学校的大都是普通高中毕业生。第三种是企业开展的职业技术教育和培训，主要为企业培训具有一定技术水平的可持续发展人才。

3. 提供公共就业，促进青年就业

20 世纪 80 年代以来，主要西方国家越来越重视公共就业服务尤其是积极公共就业服务对促进就业的积极作用和影响。欧盟理事会在 1996 年呼吁建立更加有效的公共就业服务，并指出："人们认识到通过将失业人员成功地融入劳动力市场，不只是可以抵消就业服务所需的费用，应给予公共就业服务采取早期行动的能力，确认面临风险的个人和群体，有足够的为雇主和求职者提供积极咨询和其他服务的手段，并能够更好地发挥作为从培训或临时支持措施向就业可持续转移手段的作用。"

欧盟各国还开始采取公共就业服务联合发展战略，该战略的主要内容与原则包括：① 公共就业服务将在劳动力市场充当中心角色，以随时满足求职者和企业不断变化的需要；② 公共就业服务将充分使用现代信息与通信技术来改善和提高服务质量；③ 公共就业服务应该提供及时的、针对性的失业个案系列配套服务；④ 对劳动力市场变化进行持续跟踪和深刻分析，为设计和提供就业服务提供保证；⑤ 加强公共就业服务各种功能与作用间的协调；⑥ 在公共就业服务与劳动力市场其他机构、社会伙伴、教育与培训机构、地方政府、社会保障机构、私营就业机构等之间建立积极的、协调的关系，全面充分反映市场需求，提供全套就业服务；⑦ 加强欧盟各成员国间的公共就业服务的合作与欧盟公共就业服务政策的一体化。

主要西方国家建立了许多公共就业服务办事处，并拥有一支从事公共就业服务的专门力量。1999 年，英国有公共就业服务办事处 1100 多个，公共就业服务人员 35992 人；1997 年，法国有公共就业服务办事处 736 个，公共就业服务人员 17021 人；1991 年，日本有公共就业服务办事处 479 个，公共就业服务人员 15324 人；1997 年，美国有公共就业服务办事处 2660 个，公共就业服务人员 70682 人。

为了保证公共就业服务的质量和效果，主要西方国家还实行公共就业服务人员对失业人员定人负责制，每位公共就业服务人员具体联系和负责一定数量的失业人员。但是，由于各国公共就业服务机构与人员存在差别，每名公共就业服务人员所负责的失业人员的数量也存在差别，相对而言，在西欧国家中，英国公共就业服务机构和人员最多，每名公共就业服务人员所负责的失业人员的数量最低，也就是说，英国的失业者所获得公共就业服务的数量和质量相对高于其他国家。1988年，英国每名公共就业服务人员负责的失业人员的数量为36人，德国为39人，法国为78人。

主要西方国家往往通过公共支出来实施公共就业服务，特别是支持积极性公共就业服务政策，以此改善劳动力素质和就业市场环境。20世纪80年代中期以后，主要西方国家用于公共就业服务的支出占国内生产总值的比例大都保持在一定水平，其中西欧主要国家用于公共就业服务的支出占国内生产总值的比例高于美国和日本等国。主要资本主义国家用于公共就业服务的公共支出中，支持积极性就业措施的公共支出占国内生产总值的比例在一些国家稳中有升，例如，法国和德国用于支持积极性就业措施的公共支出占国内生产总值的比例呈现明显增长趋势；支持消极性就业措施的公共支出占国内生产总值的比例在主要西方国家稳中有降，例如英国、美国、德国、法国用于支持消极性就业措施的公共支出占国内生产总值的比例呈现明显下降趋势。

主要西方国家在实施公共就业服务过程中，都将青年就业服务放在十分重要位置，推行青年就业保障计划，促进青年就业。法国希拉克政府上台伊始，就提出一项青年就业法案，其主要内容是：从1997年开始，3年内向18~26岁的失业者及从未领取过失业救济金的30岁以下的失业者提供35万个就业机会，这些岗位主要是各级行政、服务、事业单位和社会团体的工作岗位，由此而新增加工资的80%由政府承担，20%由各用人单位承担。青年就业合同期限为5年，政府提供工资补贴的期限也为5年，合同到期后，由双方协商是否续签。政府还拨出巨额款项，用于对青年人的就业培训，以提高其在劳动力市场上的竞争能力。①

---

① 吕学静：《各国失业保险与再就业》，经济管理出版社2000年版，第188—194页。

英国工党政府也重视解决青年就业问题，工党政府青年就业计划规定，失业6个月以上的年轻人可有四种选择：① 接受雇主提供的有补贴的工作，雇主每周可以获得60英镑的补贴；② 接受环境保护组织提供的为期6个月的工作；③ 接受志愿性组织提供的为期6个月的工作；④ 接受全日制教育或培训，以获得资格证书。

美国政府设立了职位组合，对严重缺乏就业能力的青年人提供训练。美国还设立改善青年人项目，通过让青年人主动承担社区服务而培养他们的工作经历。对特别贫穷地区的青年，由政府出资到另一地区参加工作训练。[1] 美国地方政府还采取措施减少青少年辍学，例如，马萨诸塞州的减少青少年失业网络，设立13个站点，把工作重点放在防止青少年辍学、帮助学生顺利实现由学校生活到工业社会的过渡、增加青少年入学等问题上，并开展社区服务和提高职业意识活动，还通过设在学校的职业银行实施就业支持和辅导项目，运用学校职业协会等发动学生与家长一起参与升入大学计划及社会服务项目。[2]

主要西方国家还采取措施，扶助青年自主创业，青年通过创业实现就业。1983年，英国启动青年创业计划，动员企业界和社会力量为18～30岁的失业、半失业青年提供创业咨询及资金、技术和网络支持。该创业计划的主要内容包括：① 提供发展债券式的创业启动金，以青年人的信用为担保；② 提供一对一创业辅导，每个参加青年创业计划者在创业前3年，都可以获得1名创业导师的指导，创业导师通常由经验丰富的企业家或职业经理志愿担任；③ 扶持弱势群体，该计划的扶持对象主要是失业或半失业青年，特别是少数族裔、残疾青年和有过违法犯罪行为后改过自新的青年。

法国在1986年提出青年挑战计划，目标是建立一个帮助青年创业的支持机制。该计划的主要内容包括：① 政府提供资金支持，目前政府拨给该计划的预算是每年534万欧元；② 鼓励创新，青年挑战计划的宗旨是，让青年人发现自己的潜能和创造力，该计划从设计、评估到奖励、宣传都以创新为出发点，在评审项目时，有益于社会、有创新是首要要

---

[1] 刘燕斌：《面向新世纪的全球就业》，中国劳动社会保障出版社2000年版，第26—27页。

[2] 赵勇：《国外青年失业对策及启示》，《中国青年研究》1998年第4期。

求；③ 政府推动部门间合作，该计划由政府青年工作部门牵头实施，多个政府部门共同组成工作组协调推行。①

第三节　改革开放以来中国社会服务的发展

一、中国社会服务的初步发展

新中国成立后，中国的社会服务事业开始逐步建立和发展，由于在社会保障制度方面实行城乡二元体制，城镇职工实行单位保障制度，城镇居民实际上在享有社会保障制度的同时，也享有比较充分的社会服务，如单位养老服务、医疗保健服务、儿童服务、教育服务以及其他多种服务。而在农村，中国逐渐建立起以五保供养制度为重要制度形态的农村养老服务体系，以农村合作医疗制度为重要制度形态的医疗保健服务体系。这些社会服务事业的发展，对于保障和改善人民生活、健康与教育水平等发挥了重要作用。

随着改革开放的发展，中国经济体制开始发生较大变化，进而引发中国社会体制的较大变化，原来的单位与国家社会保障制度不能适应经济体制改革与社会生活的变化，中国开始建立适应社会主义市场体制的中国特色社会保障制度，包括社会保险制度、社会救助制度和社会福利制度。随着中国特色社会保障制度的不断发展和完善，中国社会服务事业具有较大的发展，逐步建立起以养老服务、健康服务、就业服务与社区服务为主要内容的社会服务体系。

1. 养老服务的发展

养老服务的较快发展是基本社会保障服务的重要内容。农村五保供养制度是具有强烈的养老服务属性的基本制度。1994 年，国务院颁布《农村五保供养工作条例》，确定五保供养的直接责任主体是乡镇政府，县级以上民政部门负责监督管理工作。五保制度的覆盖人群为农村无法

---

① 董霞：《对英法两国青年创业模式的比较和分析》，《中国青年政治学院学报》2003 年第 5 期。

定抚养人、无劳动能力和无生活来源的老年人、残疾人和未成年人。五保供养资金来源包括集体经济收入和集体统筹金。五保供养的内容包括保吃、保穿、保医、保葬，以及对未成年人保教。五保供养形式采取由敬老院集中供养和由亲友或者邻里分散供养。2000年，国务院颁布《关于进行农村税费改革试点工作的通知》，指出五保供养资金来源由原来的乡镇统筹和村提留演变为农业税附加和农业特产税附加。2004年，民政部等颁布《关于进一步做好农村五保供养工作的通知》，规定五保供养资金列入县乡财政预算。2006年，国务院颁布《农村五保供养工作条例》，确定五保供养资金在政府预算中列支，并在五保审批管理、五保供养标准增长机制、五保供养服务机构建设上予以完善。同年，民政部颁布《关于农村五保供养服务机构建设的指导意见》，对五保供养机构的定位、发展给予指导，提出将五保供养机构建设纳入当地经济发展规划。2010年的《农村五保供养服务机构管理办法》和2012年的《农村五保供养服务机构等级评定暂行办法》，明确了五保供养机构的建设、服务对象、供养内容、管理、经费保障以及等级评定等内容。2013年的《农村五保供养档案管理办法》，确定了五保供养档案的范围和管理。

除了农村五保供养制度外，中国加快养老服务体系建设。1996年，《老年人权益保障法》颁布，提出发展社区服务，逐步建立适应老年人需要的生活服务、文化体育活动、疾病护理与康复等服务设施和网点。2000年的《关于加强老龄工作的决定》指出，构建以老年福利、生活照料、医疗保健、体育健身、文化教育和法律服务为主要内容的老年服务体系。积极兴办不同形式、不同档次的老年福利院、老年护理院、老年公寓、托老所等，为老年人提供生活照料、文化、护理、健身等多方面的服务。2001年的《中国老龄事业发展"十五"计划纲要》提出，"十五"期间要初步形成以社区为依托的老年照料服务体系。2006年的《中国老龄事业发展"十一五"规划》提出，加快建立以居家养老为基础、社区服务为依托、机构养老为补充的老年人社会福利服务体系。2008年的《关于全面推进居家养老服务工作的意见》，确定了发展居家养老的原则和保障措施，发展居家养老应该坚持以人为本、依托社区、因地制宜的原则，通过加大政府投入、完善社区居家养老服务网络、培育居家养老服务组织、建立居家养老服务管理体制，推动居家养老服务的发展。

2011年,《中国老龄事业发展"十二五"规划》提出"十二五"期间要重点发展居家养老服务。同年的《社会养老服务体系建设规划(2011—2015年)》,对社会养老服务体系的内涵和外延做出详细论述,指出社会养老服务体系是与经济社会发展水平相适应,以满足老年人养老服务需求、提升老年人生活质量为目标,面向所有老年人,提供生活照料、康复护理、精神慰藉、紧急救援和社会参与等设施、组织、人才和技术要素形成的网络,以及配套的服务标准、运行机制和监管制度。该规划指出,社会养老服务体系的外延由居家养老、社区养老和机构养老组成。其中,居家养老包括生活照料、家政服务、康复护理、医疗保健、精神慰藉等,以上门服务为主要形式;社区养老服务是居家养老服务的重要支撑,具有社区日间照料和居家养老支持两类功能,主要面向家庭日间暂时无人或者无力照护的社区老年人提供服务;机构养老服务以设施建设为重点,通过设施建设,实现其基本养老服务功能。养老服务设施建设重点包括老年养护机构和其他类型的养老机构。老年养护机构主要为失能、半失能老年人提供专门服务,重点提供生活照料、康复护理和紧急救援服务。2012年12月修订的《老年人权益保障法》对社会养老服务体系提出新的要求,规定地方各级人民政府和有关部门应当采取措施,发展城乡社区养老服务,鼓励、扶持专业服务机构及其他组织和个人,为居家老年人提供生活照料、紧急救援、医疗护理、精神慰藉、心理咨询等多种形式的服务。对经济困难的老年人,地方各级人民政府应当逐步给予养老服务补贴。地方各级人民政府和有关部门、基层群众性自治组织,应当将养老服务设施纳入城乡社区配套设施建设规划,建立适应老年人需要的生活服务、文化体育活动、日间照料、疾病护理与康复等服务设施和网点,就近为老年人提供服务。发扬邻里互助的传统,提倡邻里间关心、帮助有困难的老年人。鼓励慈善组织、志愿者为老年人服务。倡导老年人互助服务。

2. 健康服务的发展

医疗保障服务取得了较快的发展。1997年,《中共中央、国务院关于卫生改革与发展的决定》发布,提出改革城市卫生服务体系,积极发展社区卫生服务,逐步形成功能合理、方便群众的卫生服务网络。1999年,

《关于发展城市社区卫生服务的若干意见》发布,确定社区卫生服务的发展目标:到 2000 年,基本完成社区卫生服务的试点和扩大试点工作,部分城市应基本建成社区卫生服务体系的框架;到 2005 年,各地基本建成社区卫生服务体系的框架,部分城市建成较为完善的社区卫生服务体系;到 2010 年,在全国范围内,建成较为完善的社区卫生服务体系,成为卫生服务体系的重要组成部分,使城市居民能够享受到与经济社会发展水平相适应的卫生服务,提高人民健康水平。2006 年,《国务院关于发展城市社区卫生服务的指导意见》发布,提出到 2010 年全国地级以上城市和有条件的县级市要建立比较完善的城市社区卫生服务体系。2009 年,《中共中央、国务院关于深化医药卫生体制改革的意见》发布,提出建设以公立医疗机构为主导、非公立医疗机构共同发展的医疗服务体系。2009 年的《医药卫生体制改革近期重点实施方案(2009—2011 年)》,指出要健全基层医疗卫生服务体系、促进基本公共卫生服务逐步均等化。2011 年的《中华人民共和国国民经济和社会发展第十二个五年规划纲要》,提出加强以县医院为龙头、乡镇卫生院和村卫生室为基础的农村三级医疗卫生服务网络建设,完善以社区卫生服务为基础的新型城市医疗卫生服务体系。

3. 就业服务的发展

基本就业服务受到高度重视。1994 年的《职业指导办法》指出,职业指导的主要任务是向劳动者和用人单位提供咨询和服务,职业指导服务包括培训、咨询等 9 项内容。2000 年,《劳动力市场管理规定》颁布,确定了职业介绍机构的类别和服务内容。2002 年,《中共中央、国务院关于进一步做好下岗失业人员再就业工作的通知》发布。2003 年,《关于进一步推动再就业培训和创业培训工作的通知》发布,指出要建立再就业培训机构资质认定制度,完善培训经费补贴与再就业效果直接挂钩的工作机制,推广创业培训与小额贷款等优惠政策整体推动的工作模式。2005 年的《国务院关于进一步加强就业再就业工作的通知》,提出发展和规范各种专业性职业中介机构及劳务派遣、职业咨询指导、就业信息服务等社会化服务组织,鼓励社会各类职业中介机构为城乡劳动者提供诚信、有效的就业服务。2007 年的《就业服务与就业管理规定》,对公共就业服务、就业援助计划、职业中介服务等方面做出具体规定。2007年，《就业促进法》颁布，进一步确定了就业服务的内容、实施主体和实施办法。2011年的《中华人民共和国国民经济和社会发展第十二个五年规划纲要》，将就业服务作为基本公共服务的重点，并提出从健全职业培训制度、加强创业培训、完善失业监测预警制度等方面促进城乡公共就业服务体系的发展。

4. 社区服务的发展

随着我国经济体制改革的深入，城乡社区服务的发展成为必然选择，社会服务事业也开始进入一个新的探索阶段。1987年，民政部首次公开使用"社区服务"一词，并在大连召开了民政工作现场座谈会，将社区服务界定为，在政府的倡导下，发动社区成员开展互补性的社会服务，就地解决本社区居民的需求问题。1989年民政部在杭州召开全国城市社区服务工作经验交流会，总结了城市社区服务实践的基本经验，为社区服务的进一步发展奠定了基础。20世纪90年代初，我国的社区服务事业开始进入初步发展阶段。1994年，民政部、国家计委、建设部和卫生部等14个部门联合发布了《关于加快发展社区服务业的意见》，指出社区服务业是在改革开放中发展起来的新兴社会服务业，社区服务业是在政府倡导下，为满足社会成员多种需求，以街道、镇和居民委员会的社区组织为依托，具有社会福利性的居民服务业。社区服务业由社区福利服务业、便民利民服务业和职工社会保险管理服务业组成，是社会保障体系和社会化服务体系中的一个重要行业。社区服务业具有福利性、群众性、服务性、区域性四大特点。社区服务业的基本任务是，充分发挥国家、集体、个人三者的积极性，依靠社会各方面力量兴办社区服务业。加速建设社区服务中心，开展各种便民家庭服务、婚丧服务、初级卫生保健服务、文体健身娱乐服务、婴幼儿教育服务、残疾儿童教育训练和寄托服务、养老服务、避孕节育咨询、优生优育优教咨询、心理咨询等服务项目。大力创办社区服务实体，不断壮大社区服务志愿者队伍和社会工作者队伍，并通过培训，提高专业化水平。立足民政，面向社会，为老年人、残疾人、优抚对象提供社会福利服务，为社区居民提供便民利民服务。采取联营共建等形式，与社区内企事业单位和机关团体开展双向服务。该意见的发布极大地推动了我国社会服务事业的发展。

2006年的《国务院关于加强和改进社区服务工作的意见》，指出我国基层社会服务进入全面发展时期。加强和改进社区服务的基本原则为：第一，坚持以人为本，着眼于居民多层次、多样化的物质文化需求，特别是对居民最关心、最需要、通过努力又可以解决的问题及时提供服务，为社区居民排忧解难；第二，坚持社会化，发挥政府、社区居委会、民间组织、驻社区单位、企业及个人在社区服务中的作用，政府提供公共服务，鼓励、支持社区居民和社会力量参与社区服务；第三，坚持分类指导，按照政企分开、政事分开原则，区分不同类型的社区服务，实行分类指导。要大力推进社区就业服务，社区社会保障服务，社区救助服务，社区卫生和计划生育服务，社区文化、教育、体育服务，社区流动人口管理和服务，以及社区安全服务。不断改进政府公共服务方式，整合政府各部门在城市基层的办事机构，积极推进"一站式"服务，提高为社区及其居民提供公共服务的水平。

2006年的《中共中央关于构建社会主义和谐社会若干重大问题的决定》指出，要推进社区建设，完善基层服务和管理网络。全面开展城市社区建设，积极推进农村社区建设，健全新型社区管理和服务体制，把社区建设成为管理有序、服务完善、文明祥和的社会生活共同体。支持居（村）民委员会协助政府做好公共服务和社会管理工作，完善社区公共服务，开展社区群众性自助和互助服务，发展社区服务业。党的十七大报告指出，要把城乡社区建设成为管理有序、服务完善、文明祥和的社会生活共同体；坚持把发展公益性文化事业作为保障人民基本文化权益的主要途径，加大投入力度，加强社区和乡村文化设施建设；要加强农村三级卫生服务网络和城市社区卫生服务体系建设。为此，民政部先后确立了两批社会工作人才队伍建设试点地区和单位，确定了296个全国农村社区建设实验县（市、区），积极探索我国基层社会服务的发展道路，中国城乡基层社会服务事业开始步入专业化发展道路。

二、中国社会服务的快速发展

1. 养老服务的快速发展

着力推进养老服务和健康服务的发展，其目的是构建养老保险与养老服务、医疗保险与健康服务、养老服务与健康服务衔接、协调的基本社会保障制度新体系。2013年的《国务院关于加快发展养老服务业的若干意见》规定，到2020年，全面建成以居家为基础、社区为依托、机构为支撑的，功能完善、规模适度、覆盖城乡的养老服务体系。生活照料、医疗护理、精神慰藉、紧急救援等养老服务覆盖所有居家老年人。同年的《国务院关于促进健康服务业发展的若干意见》规定，到2020年，基本建立覆盖全生命周期、内涵丰富、结构合理的健康服务业体系，基本满足广大人民群众的健康服务需求。医疗服务能力大幅提升。医疗卫生服务体系更加完善，形成以非营利性医疗机构为主体、营利性医疗机构为补充，公立医疗机构为主导、非公立医疗机构共同发展的多元办医格局。康复、护理等服务业快速增长。各类医疗卫生机构服务质量进一步提升。健康管理与促进服务水平明显提高。

2015年的《关于推进医疗卫生与养老服务相结合的指导意见》指出，把保障老年人基本健康养老需求放在首位，对有需求的失能、部分失能老年人，以机构为依托，做好康复护理服务，着力保障特殊困难老年人的健康养老服务需求；对多数老年人，以社区和居家养老为主，通过医养有机融合，确保人人享有基本健康养老服务。推动普遍性服务和个性化服务协同发展。到2020年，覆盖城乡、规模适宜、功能合理、综合连续的医养结合服务网络基本形成，基层医疗卫生机构为居家老年人提供上门服务的能力明显提升。设立就医等服务的绿色通道，所有养老机构能够以不同形式为入住老年人提供医疗卫生服务，基本适应老年人健康养老服务需求。

2016年的《关于全面放开养老服务市场提升养老服务质量的若干意见》指出，到2020年，养老服务市场全面放开，养老服务和产品有效供给能力大幅提升，供给结构更加合理，养老服务政策法规体系、行业质量标准体系进一步完善，信用体系基本建立，市场监管机制有效运行，服务质量明显改善，群众满意度显著提高。2017年，国务院制定《"十三五"国家老龄事业发展和养老体系建设规划》。同年，卫计委等13部门制定《"十三五"健康老龄化规划》。这两个规划明确了新时期我国老年事业发展的指导思想、基本原则和发展目标，提出要健全完善针对老年人的社会保障体系、养老服务体系和健康支持体系，并要求通过发展老年教育、繁荣老年文化、加强老年人精神关爱等途径，以丰富老年人的精神文化生活。

2019年的《国务院办公厅关于推进养老服务发展的意见》，提出健全市场机制，持续完善居家为基础、社区为依托、机构为补充、医养相结合的养老服务体系，并对推进养老服务发展提出具体措施：一是深化放管服改革，主要包括建立养老服务综合监管制度，继续深化公办养老机构改革，通过提高审批效能解决好养老机构消防审验问题，减轻养老服务税费负担，提升政府投入精准化水平，支持养老机构规模化、连锁化发展，做好养老服务领域信息公开和政策指引；二是拓展养老服务投融资渠道，主要包括推动解决养老服务机构融资问题，扩大养老服务产业相关企业债券发行规模，全面落实外资举办养老服务机构国民待遇；三是扩大养老服务就业创业，主要包括建立完善养老护理员职业技能等级认定和教育培训制度，大力推进养老服务业吸纳就业，建立养老服务褒扬机制；四是扩大养老服务消费，主要包括建立健全长期照护服务体系，发展养老普惠金融，促进老年人消费增长，加强老年人消费权益保护和养老服务领域非法集资整治工作；五是促进养老服务高质量发展，主要包括提升医养结合服务能力，推动居家、社区和机构养老融合发展，持续开展养老院服务质量建设专项行动，实施"互联网＋养老"行动，完善老年人关爱服务体系，大力发展老年教育；六是促进养老服务基础设施建设，主要包括实施特困人员供养服务设施（敬老院）改造提升工程，实施民办养老机构消防安全达标工程，实施老年人居家适老化改造工程，落实养老服务设施分区分级规划建设要求，完善养老服务设施供地政策。

2. 特殊群体社会服务的快速发展

2017年，国务院颁布修订后的《残疾人教育条例》，自2017年5月1

日起施行。该条例以总结实践经验、立足实际情况、明确政府责任为总体思路，根据残疾人教育发展形势变化和实际需求，对残疾人教育事业发展目标和理念进行了调整。强调保障教育机会平等、积极推进融合教育、加强对残疾人教育的支持保障，体现了对残疾人平等受教育权的尊重。同年，国务院颁布了《残疾预防和残疾人康复条例》，自 2017 年 7 月 1 日起施行。该条例加大了对残疾预防和残疾人康复事业的扶持力度，包括加强对残疾人的医疗保障，尤其是强化了对 0～6 岁残疾儿童、城乡贫困残疾人、重度残疾人等特殊残疾群体的保障力度。该条例首次以法规的形式明确了国家、社会、公民在残疾预防和残疾人康复工作中的责任，为实现残疾人"人人享有康复服务"的目标提供了有力保障。

2019 年的《国务院办公厅关于促进 3 岁以下婴幼儿照护服务发展的指导意见》指出，按照儿童优先原则，最大限度地保护婴幼儿，确保婴幼儿的安全和健康。到 2020 年，婴幼儿照护服务的政策法规体系和标准规范体系应初步建立，建成一批具有示范效应的婴幼儿照护服务机构；到 2025 年，多元化、多样化、覆盖城乡的婴幼儿照护服务体系应基本形成。该意见提出了三方面的任务举措。一是加强对家庭婴幼儿照护的支持和指导。全面落实产假政策，支持脱产照护婴幼儿的父母重返工作岗位，为家长及婴幼儿照护者提供婴幼儿早期发展指导服务。二是加大对社区婴幼儿照护服务的支持力度。按标准和规范建设婴幼儿照护服务设施及配套安全设施，鼓励通过市场化方式，采取公办民营、民办公助等多种形式，在就业人群密集的产业聚集区域和用人单位完善婴幼儿照护服务设施。注重发挥城乡社区公共服务设施的婴幼儿照护服务功能，支持和引导社会力量依托社区提供婴幼儿照护服务。三是规范发展多种形式的婴幼儿照护服务机构。支持用人单位在工作场所为职工提供福利性婴幼儿照护服务，支持有条件的幼儿园开设托班，支持各类婴幼儿照护服务机构提供多样化、多层次的婴幼儿照护服务。加强婴幼儿照护服务专业化、规范化建设，运用互联网等信息化手段对婴幼儿照护服务机构的服务过程加强监管，依法逐步实行工作人员职业资格准入制度。根据《民政部职能配置、内设机构和人员编制规定》，民政部设立的儿童福利司和养老服务司在 2018 年底定编，在 2019 年正式建立，同时要求地方在 2019 年建立儿童福利与养老服务的专门机构。

▲ 思考题

1. 简述西方社会服务发展的历史阶段及其特征。
2. 简述现代西方社会服务改革的背景。
3. 简述现代西方社会服务改革的主要特征。
4. 简述改革开放以来中国社会服务发展趋势。

第六章
社会服务的供求关系

社会服务需求的主体主要是老年人、残疾人、困境儿童等各种弱势群体,其基本类型包括基本生活保障、日常生活照料、医疗健康服务、知识教育与技能培训等,并可分为生存、安全、社交、尊重、自我实现等需求层次。社会服务供给的主体包括政府、营利机构、社会组织以及社区、家庭等其他主体,可以分为政府、市场、志愿、多元主体供给等途径,既包括针对弱势群体如儿童、老年、残疾人的服务,也包括面向社会全体成员的社区与婚姻家庭服务等。

第一节　社会服务需求

社会成员由于自身机体功能性原因，如肢体残障、年老体衰或智力发育不全，或者由于社会结构性原因，如经济体制改革导致某些群体的市场竞争能力下降，或者由于突发自然灾害原因，如地震、洪涝或传染性致命流行疾病，使得他们无法正常获得生存与发展的条件与保障，面临着生存困境乃至社会排斥风险。为了满足这类特殊人群的生存与发展需要，社会服务作为一种制度性安排应运而生。本节主要探讨社会服务需求的主体、类型与层次。

一、社会服务需求的主体

社会服务以扶持救助弱势群体为根本目标，涉及的对象主要有老年人、残疾人和困境儿童等。另外，因照顾老年人、残疾人或困境儿童而陷入生活困境者，因遭受家庭暴力而陷入困境者，以及因疾患或意外事故等造成生活困境者，也是社会服务的对象。下面主要介绍老年人、残疾人和困境儿童。

1. 老年人

生命周期是一个渐变的过程，壮年与老年之间的分界往往是比较模糊的，所以不同的社会文化或历史时期对于老年人的定义也并不相同。世界卫生组织定义的老年人，是指60岁及以上的人。西方一些发达国家则把65岁及以上的人确定为老年人。我国《老年人权益保障法》规定，老年人的年龄起点标准是60岁，即凡年满60岁的中华人民共和国公民都属于老年人。

随着社会老龄化的日益加重，中国的老年人口越来越多，所占人口比例也越来越高，2010年我国65周岁及以上老年人口占总人口的比例为8.9%，2011年为9.1%，2012年为9.4%。截至2014年底，我国80岁及以上的老年人达2400多万人，失能、半失能老年人近4000万人。根据《中华人民共和国 2019 年国民经济和社会发展统计公报》，截至 2019 年底，我国 60 岁及以上人口已达 25388 万人，占总人口的 18.1%。其中，65 岁及以上人口达 17603 万，占总人口的 12.6%。

虽然各个国家多以年代年龄来确定何为老年人，但生理年龄更能体现老年人的机体特征。所谓生理年龄，就是指以个体的细胞、组织、器官和系统的生理状态、生理功能，以及反映这些状态和功能的生理指标所确定的个体年龄。一般情况下，年代年龄与生理年龄是同步的。在生理年龄上步入老年的人，在生理上会表现出新陈代谢放缓、免疫抵抗力下降、生理机能衰退等特征。

一是身体机能弱化。随着年龄的增长，老年人的身高和体重会逐渐变矮和减轻，躯体会出现弯腰弓背的现象。老年人体内的脂肪含量增加，但组织细胞减少，表现最为明显的是肌肉细胞，75 岁及以上老年人的肌肉细胞数量减少约 30%，并且肌纤维变细，失去弹性。随着年龄的增长，老年人的关节活动范围会变小，运动能力下降，机敏度和持久力也会下降。骨骼逐步变脆，再生能力降低。

二是感知能力下降。随着年龄的增长，老年人的感知器官会衰退，感知能力会退化，最为突出的表现是视力和听力下降。老年人的眼角膜逐渐变厚，晶状体混浊变黄，使得老年人视力模糊，对色差的识别能力下降，对明暗度感觉能力降低，需要较长时间来适应光线的明暗变化。老年人的听力衰退主要表现为经常性短时间内失去听力、对高频声音不敏感。另外，由于新陈代谢减缓以及肌肉反应能力减退，老年人在触觉、味觉和嗅觉等方面的感知能力也会明显下降。

三是神经系统功能衰退。老年人的脑细胞减少，造成老年人反应迟钝，主要表现为思考能力降低，记忆力衰退，思维活动减慢，对外界信息认知和储存能力减弱。这使得老年人更倾向于生活在熟悉的环境中，对新环境的适应能力不强。在他们的头脑中早已形成对周围熟知环境的认知地图，而要重新建立这种认知地图，对老年人来说是非常不容易的，因此老年人容易迷路或转向。

四是抵抗疾病能力减退。老年人的新陈代谢减慢，体内激素分泌减少，使得老年人对温度、湿度等变化的反应不太敏感，适应能力变差，导致老年人的健康状况易受环境变化的影响，从而易患风湿病、高血压、心脏病、心脑血管疾病等。同时，老年人的疾病不容易根治，并且常常会因为一些小病导致复发。

2. 残疾人

残疾是一个动态性定义，不同国家或地区对残疾的不同定义，反映出该国的残疾人福利发展水平。根据《残疾人保障法》，残疾人是指在心理、生理和人体结构上，某种组织、功能丧失或者不正常，全部或者部分丧失以正常方式从事某种活动的能力的人。

根据第六次全国人口普查我国总人口数，以及第二次全国残疾人抽样调查我国残疾人占全国总人口的比例和各类残疾人占残疾人总人数的比例，推算2010年末我国残疾人总人数为8502万人。各类残疾人的人数分别为：视力残疾1263万人；听力残疾2054万人；言语残疾130万人；肢体残疾2472万人；智力残疾568万人；精神残疾629万人；多重残疾1386万人。各残疾等级人数分别为：重度残疾2518万人；中度和轻度残疾5984万人。

我国目前的残疾人定义具有明显的医学特征，与当今世界残疾人发展主流存在差距。根据联合国《残疾人权利公约》，残疾人指肢体、语言、听力、精神、智力或多重存在长期缺损的人，这些缺损与各种障碍相互作用，阻碍残疾人与健全人一样在平等的基础上充分和切实地参与社会活动。所以有研究者建议，应从发展型社会政策视角重新定义残疾人：因身心功能和结构受到损伤且受社会环境限制，参与社会活动、正常发展受到制约的人。[①]

我国主要依据残疾人的社会功能障碍程度来划分残疾等级，每类残疾划分四个等级，各个等级对应不同程度的自理能力。根据我国《残疾人残疾分类和分级》，可将残疾分为残疾一级（极重度）、残疾二级（重度）、残疾三级（中度）和残疾四级（轻度），不同等级代表残疾人活动受限的程度。我国目前将残疾人分为视力残疾、听力残疾、言语残疾、肢体残疾、智力残疾、精神残疾和多重残疾，不同的残疾类别需要不同的社会服务供给，因而在服务需求方面形成了较大的个体差异。

---

① 王磊：《残疾人社会服务研究——模式演变与体系建构》，科学出版社2020年版，第172页。

一是视力残疾。视力残疾指各种原因导致双眼视力低下并且不能矫正或双眼视野缩小，以致影响其日常生活和社会参与。视力残疾包括盲及低视力。

二是听力残疾。听力残疾指各种原因导致双耳不同程度的永久性听力障碍，听不到或听不清周围环境声及言语声，以致影响其日常生活和社会参与。

三是言语残疾。言语残疾指各种原因导致的不同程度的言语障碍，经治疗一年以上不愈或病程超过两年，而不能或难以进行正常的言语交流活动，以致影响其日常生活和社会参与。言语残疾包括：失语、运动性构音障碍、器质性构音障碍、发声障碍、儿童言语发育迟滞、听力障碍所致的言语障碍、口吃等。

四是肢体残疾。肢体残疾指人体运动系统的结构、功能损伤造成的四肢残缺或四肢、躯干麻痹（瘫痪）、畸形等导致人体运动功能不同程度丧失以及活动受限或参与的局限。肢体残疾主要包括：① 上肢或下肢因伤、病或发育异常所致的缺失、畸形或功能障碍；② 脊柱因伤、病或发育异常所致的畸形或功能障碍；③ 中枢、周围神经因伤、病或发育异常造成躯干或四肢的功能障碍。

五是智力残疾。智力残疾指智力显著低于一般人水平，并伴有适应行为的障碍。此类残疾是由于神经系统结构、功能障碍，使个体活动和参与受到限制，需要环境提供全面、广泛、有限和间歇的支持。智力残疾包括在智力发育期间（18岁之前），由于各种有害因素导致的精神发育不全或智力迟滞；或者智力发育成熟以后，由于各种有害因素导致的智力损害或智力明显衰退。

六是精神残疾。精神残疾指各类精神障碍持续一年以上未痊愈，由于存在认知、情感和行为障碍，以致影响其日常生活和社会参与。

七是多重残疾。多重残疾指同时存在视力残疾、听力残疾、言语残疾、肢体残疾、智力残疾、精神残疾中的两种或两种以上残疾。

3. 困境儿童

困境儿童是指因自身和家庭原因而陷入生存、发展和安全困境，需要政府和社会予以关心帮助的未成年人。他们之所以陷入困境，主要有两个方面的原因：一是来自外部原因，由于家庭出现问题，或者家庭根本不存在，因而对儿童的生活成长产生不利影响，如孤儿、弃儿等；二是来自儿童自身原因，由于身体或精神等原因，无法健康成长，如残疾儿童、重疾儿童等。①

目前，困境儿童主要包括孤儿，父母监护缺失的儿童，父母无力履行监护职责的儿童，重残、重病儿童，贫困家庭儿童，以及其他需要帮助的儿童。

一是孤儿，指失去父母或查找不到生父母，且未被依法收养的未成年人，主要包括：弃婴或弃儿，父母双方死亡或失踪的儿童，父母一方死亡而另一方失踪的儿童。

二是父母监护缺失的儿童，主要包括：父母双方服刑在押或强制隔离戒毒的儿童；父母一方死亡或失踪，另一方服刑在押或强制戒毒的儿童；父母一方死亡或失踪，服刑在押或强制隔离戒毒，另一方弃养的儿童；父母双方弃养的儿童；其他事实上无人抚养的儿童。

三是父母无力履行监护职责的儿童，主要包括：父母双方重残、重病的儿童；父母一方重残、重病，另一方死亡、失踪、服刑在押、强制戒毒、弃养的儿童；非婚生育，父母无监护、抚养能力的儿童。

四是重残、重病儿童，是指因自身残疾、疾病等导致康复、教育、照料、护理和社会融入等困难的儿童，主要包括：精神、智力残疾儿童；患重大疾病儿童。

五是贫困家庭儿童，指因家庭贫困导致生活、就医、就学等困难的儿童，主要包括：最低生活保障家庭的儿童；特困供养家庭的儿童。

六是其他需要帮助的儿童，主要包括：遭受侵害和虐待的儿童；失足未成年人；遭遇突发事件、意外伤害或其他特殊困难而陷入困境的儿童。

4. 其他处于困境需要帮扶的弱势群体

一些社会群体，由于各种各样的原因，陷入生活困境，需要获得外部的帮扶救助，才能摆脱困难，才能得到公平公正的发展。例如，在婚

---

① 陈鲁南：《"困境儿童"的概念及"困境儿童"的保障原则》，《社会福利》2012年第7期。

姻生活中遭受家庭暴力威胁的妇女，由于遭受火灾、水灾或疾病等不可控灾害因素而陷入生活困境的个人或家庭，在劳资关系中经常处于不利地位的受雇者。这些需要得到帮扶救助的人群，主要不是由于生理机能不足，而是由于经济与社会或自然等原因而处于困境。并且这些弱者并不具有明显的总体性特征，而且其困境常常是个体遭遇的偶然性因素导致的。

二、社会服务需求的类型

社会服务通常被提供给处于具体境况和有具体需求的个人，主要体现在两个方面：一是保护和管制；二是照料。一方面，保护服务对象远离社会不利境况，使之免受身体和精神上的盘剥或虐待，矫正存在越轨行为或社会问题的人，帮助他们融入社会。另一方面，为所有服务对象提供所需的服务项目，如日间照料、住所照料、应急服务、家庭帮助服务，以及其他支持性服务等。[①] 尽管具体到每个人的社会服务需求不同，但从总体来看，大体包括基本生活保障需求、日常生活照料需求、医疗健康需求、知识教育与技能培训需求等。

1. 基本生活保障需求

保障老年人、残疾人、特殊青少年以及其他弱势群体的基本生存、生活需求，是社会服务的基本功能之一。弱势群体由于自身在生理机能方面的缺失或不足，如老年人、残疾人的失能、半失能，常常使他们不能正常参与劳动就业，也就不能正常获取劳动报酬；或者由于客观条件限制，没有正常收入来源，如特殊青少年大多依靠家庭抚育，在家庭出现变故或经济能力不足的情况下，他们的生活、生存将受到极大影响。这些弱势群体的物质生活水平普遍不高，有时甚至无法维持正常的温饱水平，所以社会服务应当首先帮助他们解决基本生活困难。可以通过提供直接的经济支持或物资帮助，也可以帮助有劳动能力的人从事力所能及的工作以获取薪酬，从而解决他们基本的衣食住行问题。尽管社会服务在满足这方面的需求上，与社会福利、社会保障和社会救助等民生支

---

① 李兵：《国家社会服务政策框架——建议文本》，《社科纵横》2018年第6期。

持工作存在着交叉重叠,但满足衣食住行等基本生活需求,是体现人道关怀的基础实践,也是牵涉面广、投入量大的民生保障工程,所以仍是社会服务需要倾注关怀的重要方面。

2. 日常生活照料需求

相当部分的老年人、残疾人处于失能、半失能状态,所以在生活上不能自理,需要他人的照料和帮助,才能完成吃喝拉撒睡等基本生活行为。而对于特殊青少年来说,有的人由于年龄偏小生理发育不成熟,或者存在生理缺陷,以及社会化不足,所以缺乏生活自理能力,需要成年人的照顾和引导;有的人则是在成长过程中缺乏正确引导,再加上自控力不够而出现行为偏差,如酗酒、吸毒等越轨行为,需要外力加以管控,才能走上正常生活轨道。通常情况下,这类弱势群体的照料者是家庭成员或近亲属。不过,相当多的弱势者正是因为缺乏家庭和近亲属的关怀照顾才沦为弱势的,如流浪儿童、失独老人等。其实,家庭成员和近亲属作为照料者,照顾失能、半失能老年人、残疾人的生活,管控约束行为异常青少年的行为,压力较大,会影响照料者自身的生活质量甚至身心健康。因此,除了继续发挥家庭和近亲属的照料功能外,还应积极发掘政府和民间等主体提供的社会服务,通过市场化的力量和方式,提供更为优质和专业的照料服务。

3. 医疗健康需求

随着年龄的增长,人体机能会逐渐下降,所以老年人罹患疾病的风险比较高,尤其慢性病是困扰老年人身心健康的常见问题。而残疾人、特殊青少年以及其他处于困境的弱势群体,也会由于生活质量不高而增加患病风险。对于一部分特殊人员,如酗酒、吸毒等越轨行为的青少年,则需要专门的针对性医学矫正和康复治疗,从而使他们摆脱有害嗜好,免除身体机能下降乃至丧失的风险。另外,心理健康、精神健康问题在我国也逐渐引起社会各界的普遍关注,并且开始被当作疾患给予专业的干预和治疗。老年人、残疾人、特殊青少年以及其他身处困境的人士,因生活压力、疾患困扰等造成的心理和精神问题同样不容忽视。由于我国目前的医疗保障制度不够完善,保障水平普遍较低,政策执行过程中也存在多种制约因素，造成医疗费用支出普遍较高，给个人和家庭造成沉重的经济负担，仍旧严重制约着弱势群体的就医意愿和就医可能。由此，医疗健康服务也是当前社会服务的重要需求。在政府提供的各项医保政策支持之外，还应充分发挥各类社会组织的力量，通过多种方式、多种渠道连接各种医疗资源，为弱势群体提供医疗健康方面的救助，改善他们的身心健康状况。

4. 知识教育与技能培训需求

对于特定年龄段的青少年，掌握日常生活技能，学习科学文化知识，最终才能有效完成社会化。青少年时期是个体的人生观、价值观和世界观开始形成并逐步趋于稳定的关键时期，而良好教育是促进个体树立正确的人生观、价值观和世界观的重要途径，接受教育是青少年的法定权利和义务。基本完成社会化的成年人，仍需要通过接受进一步的教育和培训，以掌握某项职业劳动技能，这是弱势群体摆脱阶层困境实现向上流动的阶梯。对于那些器官机能或肢体发育不健全的青少年来说，他们的教育需要特殊的载体和手段，如手语、盲文、专业的知识和手法等，常规教育机构是不能胜任这种教育要求的。无论是处于一般困境的特殊青少年，还是属于生理机能欠缺的特殊青少年，要想有效完成教育与培训，习得在社会上生存的一技之长，都是非常不容易的，常规的教育与培训工作也难以有效满足他们的需求。社会服务可以连接多方面的资源，如教育培训所需的资金支持、师资力量、特殊场所等，有针对性地为这些弱势群体提供精准教育培训服务，以帮助他们树立正确的人生观、价值观和世界观，有效完成社会化，进而掌握在社会上安身立命的一技之长。

三、社会服务需求的层次

按照心理学家马斯洛的需求层次理论，社会成员在社会中生存与生活，主要有五种需求，通常被描绘为金字塔形结构，从层次结构的底部向上，这五种需求分别为：① 生存需求，人们需要食物、睡眠、性活动等维持基本生存与繁衍；② 安全需求，人们需要稳定、安全、受到保护、有秩序、能免除恐惧和焦虑等；③ 社交需求，人们需要与其他人建立感情联系以使精神愉悦,如结交朋友、追求爱情等;④ 尊重需求,个人的尊严、成就、名誉或地位需要得到他人的承认;⑤ 自我实现需求,人们需要通过发挥自己的能力或者潜能,做出让自己满意的成绩,实现自己的期待和梦想,并得到社会其他成员的认同或赞赏。

马斯洛认为,需求层次越低,需求力量越大。随着需求层次的上升,需求力量相应减弱。高级需求出现之前,必须先满足低级需求。在从动物到人的进化中,高级需求出现得比较晚,婴儿有生理需求和安全需求,但自我实现需求在成人后出现;所有生物都需要食物和水分,只有人类才有自我实现的需要。老年人、残疾人以及其他身处困境的社会成员,尽管他们各自面临的现实困境不同,需要满足的诉求不同,但这五种需求是基本的,所以社会服务的需求也应以此为据,划分出不同的层次,以便有针对性地实施救助。

1. 生存需求

生存需求是人的基本需求,也是社会服务的基础层次。身处困境的弱势群体,他们或因自身机能的限制,或因社会排斥的困扰,首要的困难是衣食住行等基本生活需求不能得到充分满足,所以面向这类弱势群体提供的社会服务,首先要向他们提供保障基本生活的物资支持。如给予达到法定年龄的老年人发放老年津贴,以保障他们能够衣食无忧、安享晚年。对于生活自理能力不足的老年人,需要提供日常照料,如由志愿者、社会工作者、互助团体组织等,为这类老年人提供采购衣食、陪护就医、卫生清洁等日常生活照料。对于生活困难、无劳动能力的重度残疾人提供基本生活保障,如通过低保、残疾人保障金、临时救济、定期补助、五保户供养、扶贫开发等多种途径,给予他们基本物质生活保障。① 而对于残障儿童、孤儿等特殊儿童的生存生活保障,直接的物质支持固然重要,但最根本的是使他们得到监护养育,如由国家、集体或民间组织创办社会福利事业,集中收养孤儿、弃婴,或者采用分散供养的方式,将其委托在社区群众家中寄养,由相关福利机构予以监护。对于因突发性公共卫生事件、洪涝自然灾害或其他灾害性事故而导致生活困难的人群,社会服务组织一方面可通过发放救灾食品、衣物和其他日用

---

① 林闽钢:《现代社会服务》,山东人民出版社2014年版,第261页。

必需品等物资以解决燃眉之急，另一方面可通过多种渠道提供多样化的经济援助，发放现金、消费券等，提升他们的消费能力。

2. 安全需求

一般来说，社会服务提供基本物质保障只是保证需要救助的困难人群能够生存下来，还谈不上使他们过上有质量的稳定生活，所以社会服务不能满足于保障弱势群体的基本生活需要，而要进一步提供更高层次的服务内容，以提高他们的生活质量，提升他们的生活稳定感和生存安全感。针对老年人身体健康水平逐渐下降的状况，需要提供老年保健服务，如定期为老年人提供身体健康状况检查，对罹患慢性病的老年人提供专门医疗服务，使他们在疾患发作期间能够得到及时治疗，从而使老年人在基本生存得到保障的基础上，能够获得基本的生命安全保障，不必为病痛或生命安全发愁。对于残障人士而言，其缺损的身体机能在医护帮助下能够得到最大限度的康复，或者借助外在支撑力量得到最大限度的弥补，是他们在基本生存得到保障之后的重要需求内容。《残疾人保障法》规定，国家和社会采取康复措施，帮助残疾人恢复或者补偿功能，增强其参与社会生活的能力。康复工作应当从实际出发，将现代康复技术与我国传统康复技术相结合；以康复机构为骨干，社区康复为基础，残疾人家庭为依托；以实用、易行、受益广的康复内容为重点，并开展康复新技术的研究、开发和应用，为残疾人提供有效的康复服务。[①] 与康复医保救助服务相配套，还需要康复器械、生活自理器具、特殊用品及其他辅助器具的生产供应和维修建设，如需要建设方便残障人士出行的盲道、无障碍设施，甚至在公共交通工具上配备残疾人专用座位等。对于因社会经济和文化变迁造就的弱势群体来说，如遭受家庭暴力的妇女、遭遇校园霸凌的青少年等，需要外力介入以阻止欺凌行为发生，如提供法律手段维护他们的正当权益，提供社会工作帮助他们建立社会支持网络等。

3. 社交需求

满足有效社交与融入的需求，是社会成员在生存保障和安全保障得以实现的基础上的精神心理需求。对于老年人和残疾人来说，身体机能

[①] 林闽钢：《现代社会服务》，山东人民出版社2014年版，第262页。

的缺少或缺陷导致他们在参与社会活动方面受到极大限制，只能局限在一定的空间范围之内。这种状况除了严重影响他们的生产生活外，也严重影响他们的社会互动，尤其是面对面的人际交往。例如，在我国，有相当部分的残疾人是由于眼盲或肢体残疾而无法自由活动，尤其是无法在户外自由行动而只能待在家中。而对于那些边缘群体，如刑释人员、戒毒人员等来说，他们曾经危害社会的越轨行为使他们被贴上异类的社会标签，所以难以被社会接纳，难以顺利回归群体生活。这种主观上的被排斥与隔离，常常使他们因不能融入正常生活而边缘化，甚至再次走上违法犯罪、危害社会的道路。因此，满足弱势群体或特殊群体的社会交往和互动需求，也是社会服务的重要内容。针对不同的人群和不同的需求，可以提供具体的社会服务内容。如对于肢体不健全、行动能力缺损的老年人、残障人士，除了建设或完善相应的硬件设施，以方便他们出行及参与社交活动外，在当前利用互联网进行线上交往越来越便利的条件下，也可以开发适合这类人群使用的电子产品和工具，帮助他们尽可能参与社会活动和人际交往。而对于被社会排斥或隔离的边缘人群，社会工作机构可以组织开展各种类型的活动，采用有效的专业方法和手段，帮助他们主动走出自我封闭与隔离，引导社区居民了解与接纳他们，从而使他们重新融入正常社会生活。

4. 尊重需求

尊重弱者、保护弱者的正当权益，是社会文明的体现。老年人、残疾人以及其他弱势群体由于不能正常履行社会责任或义务，反而需要政府、社会和家庭投入一定的人力、物力予以帮扶救助，所以一方面他们自身会产生愧疚感甚至负罪感，另一方面他们相对容易招致社会排斥和歧视。因此，由政府、市场和社会组织提供的社会服务，也需要满足他们获得社会承认和尊重的诉求，提升他们的自我效能感，提高社会对他们的接纳认同程度，既不歧视排斥他们，也不居高临下施舍同情。对于老年人，通过各种形式的文化宣传，倡导一种尊老敬老的社会氛围，除了使老年人得到切切实实的物质实惠外，也让他们能够切实感受到精神愉悦。例如，开办老年大学、老年活动中心等，为老年人提供各种文化娱乐服务，使他们在老有所养的同时还能够老有所乐。对于妇女，一方面要充分保障女性享有与男性同等的权利地位，另一方面要充分尊重女性的生理、心理特点，保护妇女的健康权益。例如：凡是适合妇女从事劳动的单位，不得拒绝招收女职工，保障妇女享有与男性平等的劳动权利；在晋升与专业职务评定等方面，应坚持男女平等，实行男女同工同酬；禁止妇女从事井下作业等重体力劳动及接触有害女性生理机能的有毒有害物质的工作；在女性怀孕、生育和哺乳期间，给予特殊保护。① 对于残障人士，各级政府及市场和社会组织所提供的无障碍设施不仅保障他们的基本生活与社会活动，而且充分尊重他们的合法权益。此外，全社会还应积极倡导形成理解、尊重、关心和帮助残疾人的社会环境，举办体现残障人士创造力的文体娱乐活动。

5. 自我实现需求

自我实现是指个体的各种才能和潜能在适宜的社会环境中得以充分发挥，实现个人理想和抱负的过程，亦指个体身心潜能得到充分发挥的境界。马斯洛认为，这是个体对追求未来最高成就的人格倾向性，是人的最高层次的需求。不过，大量事实表明，自我实现需求既可能在生存需求、安全需求与社交需求获得满足的基础上产生，也可能超越这些基础需求而表现为崇高的理想抱负。老年人、残疾人、困境儿童以及其他身处逆境的弱势群体，尽管他们需要在社会的关怀与救助下才能获得生存与发展机会，但是从普遍的人格倾向来看，弱势群体中的大多数人并不想一味依赖社会救助，而是希望在获得救助帮扶的基础上，依靠自身的努力来获取生活与发展所需，进而能够为社会发展做出自己的贡献。因此，社会服务提供者需要创造条件，让弱势群体能够发挥自身潜能，实现自身价值，满足他们的自我实现需求。自我实现需求得以满足的最典型表现是使弱势群体能够获得适当的工作机会，让他们能够凭借一技之长，既能够获得自身生活与发展的经济报酬，也能够为社会贡献力量。如老年人尽管在生理上不适宜从事耗费体力、精力的高强度劳动，但是他们见多识广、经验丰富，在一些需要丰厚知识积累的岗位上能够充分发挥余热，所以帮助这类老年人再就业，是社会服务的重要内容之一。

---

① 林闽钢：《现代社会服务》，山东人民出版社2014年版，第260页。

第二节　社会服务供给

为了满足多类型、多层次的社会服务需求，社会服务供给也出现了不同的主体，并且由于主体不同而形成了多种供给途径，同时也因为服务对象的差别而产生了多种供给类型。

一、社会服务供给的主体

社会服务供给的主体包括政府、私营部门、志愿部门以及其他主体。

1. 政府

传统社会中，社会服务供给的主体主要是个人、家庭以及慈善组织等非公共部门。进入20世纪以来，随着经济的发展和观念的转变，政府作为公共部门的代表，成为社会服务供给的重要主体，体现出现代社会福利制度的逐步建立。20世纪中期，对市场经济缺乏公平的批判成为社会主流思潮，政府参与社会服务成为保证社会公平的必要手段，福利国家得到快速发展；到了20世纪70年代，社会政策的重点从公平向效率转移，政府的社会福利角色和社会服务效果受到了质疑；20世纪90年代，社会政策又进行了相应的调整，政府不仅直接提供社会福利，而且对市场进行干预，同时兼顾了公平和效率，实现了政府职能的转变。

我国的社会福利发展也经历了多个阶段，在计划经济时期，呈现出政府全面干预的状态，而进入市场经济时期以后，社会福利发展也出现过政府缺位的现象。随着社会的发展和改革的深化，我国政府逐步承担起规范市场以及培育社会组织的主要责任，而且担当起维护社会公平的重要职责。[1]

政府干预社会服务制度的安排主要通过两种途径：一是直接提升社会公众福祉的国家福利政策，如社会保障收入、社会保险、教育服务、

---

[1] 张笑会：《社会服务与福利多元主义》，内蒙古大学出版社2020年版，第78—79页。

医疗服务、就业服务、社会工作服务等；二是间接提升社会公众福祉的经济、环境或其他政策，如推行最低工资以确保雇员的收入，减免个人所得税以提高可支配收入等，这些政策都可以促进相关群体的社会福利。[①] 随着现代社会的发展和政府职能的转变，政府在社会服务供给中的角色也不断发生改变，不再是单一生产者和直接执行者，而是政策规则的制定者和服务执行的监管者。

2. 私营部门

私营部门作为社会服务的供给主体主要指营利机构。20世纪80年代，西方福利国家面临着财政危机和民众需求扩张的双重困境，陷入了促进经济增长和发展社会福利的角色矛盾。[②] 在这种情况下，市场被作为资源配置的有效方式引入社会服务领域，打破了传统意识中政府作为社会福利和社会服务的重要甚至唯一供给主体，而私营部门由于社会服务的公共性不应涉入社会服务的思维。在此之后，营利机构成为社会服务的重要主体之一，与政府相互合作，一定程度上促进了福利国家的发展和政府职能的转变。

在我国社会服务的发展进程中，对于市场机制的高效性有着充分的认识，但是对于其并不具有分配性，难以保证社会公平方面预计不足。在市场机制被引入社会服务领域之后，购买服务成为社会公众获得社会服务的主要途径，市场化进程成为政府减少社会责任及社会公共投入的过程，这减弱了社会公众享有基本社会服务的权利，增加了社会不公平现象。[③] 随着改革的不断深化和社会服务意识的转变，政府逐渐意识到需要在保障社会公众基本社会服务权利的基础上，对有特别需要的非贫困群体提供有偿服务，而对于困难群体应保障其基本社会福利，从而真正实现社会公平。

营利机构作为社会服务的供给主体，主要通过公私合作的方式来提供社会服务。政府通过适当的制度安排，分离社会服务的生产和提供单

[①] 黄晨熹：《社会福利》，格致出版社、上海人民出版社2009年版，第169页。

[②] 陈振明：《加强对公共服务提供机制与方式的研究》，《东南学术》2007年第2期。

[③] 张笑会：《社会服务与福利多元主义》，内蒙古大学出版社2020年版，第80页。

位,并与营利机构建立服务分工体系和合作伙伴关系,政府的角色从公共产品和社会服务的生产者和提供者转化为购买者和监管者。这使得社会服务的提供通过民营化、合同外包、业务分担、共同生产、解除管制等多种方式不断发展出政府部门与营利机构相互合作的模式,共同对资源进行有效配置,既减轻了政府的财政负担,又增进了社会的整体福利。①

3. 志愿部门

志愿部门是不同于公共部门(政府)和私营部门(营利机构)的第三种社会服务供给主体,主要指非营利组织,或称社会组织。20世纪80年代以后,社会组织迅速发展,而政府失灵和市场失灵状况的出现,也为社会组织进入社会福利领域提供了现实环境。② 社会组织逐渐成为社会服务供给的重要主体,尤其是在政府不擅长而营利机构不愿意进入的领域,如儿童保护、老年服务、残疾人救助等领域,发挥了极为重要的作用,为弱势群体提供了服务,促进了社会公平的发展。

社会组织在我国的发展有一定的支持环境,同时也面临着较大的挑战。一方面,政府和社会公众对于社会组织的发展有较高的期待。政府希望社会组织可以承担公共部门和私营部门难以实现的社会服务内容,同时减轻政府负担以促进政府职能的转变;社会公众期待社会组织可以保护弱势群体,解决社会问题,促进社会公平。另一方面,社会组织在实际发展过程中,受到政策、资源、环境等多重限制,能动性难以完全发挥,行动力有待进一步提升。因此,社会组织要获得长足的发展,不仅需要自身的内部能力建设,如提高规范性、提升专业性等,更需要整体外部环境的改善,建立与政府及其他组织的良好合作关系。

社会组织具有不同于营利机构的核心特征:一是以供给社会福利和从事公共服务为组织目标;二是不以营利为目的,所得收入只用于符合组织目标的活动。社会组织的类型较多,比较有代表性的包括志愿组织、慈善组织、基金会、公共教育文化机构、公共医疗保健机构等。我国的社会组织主要有三种类型:一是社团组织;二是民办非企业;三是基金

---

① 林闽钢:《现代社会服务》,山东人民出版社2014年版,第77页。

② 林闽钢:《现代社会服务》,山东人民出版社2014年版,第78页。

会。在现实社会服务领域中,社会组织的准入门槛较高,除了以上三种主要的社会组织之外,还存在着大量草根组织和零星志愿者,共同构成社会服务供给的主体。① 社会组织参与社会服务,不仅有效减轻了政府的负担,提高了社会服务的效率,而且关注弱势群体和多元需求,极大地促进了社会公平正义。

4. 其他主体

社会服务的供给主体除了政府、营利机构、社会组织之外,还包括社区、家庭等,这些主体也在社会服务领域发挥着重要作用。

社区是指居住在某一地域的一定数量的人群,按照特定的社会关系和组织制度,进行社会活动的生活共同体。随着"社区发展运动"在全球范围内的兴起,社区逐渐进入社会服务领域。社区与居民有着极为密切的联系,社区不仅可以准确把握社会公众的真实需求,而且可以有效促进社会公众对于公共事务的参与,此外还可以使社会服务容易获得。因此,社区被认为是解决社会问题、提供社会服务的平台和主体,日益受到重视。

在我国计划经济时期,社区主要是政府职能在基层的延伸。随着市场经济的发展,我国的社会结构和社会关系发生了重要变化,社区成为加强人与人之间相互联系的主要纽带,同时也成为社会资源配置的重要方式,并且在社会治理中发挥着重要作用。因此,在我国社会福利发展和社会服务提供的过程中,社区扮演着重要的角色。

社区通过多种方式来提供社会服务,主要包括以下几种类型。第一,依托专业组织,提供社会服务。由服务机构在社区内为居民或特殊人群开展社会服务,这类服务的对象和目标很明确,专业性很强,资源较为充足,但是普通社区居民的参与度较低,不太重视地区资源的整合与动员。第二,开展社区营造,发展社区工作。以社区本身的组织为核心,通过与服务机构合作,提供较为全面的社区服务。这类服务可以促进居民更多地参与社区事务,有利于地区资源整合,但专业性较低,不易获得社区外的资源支持。第三,发动社区居民,开展志愿服务。通过社区组织和动员,社区居民主动了解社区事务,自发参与社区服务。这类服

---

① 林闽钢:《现代社会服务》,山东人民出版社2014年版,第77页。

务更加切合居民需求,有效充实了服务队伍,但是在服务目标和专业性上有所欠缺,因而需要进一步加强与专业组织的合作。

家庭是由婚姻、血缘或收养关系建立的社会生活基本单位,是人类生活重要的组成方式和情感纽带。家庭一直以来是社会服务的主要供给主体,是社会福利政策实施的重要依托平台。在我国的社会服务发展过程中,家庭更是承担着极为重要的作用。从个体的出生到成长直至年老,都离不开家庭的重要支持。不仅普通人需要依靠家庭,特殊人群更是离不开家庭的照顾和支持。

家庭作为社会服务的供给主体,有着生活照料、经济支持、情感慰藉等多种功能,具有低成本、高效率的极大优势。因此,在社会福利发展和社会服务供给过程中,应当对家庭给予更多的关注和支持,充分发挥其积极、重要的作用和价值。但与此同时,我们应清醒地认识到,社会福利与社会服务具备公共性和公平性的特征,是重要的社会责任,也是社会发展的重要方向,所以不能将家庭作为社会服务的最重要甚至唯一供给主体,不能将社会服务的提供主要甚至全部推给家庭。家庭应与政府、营利机构、社会组织、社区等共同组成社会服务的供给主体,在社会服务的过程中各展所长。

二、社会服务供给的途径

由于供给主体不同,社会服务供给的途径可以划分为三种基本类型:政府供给、市场供给、志愿供给。这三种基本类型有机结合,形成社会服务的多元主体供给。

1. 政府供给

政府供给是由政府作为社会服务的供给主体,在社会服务供给中全权负责,承担资金提供者、服务安排者和服务生产者等多种角色。政府供给具有以下优势:第一,政府供给具有权威性,常常通过制定法律制度来规范社会服务;第二,政府供给具有计划性,通过制订社会服务计划,经由行政管理体系,自上而下对社会服务的提供进行指导,控制社会服务发展的方向和速度;第三,政府供给具有普遍性,有需要的人群均可以成为社会服务的对象,不被排斥和歧视。

作为社会服务供给的基本途径，政府供给既有其优势，也存在一定的局限性。第一，服务效率易受批评。由于政府提供社会服务并不存在市场竞争，而缺乏竞争容易导致服务供给效率低下，或忽视服务供给质量。第二，服务效果难以评估。由于很难对政府部门提供的社会服务进行量化评估，所以社会服务的效果并不清晰，而评估的困难又进一步影响了政府部门建立有效的激励约束机制。第三，多元需求不易满足。政府的行政系统不可能掌握与社会服务相关的全部信息，也没有时间和能力做出多个备选方案，这导致政府会依据不完全甚至不准确的信息来供给社会服务，而社会服务对象又因年龄、性别、教育、收入等多种差异产生多元化需求，这种矛盾导致政府提供的社会服务难以准确、及时地满足民众的需求。第四，权力寻租导致腐败。在某些社会服务领域的生产和供给中，存在着利润空间。随着社会服务供给主体的多元化，将原来完全由政府垄断供给的一些社会服务的生产和经营权逐步下放到社会组织、市场企业等手中，这种权力带来的收益成为寻租的目标。而我国社会服务供给主体多元化处于起步阶段，缺乏对政府人员的有效监管，并且相关法律法规处于进一步完善中，这为权力寻租导致腐败提供了可能。[①]

2. 市场供给

市场供给是指不同的市场主体以自愿交易的方式实现各方利益的最大化，市场供给社会服务的模式对效率和利益的高度关注，使其具有政府供给不具备的优势。第一，引入竞争，提高效率。当市场与营利机构成为社会服务的供给途径之后，增强了成本意识和顾客导向，提升了社会服务供给效率，同时也减少了政府开支，减轻了财政压力。第二，注重评估，提升效果。营利机构本身非常注重成本与收益间的比较，这导致其在社会服务领域加强对于效果的量化评估，同时促使政府开始重视对于社会服务绩效的评估，从而决定如何支持社会服务机构。第三，鼓励差别化，满足多元需求。市场机制的引入，可以提供多层次的社会服务，使社会服务的差别化得以突显，从而满足不同类型服务对象对社

---

① 郑晓燕：《中国公共服务供给主体多元发展研究》，上海人民出版社2012年版，第83—84页。

服务的多元化需求。

不同于政府供给，市场供给的核心特征在于追求利润最大化，这一特点决定了市场供给社会服务时，营利机构在参与社会服务生产中存在不可避免的问题。第一，机构效益与服务目标的矛盾。营利机构的本质属性是追求效益最大化，这决定其在投入社会服务时以获取利润大小作为基本依据，因而特别愿意投入那些营利性强的服务领域，而对于经济效益小但是比较重要的服务领域，则不愿涉及，这与社会服务的目标不一致。第二，资源配置与社会公平的矛盾。社会服务对公众特别是弱势群体而言是必需品，所以社会服务应坚持普遍服务的原则，保证服务容易获得，服务对象被平等对待。然而，对追求利润最大化的营利机构来说，普遍服务的原则会使收益减少，所以服务的易获得性和公平性被打破，社会中的弱势群体难以享受到市场供给的社会服务，这也给社会公平带来了极大的挑战。①

3. 志愿供给

志愿供给的主体是社会组织，其在法律的约束下开展公益性活动，不以营利为组织的目标，所得收益不用于组织成员的个人收入，而用于社会组织与公益事业的发展。这一特性使社会组织不以利润最大化为目的，其核心目标是致力于促进社会公益事业的发展和推动社会服务的供给，最终促进社会的和谐与进步。因此，志愿供给的优势在于以下几点。第一，促进民众参与，解决社会问题。社会组织的建立，增加了民众参与社会治理的机会，拓展了民众投入社会服务的途径，增强了民众推动社会发展的能力，这也使得社会组织提供的社会服务能够更好地解决多种社会问题，推动社会公平正义。第二，推动社会创新，满足多元需求。要跟上社会不断发展的趋势，满足民众日益增长的社会服务需求，则要在社会服务的设计和提供上不断创新。而社会组织具备的多元价值观、利他主义精神、民主自主参与等特性，对于社会创新而言是非常有利的条件。因此社会组织可以在很多领域进行社会服务尝试，特别擅长服务小众和弱势群体，从而满足社会中各类人群的特殊需要。

---

① 郑晓燕：《中国公共服务供给主体多元发展研究》，上海人民出版社2012年版，第86—87页。

志愿供给依赖于社会组织的发展，而当前社会组织的发展面临着相当多的困境，这也给社会服务的志愿供给带来了挑战。第一，慈善资源不足，独立性不强。社会组织的发展需要慈善资源的投入，社会服务的提供也需要资金的支持。社会组织提供社会服务的资源支持主要依赖于政府购买服务、基金会资助、个人或组织捐赠等途径，而这些资源相对而言还是比较缺乏的，这使得社会组织要获得发展，必须极力争取出资方的支持，甚至满足对方的意愿。这一状况在相当程度上影响了组织的独立性和服务的持久性，从而使志愿供给模式下的社会服务在对象、领域、操作、评估等诸多方面受到影响。第二，人才流失严重，专业性有待提升。社会组织人员应当包括各类专业技术人才，如社会工作者、心理咨询师、教育工作者、设计师、法律人员、财务人员、管理人员等，而当前社会组织提供给各类人员的岗位与政府相比缺乏稳定性，与企业相比待遇较低，并且组织独立性较弱会影响专业性的发挥，因此诸多因素使得社会组织难以吸引和留住优秀专业人才，而人才的流失又进一步导致专业性难以提升，从而影响社会服务的效果。第三，地区发展不均衡，服务难以推广。社会组织的发展受到所在地区经济发展水平、文化开放程度、政策法规管理状况等诸多因素的影响，这使得社会组织的发展呈现出地区发展不均衡的局面。而困难群体较多的不发达地区，往往在社会组织的发展上也相对落后，这就形成急需服务的群体反而难以获得社会服务的困境。在社会组织相对发达的地区，可以提供优质的社会服务，可是想要将这些服务推广到更多地区特别是欠发达地区的时候，由于缺乏相应的环境和政策支持，常常会给服务的落地带来很大的挑战。

4. 多元主体供给

多元主体供给是指政府、营利机构、社会组织等各类主体分别参与社会服务的安排、生产和提供环节，共同为社会公众提供社会服务的一种制度安排。这种供给方式主要表现为政府在强化自身社会服务职能和责任的前提下，与营利机构、社会组织等通过共同行使权利、承担责任、投入资源等方式，来保障社会服务的生产和提供。多元主体供给模式突破了社会服务供给中政府、市场、社会组织间的对立状态和单一选择思维，体现了价值的多元性和主体的多样性，充分整合了三种供给模式的优势，有效避免了三种供给模式的局限性。第一，理清政府与市场、社会组织的社会服务边界，推动了政府职能的转变。社会服务的多元主体供给，改变了政府的全能型状态，通过委托和授权等方式，将社会服务的功能让渡给营利机构和社会组织，使政府、营利机构、社会组织各司其职，共同为社会服务的提供发挥作用。第二，引入了市场机制，提升了社会服务的效率和水平。社会服务的多元主体供给，打破了政府对社会服务的单一垄断状态，发挥出市场机制的竞争性和激励性，使社会服务的提供者更加重视效率，努力提高水平，使得社会服务资源得到优化配置。第三，促进社会组织的发展，回应了多元的社会需求。社会服务的多元主体供给，给社会组织的发展带来了契机。而社会组织根植于社会基层，贴近社区与人群，组织管理和运行机制相对灵活，可以根据社会环境和人群需求快速调整社会服务的方向和内容，创新社会服务的方法和技巧，为社会公众提供个性化服务，满足社会的多元化需求。①

建立社会服务多元主体供给模式，是当前完善社会服务体系的主要方向，其核心问题是探索政府、市场、志愿三种供给模式如何互补并各展所长，建立政府与营利机构、社会组织等多种供给主体之间的合作关系，从而提升社会服务供给的整体效果，因此多元主体供给模式面临着一系列挑战。第一，如何促使社会服务多元主体供给形成优势互补。如前所述，政府供给的优势在于具有权威性，能够使社会公众平等地享有社会服务，而其局限在于效率低下，难以优化资源配置。与此相对，市场供给的优势在于通过竞争能够达到资源的优化配置，但其劣势恰恰是由于追求利润的最大化而难以保证社会公众平等地获得社会服务。相对而言，社会组织作为志愿供给模式的主体能够对政府和市场做出补充，既能实现社会服务创新，优化资源配置，又能满足社会多元需求，保证社会公平。因此，不仅要引入市场供给打破垄断，而且要利用志愿供给的优势弥补不足，使社会服务的政府供给模式、市场供给模式、志愿供给模式有机结合起来。第二，如何推动社会服务多元主体供给形成有效

---

① 叶响裙：《公共服务多元主体供给：理论与实践》，社会科学文献出版社2014年版，第50—51页。

决策。社会服务供给主体的多元发展应以社会公众的需求为导向，区别于传统的以行政计划替代公众意愿和以精英设计替代公众参与。正因如此，了解公众需求，形成关于社会服务的有效决策至关重要。首先，政府要在社会服务政策的制定过程中，促使专家团体、社会公众、咨询机构等共同参与；其次，政府要在社会服务供给的过程中，对社会公众的多元需求和多种问题做出积极回应并采取有效措施；最后，政府要在社会服务决策的整体过程中，加强政府系统内部和外部的监督，既要强化政府自身的监督功能，也要发挥政府之外其他组织的监督作用。第三，如何保证社会服务多元主体供给形成激励与约束。社会服务供给主体的多元发展也需要有效的激励与约束机制，既要通过激励机制来提升供给主体的服务动力，也要运用约束机制来限制供给主体的不良行为。首先要完善政府自身的激励与约束机制，尤其是让社会公众特别是社会服务的主要对象对社会服务的内容效果及政府部门的工作绩效进行评估，从而促进激励与约束机制的建立与完善；其次要强化对营利机构与社会组织的激励与约束机制，不仅通过税收、补贴等多种方式激发营利机构与社会组织提供社会服务的积极性，而且通过制定政策法规、服务指引、评估标准等方式进行有效的控制与监督。[①]

三、社会服务供给的类型

就社会服务对象而言，社会服务供给主要有两种类型：一是针对弱势群体的社会服务，如社会救助、儿童保护、老年服务、残疾人服务等；二是面向全体成员的社会服务，如社区服务、婚姻家庭服务等。

1. 针对弱势群体的社会服务

这类社会服务是为了解决弱势群体的各种困难，完善社会救助体系，发挥社会保障和改善民生的托底作用，主要包括以下几种类型。

1）社会救助

我国的社会救助采取政府领导、民政部门牵头、有关部门配合、社会力量参与的工作协调机制。各级政府在社会救助领域有各自的职责：

[①] 郑晓燕：《中国公共服务供给主体多元发展研究》，上海人民出版社2012年版，第161—170页。

国务院民政部门统筹全国社会救助体系建设，国务院民政、教育、人力资源和社会保障等部门按照各自职责负责相应的社会救助管理工作；县级及以上地方政府民政、教育、人力资源和社会保障等部门，按照各自职责负责本行政区域内相应的社会救助管理工作；乡镇人民政府、街道办事处负责有关社会救助的申请受理、调查审核工作，具体工作由社会救助经办机构或者经办人员承担；村民委员会、居民委员会协助做好有关社会救助工作。

与此同时，国家鼓励和支持社会力量通过多种方式参与社会救助。第一，发展慈善事业。鼓励、支持自然人、法人及其他组织以捐赠财产、设立项目、提供服务等方式，自愿开展慈善帮扶活动。第二，引导社会工作专业力量参与社会救助。通过购买服务、开发岗位、实施政策引导、提供工作场所、设立基层社工站等方式，鼓励社会工作服务机构和社会工作者协助社会救助部门开展家庭经济状况调查评估、建档访视、需求分析等活动，并为救助对象提供心理疏导、资源对接、能力提升、社会融入等服务。第三，促进社会救助领域志愿服务发展。支持引导志愿服务组织、社会爱心人士开展扶贫济困志愿服务。加强社会救助志愿服务制度建设，积极发挥志愿服务在汇聚社会资源、帮扶困难群众、保护弱势群体、传递社会关爱等方面的作用。第四，推进政府购买社会救助服务。进一步完善政府购买社会救助服务的政策措施，鼓励社会力量和市场主体参与社会救助，扩大社会救助服务供给。制定政府购买社会救助服务清单，规范购买流程，加强监督评估。

我国建立了多层次、多类型的社会救助体系。

第一，基本生活救助。主要包括两方面的内容：一是最低生活保障，对共同生活的家庭成员人均收入低于当地最低生活保障标准，且符合当地最低生活保障家庭财产状况规定的家庭，给予最低生活保障；二是特困人员供养，对无劳动能力、无生活来源且无法定赡养、抚养、扶养义务人，或者其法定赡养、抚养、扶养义务人无赡养、抚养、扶养能力的老年人、残疾人，以及未满18周岁的未成年人，给予特困人员供养。

第二，专项社会救助。主要体现在以下几个方面。一是医疗救助，建立健全医疗救助制度，保障医疗救助对象如最低生活保障家庭成员、特困供养人员、县级以上人民政府规定的其他特殊困难人员等，获得基本医疗卫生服务；完善疾病应急救助，在突发疫情等紧急情况时，确保医疗机构先救治、后收费；健全重大疫情医疗救治医保支付政策，确保贫困患者不因费用问题影响就医。二是教育救助，对在学前教育、义务教育、高中阶段教育（含中等职业教育）和普通高等教育（含高职、大专）阶段就学的低保、特困等家庭学生以及因身心障碍等原因不方便入学接受义务教育的适龄残疾未成年人，根据不同教育阶段需求和实际情况，采取减免相关费用、发放助学金、安排勤工助学岗位、送教上门等方式，给予相应的教育救助。三是住房救助，对符合规定标准的住房困难的低保家庭、分散供养的特困人员等实施住房救助；对农村住房救助对象优先实施危房改造，对城镇住房救助对象优先实施公租房保障；探索建立农村低收入群体住房安全保障长效机制，稳定、持久保障农村低收入家庭住房安全。四是就业救助，对最低生活保障家庭中有劳动能力并处于失业状态的成员，通过贷款贴息、社会保险补贴、岗位补贴、培训补贴、费用减免、公益性岗位安置等办法，给予就业救助。五是受灾人员救助，建立健全自然灾害救助制度，对基本生活受到自然灾害严重影响的人员，提供应急救助、过渡期生活救助、旱灾临时生活困难救助、冬春临时生活困难救助和因灾倒损民房恢复重建等救助。

第三，急难社会救助。对遭遇突发性、紧迫性、灾难性困难，生活陷入困境，靠自身和家庭无力解决，其他社会救助制度暂时无法覆盖或救助之后生活仍有困难的家庭或个人，通过临时救助或生活无着流浪乞讨人员救助给予应急性、过渡性生活保障；加强和改进生活无着流浪乞讨人员救助管理，为走失、务工不着、家庭暴力受害人等离家在外的临时遇困人员提供救助；做好重大疫情等突发公共事件困难群众急难救助工作，将困难群众急难救助纳入突发公共事件相关应急预案，明确应急期社会救助政策措施和紧急救助程序。

2）儿童保护

我国的儿童保护社会服务体系坚持家庭尽责、政府主导、社会参与、分类保障的原则。第一，强化家庭是抚养、教育、保护儿童，促进儿童发展的第一责任主体的意识，大力支持家庭提高抚养监护能力，形成有利于儿童健康成长的家庭环境。第二，落实政府责任，积极推动完善保障儿童权益、促进儿童发展的相关立法，制定配套政策措施，健全工作机制，统筹各方资源，加快形成儿童保障工作合力。第三，积极孵化培育相关社会组织，动员引导广大企业和志愿服务力量参与儿童保障工作，营造全社会关心关爱儿童的良好氛围。第四，针对儿童监护、生活、教育、医疗、康复、服务和安全保护等方面的突出问题，根据儿童自身、家庭情况分类施策，促进儿童健康成长。

随着我国儿童保护体系的不断完善，儿童保护社会服务的内容也在逐渐增加，从困境儿童保障到农村留守儿童关爱再到未成年人保护，都成为儿童保护的主要内容。

第一，困境儿童保障。困境儿童包括因家庭贫困导致生活、就医、就学等困难的儿童，因自身残疾导致康复、照料、护理和社会融入等困难的儿童，以及因家庭监护缺失或监护不当遭受虐待、遗弃、意外伤害、不法侵害等导致人身安全受到威胁或侵害的儿童。我国提供给困境儿童的社会服务有保障基本生活、保障基本医疗、强化教育保障、落实监护责任等多项内容。我国通过多种途径与方式建立健全困境儿童保障工作体系：一是构建县、乡、村三级工作网络；二是建立民政、教育、社会保障、公安机关、妇联、残联等多部门协作联动机制；三是充分发挥工会、共青团、妇联、残联等群团组织的重要作用；四是鼓励、支持社会力量参与，孵化培育专业社会工作服务机构、慈善组织、志愿服务组织等，针对困境儿童的不同特点提供心理疏导、精神关爱、家庭教育指导、权益维护等服务。

第二，农村留守儿童关爱。留守儿童是指父母双方外出务工或一方外出务工另一方无监护能力、不满十六周岁的未成年人。农村留守儿童的社会服务主要包括以下内容：一是运用多种手段完善农村留守儿童关爱服务体系，如强化家庭监护主体责任、落实县乡镇人民政府和村（居）民委员会职责、加大教育部门和学校关爱保护力度、发挥群团组织关爱服务优势、推动社会力量积极参与等；二是通过多种措施建立健全农村留守儿童救助保护机制，包括建立强制报告机制、完善应急处置机制、健全评估帮扶机制、强化监护干预机制等；三是从源头上逐步减少儿童留守现象，为农民工家庭提供更多帮扶支持，引导、扶持农民工返乡创业、就业等。

第三，未成年人保护。随着社会的发展和观念的转变，政府逐渐认识到，不仅困境儿童、留守儿童等特殊人群需要社会服务，作为社会人群重要构成的所有未成年人，都应当纳入社会服务和社会保护的体系之中。我国提出从以下六个方面对未成年人实施保护：一是家庭保护，主要包括强化家庭监护责任、完善家庭监护支持政策、推进家庭监护监督工作、依法处置监护人侵害未成年人权益行为等；二是学校保护，通过加强未成年人思想道德教育、健全学校保护制度、有效防范学生欺凌、创新学校保护工作机制等途径来达成；三是社会保护，主要包括有效落实强制报告制度、切实发挥群团组织作用、积极指导村（居）民委员会履行法定职责、加强未成年人保护领域社会组织建设等；四是网络保护，主要包括完善未成年人网络保护法规政策体系、加强未成年人个人信息网络保护、加强防止未成年人网络沉迷工作等；五是政府保护，主要包括有效落实政府监护职责、加强困境未成年人关爱服务、建设高质量教育体系、加强未成年人健康综合保障、推进婴幼儿照护服务、加强和创新未成年人成长社会环境治理等；六是司法保护，主要包括依法妥善办理涉未成年人案件、加强少年法庭建设、深化未成年人检察法律监督、严厉打击涉未成年人违法犯罪行为等。

3）老年服务

我国在老年服务的供给中，实施多元主体供给模式。第一，政府供给。充分发挥公办养老机构及公建民营养老机构兜底保障作用，坚持公办养老机构的公益属性，重点为特困人员、经济困难老年人、失能失智老年人、计划生育特殊家庭老年人等提供无偿或低收费托养服务。第二，市场供给。开展城企协同推进养老服务发展行动计划，支持在养老服务领域打造具有影响力和竞争力的养老服务品牌，与此同时，制定加强养老服务综合监管的相关政策文件，建立各司其职、各尽其责的跨部门协同监管机制，完善事中事后监管制度。第三，志愿供给。将养老服务纳入政府购买服务指导性目录，制定政府购买养老服务标准，重点购买生活照料、康复护理、机构运营、社会工作和人员培养等服务。

我国建立居家为基础、社区为依托、机构为补充、医养相结合的养老服务体系，养老服务的内容涵盖社区养老、机构养老、老年医疗服务等。

第一，社区养老。社区养老是老年领域社会服务的主要方式，我国通过以下途径来开展社区养老。一是政府通过政策支持和购买服务，推动专业服务机构及其他社会组织为居家老年人提供生活照料、紧急救援、医疗护理、精神慰藉、心理咨询等多种形式的服务。二是将养老服务设施纳入城乡社区建设规划，建立老年人需要的生活服务、文体活动、日间照料、疾病护理等服务设施，方便就近为老年人提供服务。三是政府在财政、税收、土地、融资等方面采取措施，鼓励和扶持企业事业单位、社会组织、个人等兴办和运营老年人日间照料、文体活动等场所和设施。四是发扬我国邻里互助的优良传统，倡导邻里之间关心帮助有困难的老年人；发扬我国敬老爱老的文化传统，鼓励慈善组织以及志愿者为老年人开展服务。

第二，机构养老。机构养老是老年领域社会服务的重要内容。我国机构养老的主要内容如下。一是国家制定养老服务设施建设、养老服务质量和养老服务职业等标准，建立健全养老机构分类管理和养老服务评估制度。二是各级政府规范养老服务收费项目和标准，加强对于机构养老服务的监督和管理。三是建立公益性养老机构，优先保障经济困难的孤寡、失能、高龄等老年人的服务需求；设立经营性养老机构，满足社会中不同老年群体的多元需求。四是建立健全养老服务人才培养、使用、评价和激励制度，依法规范用工，促进从业人员劳动报酬合理增长，发展专职、兼职和志愿者相结合的养老服务队伍。

第三，老年医疗服务。医疗服务是老年群体特别需要的社会服务，我国通过以下措施来保障老年人的健康需求。一是政府将老年医疗卫生服务纳入城乡医疗卫生服务规划，将老年人健康管理和常见病预防等纳入国家基本公共卫生服务项目。二是国家鼓励医疗机构开设针对老年病的专科或者门诊，推动医疗卫生机构开展老年人的健康服务和疾病防治工作，支持专业组织为老年人提供保健、护理、临终关怀等各项社会服务。三是开展各种形式的健康教育宣传活动，普及老年保健知识，增强老年人自我保健意识等。

4）残疾人服务

我国在残疾人服务供给上坚持统筹协调、形成合力的原则，发挥政府主导作用和社会力量、市场主体协同作用，集成政策、整合资源、优化服务，推动残疾人事业发展。第一，国家通过扶持措施，对残疾人给予特别扶助，减轻或者消除残疾影响和外界障碍，保障残疾人权利的实现。第二，各级政府将残疾人事业纳入国民经济和社会发展规划，负责组织、协调、指导、督促有关部门做好残疾人工作。第三，中国残疾人联合会及其地方组织，代表残疾人的共同利益，维护残疾人的合法权益，为残疾人服务；依照法律法规、章程或者接受政府委托，开展残疾人工作，动员社会力量，发展残疾人事业。第四，采取政府购买服务、政府和社会资本合作等方式，加快培育助残社会组织和企业，吸引社会力量和市场主体参与残疾人服务。

残疾人服务的目标是维护残疾人的合法权益，保障残疾人平等、充分地参与社会生活，共享社会物质文化成果。因此，残疾人社会服务涉及多层次、多类型的各项内容。

第一，残疾人社会保障。在为残疾人提供更加稳定更高水平的民生保障方面，我国采取了以下措施。一是强化残疾人社会救助，为残疾人和残疾人家庭提供特困人员救助、医疗救助、急难救助等多方面的保障。二是发展残疾人托养和照护服务，通过政府购买服务对家庭中生活不能自理的残疾人提供必要的访视和照护服务，扶持托养服务机构为智力、精神和重度肢体残疾人等提供托养服务。三是提高残疾人保险覆盖率和待遇水平，帮助残疾人参加诸如养老、医疗、失业、工伤等多种保险。四是完善残疾人社会福利制度，如落实困难残疾人生活补贴和重度残疾人护理补贴制度，加强残疾孤儿、事实无人抚养残疾儿童的医疗、康复、教育等服务，为特殊困难精神残疾人提供康复和照护服务等。五是保障残疾人基本住房安全便利，改善残疾人居住条件，优先解决低收入残疾人家庭住房安全问题。

第二，残疾人就业创业。残疾人享有参与劳动就业的权利，这方面的社会服务包括以下内容。一是完善残疾人就业法规政策，落实残疾人就业支持政策，保障残疾人就业培训、就业服务、补贴奖励等相关资金投入。二是多渠道、多形式促进残疾人就业创业，开展残疾人就业促进专项行动。三是提升残疾人职业素质和就业创业能力，帮助有就业愿望和培训需求的残疾人普遍得到相应的职业素质培训、就业技能培训、岗位技能培训和创业培训。四是改进残疾人就业服务，健全残疾人就业服务体系，充分发挥残疾人就业服务机构和各类公共就业服务平台、人力资源服务机构、社会组织作用，为残疾人和用人单位提供全链条、专业化、精准化服务。五是维护残疾人就业权益，保障其平等就业和平等待遇的权益，防范和打击侵害残疾人就业权益的行为。

第三，残疾人关爱服务。残疾人在健康、教育、文化等各个领域均享有平等发展的权利，这体现在残疾人社会服务的诸多方面。一是残疾人健康服务，在基本医疗、公共卫生、心理健康、生殖健康等方面为残疾人提供就医便利，维护平等就医权利。二是残疾人康复服务，如完善残疾人基本康复服务内容，落实残疾儿童康复救助制度，开展精神障碍社区康复，加强残疾人康复机构建设，加强社区康复，推广残疾人自助互助康复等。三是残疾人教育服务，在义务教育、特殊教育、职业教育、高等教育等不同教育类型中为残疾人提供支持和帮助。四是残疾人文化服务，如开展残疾人群众性文化艺术活动，为盲人、聋人等残疾人提供无障碍文化服务，扶持残疾人艺术团开展巡演等。

2. 面向全体成员的社会服务

这类社会服务是为了提高社会成员的生活质量，满足社会公众对美好生活的需求，起到促进社会发展的功能，以下两种类型是其中的典型代表。

1）社区服务

我国的社区服务坚持共建共治共享的原则，充分调动社会组织、社会工作者、志愿者和慈善资源等社会力量，引导市场力量，更好发挥政府作用，构建多方参与格局。第一，强化政府在基本公共服务供给保障中的主体地位，优化村（社区）服务功能布局，促进服务资源高效配置和有效辐射。第二，发挥村（社区）党组织、基层群众性自治组织作用，支持群团组织积极参与社区服务。第三，健全社会力量参与社区服务激励政策，组织实施社会力量参与社区服务行动，推动社区与社会组织、社会工作者、社区志愿者、社区公益慈善资源联动开展服务。第四，支持社区服务企业发展，积极引导市场主体进入社区服务领域，鼓励开展连锁经营。

我国的社区服务体系，以社区为基本单元，以社区居民、驻区单位为对象，以各类社区服务设施为依托，以满足社区居民生活需求、提高生活品质为目标，实现为民、便民、安民的功能。社区服务的内容涵盖居民生活的方方面面，主要包括以下内容。

第一，社区为民服务。聚焦社区中各类人群的多元需求，推动基本公共服务资源向社区下沉。主要内容包括：一是强化社区养老、托育、助残服务供给，关爱照护困难群体和特殊人群；二是提升基层卫生、医疗保障服务能力，做好传染病、慢性病防控和儿童保健等工作，推进健康社区建设；三是加强基层公共就业服务，重点为社区中的失业人员、就业困难人员、高校毕业生、退役军人、农村转移劳动力、残疾人等群体提供服务；四是发展社区教育，扩大文化、体育、科普等公共服务供给，加强婚姻家庭文化服务。

第二，社区便民服务。推进城市便民生活圈建设，加快农村生活服务便利化，主要措施包括：一是引导市场和社会力量发展社区托育、养老等服务产业；二是鼓励发展社区物业、维修、家政、餐饮、零售、美容美发等生活性服务行业，满足居民多样化需求；三是鼓励引进专业化物业服务，建立健全业主和物业服务企业双向选择机制，完善城市居民委员会组织体系，指导和监督业主委员会、物业服务企业依法履行职责；四是依托村级综合服务设施、供销合作社等，强化农村地区农产品收购、农资供应等服务供给。

第三，社区安民服务。深化城乡社区警务战略，提升社区安全建设能力水平，主要包括以下内容。一是加强人员密集场所安全管理，开展安全教育培训和交通安全宣传，做好防灾监测、预警发布和应急避险安全防护工作。二是完善社区应急组织体系和工作预案，强化应急和风险防范物资储备保障，健全应急广播体系，拓展突发事件预警信息发布渠道，加强应急避难场所建设，引导社会应急力量有序参与应急处置。三是完善矛盾纠纷多元化解机制，推动普法宣传、人民调解、法律援助、公证等法律服务全覆盖。四是强化社区矫正、社区戒毒、刑满释放人员帮扶和精神障碍社区康复服务，为遭受家庭暴力的居民提供应急庇护救助服务，加强未成年人保护工作。五是支持各类社会组织、专业机构开展社会心理服务，提供精神慰藉、心理疏导、关系调适、社会融入等服务。

2) 婚姻家庭服务

相较于社区服务，我国的婚姻家庭服务尚处于不太成熟的状态。目前我国婚姻家庭社会服务的供给主体和方式主要包括：第一，由民政系统管理的婚姻登记机构为社会中有需要的人群提供婚姻家庭指导服务；第二，在政府购买的各类社会服务中尤其是依托社区开展的服务中包含有婚姻家庭主题的服务；第三，婚姻家庭领域的专业机构为社会成员提供的以收费性项目为主的服务。

婚姻家庭服务的内容涵盖了婚姻的不同阶段和状态，服务对象包括家庭中的多种成员，解决的问题涉及家庭中的多重关系。目前我国提供的婚姻家庭服务主要包括以下内容。

（1）婚前辅导。为即将进入婚姻状态的服务对象提供各种帮助，主要内容包括：一是宣传教育正确的婚姻家庭观；二是开展婚前心理评估或心理辅导；三是给予婚前心理调适建议；四是提供婚前法律咨询。

（2）婚姻关系辅导。为处于婚姻之中的有需要的人群提供多元服务，主要内容包括：一是开展婚姻质量评估；二是给予婚姻冲突调适；三是协助情感危机处置；四是提供重大变故处置。

（3）家庭关系辅导。为家庭中的各类人群提供多角度指导，主要内容包括：一是开展家庭关系评估；二是给予家庭冲突调适；三是提供亲子关系指导。

（4）离婚调适辅导。为结束婚姻关系的服务对象提供多重支持，主要内容包括：一是进行离婚原因分析；二是给予离婚心理调适；三是开展再婚评估；四是提供法律咨询。

思考题

1. 以残疾人为社会服务需求主体，分析其社会服务需求的类型和层次。

2. 以老年社会服务为例，分析其社会服务供给的主体和途径。

3. 以困境儿童为服务对象，分析其社会服务需求及其满足途径。

第七章
社会服务的内在机制

社会服务的内在机制不仅涉及服务供需双方,而且与服务资源密切相关。中国社会服务的内在机制总体上可以划分为社会服务的责权关系、社会服务的资源配置与社会服务的基本模式。改革开放以来,中国社会服务资源不断增加,服务供给不断丰富,服务对象不断扩大,同时也面临着诸多新的挑战。社会服务的责权关系、社会服务的资源配置、社会服务的基本模式等仍然是中国社会服务内在机制中的核心内容。

第一节　社会服务的责权关系

一、社会服务的责任主体

1. 社会服务的责任主体的内涵

社会服务不同于津贴，它是一种资源传递行动，由一批人和物连接着服务的需求端与供给端。人们的很多需求属于社会需求，应以社会性的方式来提供。由于个人或社会的原因，很多特殊人群包括老年人、未成年人（儿童和青少年）、残疾人等不能依靠自身和家庭来满足个人生存、发展的需要，而对他人和社会形成不同形式和程度的依赖。社会服务的责任主体是指那些为他们提供所需的必要的、便捷的服务，以保证其生活质量，保障其参与社会的权利，实现其个人及社会价值的主导者和参与者。社会服务的责任主体不仅负责提出相应的行动准则和行动路线，而且在这些准则和路线的指导下为达到上述目标而采取行动，进行行动方案决策、服务生产递送和对服务效果进行评估等。

2. 社会服务的责任主体的划分

作为一种准公共产品，社会服务的责任主体不仅仅涉及单一主体，而且需要多元主体的共同参与和通力协作。从服务的供给来源进行划分，社会服务的责任主体包括正式责任主体和非正式责任主体。正式责任主体是指国家（政府）、社区、社会组织等，这些主体具有官方权威性和法律约束性，通过制定、执行、连接所需政策和资源来满足服务对象的需求，在服务的供需环节体现出较强的行动力和组织力。非正式责任主体以个人、家庭成员和邻里亲朋或志愿者为主，其一般在社会服务需求的满足过程中不拥有强制的规范性，也不能做出统一、标准的需求回应举措，往往受到个人化的情感因素的影响。

在社会服务中，正式责任主体和非正式责任主体的协作模式特征就是主体多元，即包括国家（政府）、社区、家庭和社会组织等在内的多元参与主体协同合作，各个主体之间是一种既相互独立又相互依赖的横向联结关系。每种责任主体都具有自身的优势，同时也存在一定的不足。

第一，国家在社会服务供给责任中承担着十分重要的作用，国家是社会服务制度最重要的责任主体，有责任保障每位公民享有公平的生存和发展权利，它在社会服务中的责任是通过政府来具体化的。[①] 政府的合法权威性可将人民群众对于美好生活的共同需求上升为社会服务政策的国家意志，并通过一定的社会动员机制有力地执行社会服务政策，从而满足服务对象的需求。但由于它更关注宏观层面的普遍需求，难以细致关注每一位社会成员的个性化需求，同时一项社会服务政策的出台和落地存在时滞因素，健全的社会服务体系便无法依靠政府的单一责任主体来完成供给。

第二，社区作为社会服务的载体和依托，社会服务的有效发展离不开社区，特别是在老年社会服务方面，要大力发挥城乡社区供需对接、服务引导的作用，加强居家养老服务信息收集，建设社区日间照料中心等服务机构，增强老年社会服务的精准化、专业化和个性化。社区提供社会服务的关键在于资源的整合情况，它所面临的最大限制便是所拥有的社区资源总量和社区人才的整合能力。

第三，家庭一直是社会服务必不可少的责任主体，最初社会服务的风险属性由个人风险外溢成为家庭风险时，家庭孝文化和宗族观念的影响促使家庭内部成员自觉主动地相互提供经济支持、生活照料和精神慰藉。家庭成员的情感支持是其他社会服务的责任主体所无法提供的，服务对象在熟悉的生活环境和人际关系网络中，往往更容易获得心理上的放松和满足，优化社会服务的主观感受，但正是这种主观化的因素不利于整体服务质量的标准化评判。

第四，社会组织是社会服务的有效连接者，在国家治理现代化中，以社会团体、基金会、社会服务机构等为代表的各类社会组织将在社会政策的运行中扮演着参与者、实施者、合作伙伴、政策咨询者、福利服

---

① 丁建定等：《中国社会保障制度体系完善研究》，人民出版社 2013 年版，第 326 页。

务提供者的角色。① 单一的社会成员无法整合分散的资源和需求，一些具有共同诉求和利益倾向的社会成员自愿组成社会组织，进行服务需求的表达、服务资源的传递、服务质量的监管等。特别是在政府面临复杂的社会服务冲突时，迫切需要充分发挥各类社会组织在解决社会问题中的"安全阀"与"缓冲器"作用。

中国从计划经济向市场经济转型的过程中，社会服务的责任主体发生了较大变化，政府、社会、个人责任主体共担替代了计划经济时期的国家单一保障机制。社会服务与社会福利一样，也具有狭义和广义之分。狭义的社会服务是指社会服务所包含的生活福利性服务，即那些直接为改善和发展社会成员生活福利而提供的服务，如衣、食、住、行、用等方面的生活福利服务。狭义的社会服务等同于福利服务。广义的社会服务包括生活福利性服务、生产性服务和社会性服务。② 以福利服务的责任主体为例，计划经济时期传统福利服务制度由民政福利和职工福利组成，民政福利由国家举办，职工福利由企业举办，而当时的企业也从属于国家，因此国家（政府）成为单一的责任主体来源。③ 随着社会主义改造的进行，公私合营和私营经济都转变为单一所有制的国营经济，国家（政府）成为福利的"制定者"和"买单者"，企业成为福利的"输送者"。④ 福利多元主义理论认为，政府、家庭、社会组织和企业等多个主体都要在社会福利制度与服务的供给体系中发挥各自的责任和作用。而计划经济时期不论是福利的产生或执行，都是以单一主体为依托媒介，便不可避免地具有福利体系的不完全、福利水平的低层次以及社会服务的严重滞后等诸多不足。改革开放以后，中国对社会福利服务制度进行了改革，开始实行社会福利社会化，在国家、家庭之外引入市场、社会等责任主体，国家（政府）逐渐弱化直接供给者的角色，一方面引入市场和社会组织等多元主体，另一方面呼吁家庭和个人责任的回归，从而形成以国家（政府）为主导，社会、家庭（个人）、社区等多主体协作模式。

---

① 林闽钢：《中国社会政策》，武汉大学出版社2011年版，第29页。
② 郑杭生：《从社会学视角看社会服务》，《中国民政》2011年第5期。
③ 郑功成等：《中国社会保障制度变迁与评估》，中国人民大学出版社2002年版，第331—332页。
④ 周沛：《社会福利体系研究》，中国劳动社会保障出版社2007年版，第23页。

二、社会服务的主体责任

1. 社会服务中政府的主体责任

在社会服务框架中，政府作为最重要的责任主体，其主体责任主要通过社会保障政策法规和相关社会机制表现出来。从理论层面来说，社会服务作为准公共产品，很大程度上应由政府主导复合供给；从实践层面来说，社会服务涉及多方面利益关系，应该加强政府统领规划、沟通协调和监管规范方面的职责。因此，这需要充分发挥政府主导性，将政府责任贯穿于宏观规划政策与微观监管服务中的各个环节。例如，在老年服务领域，政府要积极构建、实施老年人照顾服务项目，广泛动员专业化社会组织力量，创新和优化服务提供方式等。具体来说，政府的主体责任主要包括以下内容：一是确定服务对象及其需求；二是明确中央政府和地方政府的职责分工；三是拓宽资源投入渠道；四是加大标准体系建设；五是完善监督管理体制。①

（1）确定服务对象及其需求。社会服务的核心在于明确服务对象的权利和需求，那么政府理应在制定社会服务总体规划时将总体目标人群和特殊人群进行逐一界定。一方面要确定社会服务的总体目标人群，即社会服务根本上在于为谁提供服务，意义上在于满足谁的需求，目标上在于完善谁的福祉；另一方面也要确定政府需要"兜底"的特殊人群，即那些丧失劳动能力和收入来源从而无法依靠自己和家庭正常生存的社会成员，必须由政府负责提供必要的最低生活保障。

（2）明确中央政府和地方政府的职责分工。中国人口众多、区域发展极不平衡、正处于社会经济发展转型期等诸多国情必然决定社会服务的发展道路充满挑战与困难。在此过程中，中央政府和地方政府应各司其职、分工明确、重点突破。中央政府要发挥其在宏观信息获取、统筹调剂能力及宏观调控方面的优势，主要承担社会服务政策规划和全国性社会服务统一管理，这既可提升社会服务体系的社会认可度与构建迫切度，又能为地方政府具体实施社会服务的过程提供统一的指导框架。地

---

① 李兵：《社会服务制度框架构建研究》，社会科学文献出版社2019年版，第77—78页。

方政府则要发挥其微观信息获取、人力资源丰富及紧密贴近地方等有利条件，主要负担社会服务项目具体组织实施及地方性行政管理等微观责任，并具体承担那些次要的、常态的、影响程度小的、支付风险小的社会服务项目。其中，对于更多地具有全国性公共产品特征的保障项目或部分，如既没有劳动能力又没有生活来源的残疾人、孤老、孤儿、优抚对象以及灾民的社会救助项目，应由中央政府主要负责。而对于具有较强的地方性公共产品特征、受益范围也一般局限于本地区居民，如城市居民最低生活保障，通常涉及家庭财产调查的具体问题，并且变动性较大，难以采用较为客观的标准的社会服务项目，则应由地方政府主要负责，并承担相应的财政投入和组织实施工作。对于社会福利制度，中央财政应当承担最基本的福利项目支出如基础教育补贴等，适当分担公共住房福利补贴及其他福利项目补贴，地方政府则可以适当发展地方性补充福利项目。①

（3）扩宽资源投入渠道。社会服务作为一项系统工程，需要一定的人、财、物等多种资源，政府需要拓宽资源投入渠道，提高资源使用效率，推动社会服务产业的发展。首先，政府要通过财政手段对社会服务给予一定的资金支持，用于社会服务的基础设施建设、服务项目补贴以及日常服务机构运作等。当前，年度中央财政支出预算大部分为一般公共服务支出和经济建设事务支出，其中社会服务事务的资金预算所占比例十分有限，必须深化行政管理体制改革，建立社会服务专项财政预算，并逐步扩大社会服务在中央财政支出中所占比例，实现中央财政对社会服务财政预算投入增长的常态化。在地方政府事权与财权相匹配的基础上，需要各级政府制定明确的社会服务财政预算，并通过公共决策程序将其制度化、规范化和法制化，让社会大众及时了解社会保障的收支情况并对其进行严格监督。其次，政府也要着力推动民间资本和社会力量的介入，促进社会服务领域供给侧结构性改革，优化社会服务领域资金资源投入使用方式，发挥社会力量的主体作用，激发社会活力。通过制定相关的政策文件，鼓励政府和社会资本建立合作模式支持社会服务业的发展，例如建设社区综合服务设施、运营社会服务网点、招募社会服

---

① 柯卉兵：《央地政府间社会保障权责划分的理论与实证分析》，《社会保障研究（北京）》2016年第2期。

务人员、将社区服务项目打包交由第三方进行投资与管理,从而培育出高效率、广覆盖、可持续发展的社会服务。

(4) 加大标准体系建设。社会服务业的发展离不开统一规范的标准体系指导,政府有责任制定相关的管理制度体系对服务的生产、匹配、递送执行全周期、全方位、全过程的责任管理。目前,社会服务业的准入标准和运营管理体系仍不健全,只是国家出台了相关的条例比如《国务院关于加快发展养老服务业的若干意见》,其中多是规定社区服务的硬件设施建设标准,缺失日后最重要的运营与管理方面的标准体系。社会福利服务的对象是社会大众,服务过程中的主观性、随意性强,容易受多种主观因素的影响。一旦出现服务纠纷,不仅难以理清纠纷的责任主体,而且增加了社会服务的负面舆论导向,从而导致社会大众内心对于社会服务的不信任感和疏离感。因此,政府应当尽快加大对于社会服务发展的相关标准体系建设,打通相关部门之间的壁垒,落实具体工作责任,加强民政部门、卫生健康部门、发展改革部门及人力资源和社会保障等多部门的职责分工合作,有目的、有计划地统筹推进、有序执行具体政策标准,形成齐抓共管、整体推进的工作机制。同时,这在一定程度上也能有力约束社区服务运营过程中各主体的行为,形成其主动提升综合服务能力的内源性动力。

(5) 完善监督管理机制。政府对社会服务负有监督管理责任,依据相关法律法规以及标准体系,对供给主体的社会服务情况进行监控,发现其中存在的问题,督促其及时进行整改和调整,从而有效保障社会服务的供给质量。具体来说,政府要制定科学合理的、可操作的、具体化的质量评估体系,对提供社会服务的企业、社会组织、社区等进行机构服务质量评估。评估的开展可由政府相关部门直接负责,也可委托给专业的评估机构,评估程序要规范、公正、透明。对于质量评估结果,要向被评估单位及时进行反馈,那些服务质量较好的机构可得到政府的一些税收减免或政策扶持,建立服务示范点,形成良好的积极带动效应;将那些服务质量较差的机构列入政府重点整治名单,将个别不积极整改的机构列入"黑名单"。

2. 社会服务中家庭的主体责任

家庭作为社会的细胞,是社会服务必不可少的基础性责任主体。自古以来，家庭就承担着为家庭成员提供物质生活、安全和照料的功能，天然的血缘关系促使家庭成员之间相互关心、相互扶持、相互帮助，个人的服务需求也在家庭内部得到满足。同时，社会家庭结构、居住距离、观念意识等因素都推动家庭成为不可或缺的完全责任主体。然而，在现代社会，由于家庭人口结构的小型化，越来越多的核心家庭出现，家庭成员之间的居住距离、流动频率增大，家庭抗风险功能式微，家庭成员的服务需求在家庭内部无法得到全部实现，家庭由传统的完全责任者演变为居于基础地位的责任者。

（1）提供最重要的情感支持。家庭是每一位社会成员接受服务的最直接场所，服务本身不仅涉及各种具体事务，更涉及服务对象与服务供给者之间情感关系的建立。相较于其他主体，家庭成员更了解彼此间的真正需求、性格特点，来自家庭内部的精神慰藉、关心陪伴更有利于提升服务的软性能力。尤其对于老年人来说，来自家庭成员提供的照顾成为首要选择，服务不仅仅是物质层面的供给，更重要的是精神层面的满足。

（2）发挥补偿性福利的作用。在现代社会，每位社会成员所面临的风险已由最初的个人风险扩展为家庭风险，随后发生外溢效应成为社会风险，风险的应对也需要进入一个日益高度社会化的过程。生产的社会化和交往互动的社会化都决定了家庭服务已不能适应社会发展现状，社会服务需求的满足需要组织动员全社会的力量。在很多农村及落后地区，服务的社会化进程仍十分滞后，很多社会成员在很多方面无法享受到全面的服务支持，社会化服务资源的缺失在客观上要求家庭福利仍需发挥重要的补偿功能。

3. 社会服务中市场的主体责任

市场主体在社会服务中居于一个互利双赢的地位，市场主体的目标是追求利益最大化，同时通过不断竞争、降低成本、提高质量，也获得了更多服务对象的认可与选择，进而逐渐强化市场主体的角色，增加市场主体的供给份额。① 随着服务对象需求的多元化，传统的政府兜底、家庭完全承担的社会服务供给模式已发生根本改变，充分发挥市场主体的

---

① 曹信邦：《中国失能老人长期照护多元主体融合研究：基于财务供给的视角》，社会科学文献出版社2020年版，第149页。

作用，逐步引入市场力量，成为新时代社会服务体系完善的基本遵循和方向指引。具体来说，市场的主体责任主要包括以下三个部分：一是提供多元化的服务资源；二是培育专业化的服务团队；三是覆盖广泛化的服务对象。

（1）提供多元化的服务资源。社会服务的目标是以服务对象的需求为导向，提供相应的专业服务，即以内容需求为核心进行资源匹配。市场在服务供给的准备和递送过程中具有其他主体所无法比拟的优势，市场的充分竞争性有利于激发市场主体挖掘服务内容的潜力和创造力，最大限度地满足服务对象对某项具体社会服务的期待。现阶段，政府不断加大对社会服务体系建设的政策支持，在中央政府和地方政府层面都出台了相关的文件来增加人力、财力、物力投入，但生活条件的改善导致服务需求呈现动态升级趋势，需要融入新资源和整合分散资源，而引入市场主体就可以很好地解决这个问题。充分利用现有政策，整合分散资源，发挥民间资本介入力量，持续丰富社会服务资源总量，进而优化配置服务资源。

（2）培育专业化的服务团队。市场的充分竞争性对服务供给者的能力水平、态度观念、纪律作风等都提出较高要求，推动社会服务市场从业者优胜劣汰。市场主体的参与、市场供求杠杆的作用，有利于规范社会服务行业的供给方行为，促进服务供给的职业化进程，吸纳多学科、专业化服务人员，搭建合理有效的分工协作机制，从而促进服务水平的持续提升，提高社会服务质量。

（3）覆盖广泛化的服务对象。由于政治、经济、社会等因素的制约，最初的社会服务覆盖对象十分有限，仅仅是政府兜底的三无人员、五保户。后来随着社会福利体系的完善，部分特殊群体如残疾人、儿童等逐渐被纳入其中。随着人口老龄化趋势的加剧，完善的老年服务成为社会迫切需求，需要在发挥政府主导作用的基础上持续提升市场主体的服务承载能力，扩大服务对象的覆盖范围，充分保障社会成员的需求得到切实满足。

4. 社会服务中社会组织的主体责任

国内外的实践都表明，社会组织是社会服务领域不可或缺的参与主体，具有政府、市场不可替代的作用。社会组织的自治性、非营利性、自愿性特征决定其成为社会服务多元主体的有益补充，即它在服务供给中是居于补充地位的责任主体。社会组织既可以作为政府和社会公众联系的桥梁和纽带，也可以作为独立运行的服务主体。

（1）发挥居中协调作用。在多元主体共存的发展态势下，每个主体都代表着根本不同甚至相互冲突的价值取向、利益诉求、目标原则等，它们都具有自己独特的运行模式与内在特征，同时也存在各自的失灵漏洞。各方主体需要通过合作进行优势互补，在社会服务领域实现自身的可持续发展。社会组织由于自身在社会结构中的特殊地位，可以作为一种中间机构发挥缓和调节矛盾的作用，为不同部门创造沟通合作的机会，整合不同部门的资源，进行优化整合。①

（2）丰富服务供给内容。虽然政府是社会服务的主导者，但面对复杂多变的服务需求，政府的统一性政策和举措很难照顾到各个群体或个人，导致一部分社会成员可能会游离于某项社会服务制度之外，其公平享有社会发展成果的权利无法得到保障。社会组织需要充分利用自身的自治性优势、更加灵活的工作方式和较高的工作效率，及时挖掘服务对象所拥有的资源与获取相关信息，弥补政府失灵或市场失灵，满足不同群体的特殊需求，发挥不可或缺的作用。

（3）促进服务资源优化配置。单一的政府供给存在垄断风险，而公共产品是一种数量和质量都难以直接界定的物品，公众也很难对政府的供给进行监督，容易导致服务资源的浪费甚至滥用。② 社会组织作为追求公共利益最大化的一方，可以打破政府垄断，增强公众对服务资源输送配置过程的监督力度，通过有效的外在约束，将服务资源进行最大化的整合和利用，提升服务资源的使用价值。

三、社会服务的责权关系

1. 社会服务中国家的责权关系

国家是社会服务制度体系的最重要和首要主体，理应主导社会服务

---

① 韩小凤：《我国老年福利供给的碎片化及整体性治理》，中国社会科学出版社2019年版，第123—124页。

② 郑晓燕：《中国公共服务供给主体多元发展研究》，上海人民出版社2012年版，第146—147页。

领域的发展方向与步伐,而具体的责任承担是通过政府部门履职来实现的。每一位社会成员都享有平等的生存权与发展权,国家有责任保障他们公平享有相关的社会福利服务,其中包括一系列从低层次到高层次的生存性、发展性、幸福性福利服务需求。生存性福利服务主要包括针对弱势群体的住房福利、健康福利和安全保障制度及服务;发展性福利服务主要包括社会成员的教育福利和职业福利及服务;幸福性福利服务主要包括社会成员的文化康乐福利、居住环境福利和养老服务等。[①] 回顾中国共产党的百年发展历程,其始终坚持人民至上,积极践行以人民为中心的理念,全心全意为人民服务,在每个社会发展时期聚焦人民群众的普遍性需求与特殊性需求,制定统一性的社会服务政策文件。

改革开放之后,国家重视经济建设与社会建设的协同发展,改变一味追求经济增长的局面,将努力提升人民获得感、幸福感提上重要议程。一方面,相继颁布了社会服务各领域的法律法规,如《老年人权益保障法》《中国儿童发展纲要(2021—2030年)》《"十四五"残疾人保障和发展规划》等;另一方面,逐渐加大对社会服务的财政投入,提高社会保障支出占GDP的比例。同时重点关注人民群众看病难、看病贵问题,推行分级诊疗、家庭医生等制度;努力解决大城市住房困难问题,推行经济适用房、廉租房等政策;尽量减轻城乡教育不公平程度,推行农村教育师资能力建设、教育资源配置等举措。

目前,在社会服务理念的认知方面,我国各级政府部门已经形成共识,需要围绕人民日益增长的美好生活需要和不平衡不充分的发展之间的社会主要矛盾来大力发展社会服务,从而使得人民群众共享改革发展成果。在社会服务体系的完善方面,公共部门在社会服务提供中责任边界不清,有的社会服务需求涉及多个部门,但因缺乏统一的协调机制导致服务无法生产或者服务重复提供;中央政府和地方政府的社会服务财政负担比例不明确,很多时候,社会服务的具体落实主要依靠地方政府投入大量的人力、财力、物力,易导致服务资源的不足或分化。因此,国家主体应继续肩负其在社会服务制度体系中的主导责任,为所有社会成员提供最基础的生存性福利服务,保证每位社会成员都能被平等对待。

---

① 丁建定等:《中国社会保障制度体系完善研究》,人民出版社2013年版,第310—316页。

同时，逐步扩大发展性和幸福性福利服务的对象覆盖范围，整合社会服务资源，形成相对稳定的服务投入规模，提升社会总体福利服务水平。

2. 社会服务中社会的责权关系

社会服务作为一种准公共产品，必须由多元主体共同参与、复合供给。如果仅仅依靠国家主体提供，则必然会忽视少数群体的特殊需求，也会降低社会主体在社会服务体系中的主体参与感，同时给国家财政带来沉重负担。适时发挥社会主体的作用，有利于扩充服务资源总量和增强服务供给能力。社会服务的社会主体主要包括企业、社会组织、家庭和社区等。

自改革开放起，我国企业发展速度和规模与日俱增，企业成为社会服务领域的重要参与者和责任分担者，使得公共服务社会化成为中国社会服务发展的方向。公共服务社会化是以社会成员的需求为依据，在不同类别的公共服务项目中鼓励各类社会主体（社会组织和普通民众）积极参与社会服务供给，形成以政府为主导、多方参与、普遍惠及各个阶层的服务格局。在公共服务尤其是社会服务领域，社会主体理所应当成为国家（政府）的重要合作者，实现不同主体之间的优势互补。首先，企业应该大力健全职工福利制度，经过新中国成立初期职工福利的探索，我国已经初步形成以国家为核心责任主体、各单位共同参与的较为完整的"国家-单位保障型"职工福利制度，开启了计划经济时期中国社会的"单位保障"时代。改革开放之后，职工福利作为城市社会福利制度中的核心主体，以就业为前提，具有"大而全"的特征，但不同性质、规模的单位内部职工福利待遇标准差异很大。这种严重的差异性主要源于中国职业福利制度缺失规范的统一性文件指导，没有统一的政策法规、统一的执行标准和统一的福利项目来有效控制职工福利的异化。职工福利是企业对内部职工进行劳动补偿的辅助形式，除了工资、社会保险费之外，企业职工还应合理享有直接和间接的物质、精神帮助。企业应当根据历史一般水平合理控制职工福利费在职工总收入中的比重，同时加强对职工福利费的财务管理、用途划分等。2019年4月8日，财务部公布了《关于加强企业职工教育经费财务管理的通知（征求意见稿）》，其中指出职工教育经费应专项用于提高职工素质和能力所需教育和培训支出，不得随意挪用和挤占、不得用于疗养和旅游等。此外，还应根据社会经济发展水平的变化建立动态性的职工福利标准和服务项目调整机制，参照当地物价、职工收入、企业经营收益等状况制定合理的职工福利供给水平。

当前，中国社会组织在社会服务的管理和供给过程中发挥着越来越重要的作用。中国有一大批社会组织将从事公益慈善作为自身发展的核心理念，开展实施了大批的公益慈善项目，较好地发挥着整合社会服务资源和满足多元化服务需求的作用。中国社会组织目前发展仍不完善，缺乏规范的管理机制、有效的监督制度和高效的财务管理等，这在一定程度上阻碍着社会服务主体作用的发挥。同时，一些社会组织在服务供给过程中还带有很强的营利性动机，一味地强调通过降低服务成本来保证利润最大化，损害服务质量和服务水平，社会成员的服务需求无法得到真正满足。因此，完善中国社会服务制度体系必须加强对社会组织的监督和管理，国家相关部门进行顶层设计，围绕社会组织参与社会服务供给制定一系列基础性监管政策条例。此外，也要重视社会组织自身的运营能力建设，从内部治理、战略管理、筹募管理、财务管理、人力资源管理、公益营销与公关、项目管理和公信力管理等方面对社会组织加以引导。①

社区和家庭在社会服务中承担着不可或缺的责任，构成社会服务资源的基础来源。从社区主体来看，社区服务覆盖社区内的每一位居民，提供社会救助、社会保险、社会福利等多样性的便民惠民保障服务。虽然当前社区是社会治理的主要组织依托，社区功能发展迅速，服务能力也不断得到提升，但城市和农村社区仍然差别较大，发展极不平衡。城市社区具备较多的专业工作人员，社区服务内容相对丰富，而农村社区工作人员短缺且服务水平不高，重硬件设施配备轻软性服务能力提升，服务供给多流于形式。下一步要加强农村社区建设，缩小城乡社区发展差距，发挥农村社区在助力乡村振兴中的作用。同时也要提倡社区互助服务，积极调动社区居民主体性参与，丰富社区服务内容，有步骤、有计划地从生活性福利服务推进到发展性福利服务再适度延伸到幸福性福利服务。近年来，家庭结构的变化导致家庭服务供给功能式微，例如一

---

① 马庆钰等：《社会组织能力建设》，中国社会出版社2011年版，第14页。

些空巢家庭的养老服务需求无法在家庭内部得到完全满足。长期以来，中国坚持家庭保障首位的传统仍未改变，我们应该基于新时代属性，对家庭的社会服务功能和责任进行合理定位，特别是在老年人精神慰藉、儿童心理关怀、残疾人家庭支持等方面发挥家庭的特有功能。

3. 社会服务中个人的责权关系

社会成员既是社会服务体系的主体，又是社会服务体系的客体。社会服务体系的对象是所有社会成员，每一个服务对象都对社会服务的供给负有责任。一方面，作为社会服务体系的客体，个人在享有社会服务的同时理应对社会服务进行过程监管和结果监管，发现其中的不足并及时反馈；另一方面，作为社会服务体系的主体，个人应力所能及地丰富服务资源和服务供给，积极提供相关服务（如志愿服务），参与多样化的社会服务体系建设。

中国社会服务体系的客体主要包括一般社会成员和特殊群体。不论是哪种类型的客体，都应该在社会服务体系中充分发挥自身的主体性，主动了解社会服务的相关法规政策，积极进入社会服务体系的覆盖范围。一般社会成员应如实反映自己的服务需求和已有资源，为社会服务的供给、匹配提供方向，不挤占、不浪费公共服务，促进资源的合理配置。特殊群体可积极申请一些相应的倾斜性社会支持服务，例如失能老人可以按照规定申请特定的照护服务，提升自己的老年生活质量。

作为社会服务体系的主体，社会成员应根据自身实际情况，力所能及地为其他社会成员提供一定的物质帮助和服务，进而从整体上增加社会服务受益水平。按照生理功能退化阶段，普遍意义上可将老年人按照年龄分为低龄老人、中龄老人和高龄老人。积极老龄化观念倡导提高老年人的社会参与度，重视老年志愿者在互助养老事业中的角色和作用。对于失能老人长期照护服务供给来说，应该鼓励低龄的健康老人与中高龄的失能老人结对子，帮助这些服务对象外出采购，以社区送餐、精神慰藉等方式发扬他们的志愿服务精神。发挥社会成员在社会服务体系中的主动性，还体现在社会服务的购买上。随着社会服务日益多元化，对于一些有偿性社会服务，社会成员应积极承担个人经济支出责任，通过向社会组织购买社会服务来满足自身的需求。

因此，为实现社会服务的可持续发展，应明确界定和明晰各方参与主体及其专属责任，避免参与主体缺位、越位等。完善中国社会服务的责权关系，应全面建立基于政府责任的国家福利服务体系，规范发展基于社会责任的家庭和社区服务体系，构建国家为主导、社会为支撑、个人为补充的多元化、多层次服务主体。

第二节 社会服务的资源配置

一、社会服务的资源配置的要素

1. 社会服务的资源配置的内涵

资源配置是对相对稀缺的资源在各种不同用途上加以比较并根据人们的需要而进行分配的过程。① 资源配置主要包括两层含义：一是人们对有限的、相对稀缺的资源进行合理配置，使有限的资源通过合理的配置方式和组合实现最大的产出效益；二是达到预定的产出效益而花费的成本最小。社会服务资源是作为一个整体所获得的来自国家、家庭、社会或个人的各种资源总和，包括土地、设施设备、款物、志愿服务、管理者才能、人际关系等一系列在社会服务过程中产生服务或帮助的资源。② 社会服务资源是达成需求的重要条件和凭借，资源占有的多少决定了服务对象需求的满足程度。从一定程度上讲，社会服务的过程就是对社会服务资源的整合与再分配。社会服务资源的配置，实际上就是以合适的要素组合对一定范围内的服务资源进行平衡和协调，从而实现服务需求与服务供给的精准匹配，达到社会服务资源利用最大化。服务对象的需求通过服务供给才能得到满足，服务供给必然需要一定的资源和条件作为基础，那么服务需求与服务供给之间的纽带就是通过合理的途径与方

---

① 江燕娟：《城乡机构养老服务资源配置研究》，经济管理出版社2021年版，第12页。
② 陈景亮：《浅析机构养老资源体系——以福建省为例》，《南方人口》2012年第1期。

式对服务资源进行优化配置。社会服务中的"需求-供给"对准性决定了资源配置的必要性以及资源要素的重要性。

社会福利体系是一个大福利系统，不仅包含社会福利制度，而且包含社会服务。社会福利制度是社会福利体系的基础，社会服务是社会福利制度的延伸和扩展。社会福利制度的目标是保障社会成员可以按需获得既定的福利享有资格，社会服务的目标则是按需匹配社会成员的福利需求与供给行动。社会服务与家庭服务具有本质上的不同：社会服务需要高度社会化和整体化，家庭服务在家庭内部进行责任分担与互帮互助；社会服务依靠社会关系进行支撑，家庭服务依靠血缘关系进行支撑；社会服务体现共同责任的理念，家庭服务体现个人及家庭责任的理念。因此，社会服务的资源配置是践行共同责任的必然要求，责任与资源密不可分，责任往往以资源的形式体现，例如个体的责任与资源、家庭的责任与资源、社会的责任与资源、政府的责任与资源。共同责任理念必然涉及协调相关主体责任，配置相关主体资源，因此社会服务的资源配置是实现通过资源传递有效满足社会成员服务需求的关键环节和必然要求。①

2. 社会服务的资源配置的要素结构

社会服务的资源配置的要素主要指在实现需求满足过程中所利用到的各种有形资源和无形资源，一般包括物力资源、财力资源和人力资源。物力资源主要指提供社会服务的各种有形设施设备，例如养老机构床位、社区服务站、残疾人社会公共设施等；财力资源主要指用来建设各类设施的资金保障和支撑，资金主要来源于各级政府拨款和民间资本融入；人力资源主要指社会服务的直接提供者和参与者，包括专业服务人员和志愿服务团队、个人。其中，物力资源是提供社会服务的物质载体，财力资源是提供社会服务的经济基础，这两者是制约社会服务的资源配置状况的硬性要素，而人力资源是提供社会服务的重要主体，也是社会服务的资源配置状况的软性要素。现阶段，强化社会服务的资源配置能力不仅要优化财力、物力和人力资源的投入总量和质量，而且要提升群体

---

① 丁建定：《论中国养老保障制度与服务整合——基于"四力协调"的分析框架》，《西北大学学报（哲学社会科学版）》2019年第2期。

之间、城乡之间、地区之间的供给公平度，进而才能扩大社会服务的受益面。具体来说，要分别对这些资源要素进行有效整合，将养老院、荣军院、社会福利院、残疾人阳光家园、社区医院、军休所等具有类似功能的机构加以功能融合，构建综合化的社会服务设施和场所；将养老金、医保金、养老服务券、残疾人津贴、高龄津贴等各类社会保障和社会福利资金加以分类集聚，形成规模化的资金给付；将医生、护工、社工、义工、社区工作人员、服务对象自身及其家庭成员等各种碎片化的人力资源加以综合培训，培育专业化的服务人才。如此，在优化配置社会服务资源的过程中，才能充分发挥各项要素的最大效用，努力增强各项要素的核心潜能，尽量避免所需要素的功能缺失和匹配错位。

财力资源是社会服务资源的物质基础，离开了财力资源的支持，社会服务失去生产的基本依托。在财力资源整合方面，政府应推进对社会服务的财政支持政策和税收优惠政策，通过政府购买社会服务等方式提供社会服务券、服务津贴、服务补助，增加服务对象的购买能力。对具有家庭照顾义务的家庭成员征收一定的费或税，对一些民办服务机构开设专属的信贷扶持计划，对特定的服务对象群体设立多主体责任均衡的社会保险（如长期护理保险）等，多渠道拓宽社会服务资源的投入途径，充实社会服务财力资源总量。

物力资源是社会服务资源的硬件载体，离开了物力资源的支撑，社会服务将失去递送的途径。在物力资源配给方面，一方面要及时补充更新社会成员的动态需求，根据需求的变化进行各项服务设施、产品的调整；另一方面要对功能重合的服务场所、机构进行合并与集中，以降低运营成本和提升服务效率。需要指出的是，要考虑城乡社会服务物力资源的不平衡现状，加大对贫困落后地区的服务物力资源支持力度，因地制宜建设当地急需的服务机构，通过结对子等方式协调富裕地区和落后地区之间的社会服务资源差距。

人力资源是社会服务资源的递送主体，离开了人力资源的介入，社会服务将失去行动的媒介。在人力资源配备方面，不仅面临人力资源总量十分短缺，而且面临人力结构不合理的问题。由于社会服务领域发展仍不充分不完善，社会服务从业者的薪资待遇低、社会认可度低、职业稳定性低，很难形成高效有序的服务人员队伍。急需培养和和吸引从事社会服务的专业社会工作者，建立稳定的、有吸引力的职业发展路径，肯定社会工作者的社会价值和资格认证，同时加强对社会服务从业人员的职业培训，吸纳多学科专业人才搭建分工协作团队，从整体上提升服务者的业务素质和职业水平。

二、社会服务的资源配置的目标

1. 有效满足社会成员的社会服务需求

在一定的经济社会发展水平基础上，政府有义务、有责任为所有社会成员提供最基本的保障其生存和发展的公共产品和服务[①]，体现了社会主义制度中蕴含的马克思主义公平共享权利理念。马克思对未来社会有这样的设想：生产将以所有的人富裕为目的，并且以所有人共同享受大家创造出来的福利为指引。马克思认为，社会应该坚持以人为本，尊重人们的发展要求，保证全体社会成员共享经济社会的发展成果，体现"普遍受益"原则。在马克思关于公平思想的基础上，恩格斯提出，在社会主义下，社会应该给所有的人提供健康而有益的工作，给所有的人提供充裕的物质生活和闲暇时间，给所有的人提供真正的充分的自由。在社会保障方面，马克思认为社会保险基金和救济金等发挥着保障民生的基础性作用，社会保障思想也是马克思主义公平理论的重要内容。推动社会服务资源优化配置是对马克思主义公平理论的继承与深化。具体来说，首先，社会服务是将相关服务资源传递给服务需求者进而达到其需求满足的过程，即利用相关服务资源实现需求满足的途径；其次，服务的供给与需求关系使得社会服务的资源配置成为核心因素，即如何将服务资源通过服务供给匹配给最需要的服务对象；最后，服务资源配置状况决定着服务对象的需求满足程度，即服务资源配置力的高低对社会政策实施效能和群众受益产生关键影响，不仅要准确识别服务对象的需求内容，也要思考精准有效的需求满足方式。

社会成员的服务需求得到有效满足作为社会服务的资源配置的终极目标和根本目标，不仅符合中国国情，也与国际经验一致。中国人口老

---

① 关信平：《全面建成小康社会条件下我国普惠性民生建设的方向与重点》，《经济社会体制比较》2020年第5期。

龄化和少子化特征明显,城乡社区发展差距悬殊、区域经济发展水平不同、社会服务设施建设基础仍需完善,基于需求导向进行社会服务的资源配置有利于进一步整合不同类别、不同功能、不同区域的服务资源,有利于进一步增强各类服务资源的应用价值,有利于进一步推动社会服务领域需求侧与供给侧的精准匹配。西方发达国家的有益做法也是非常重视服务资源的优化配置。一方面通过建立规范细致的服务需求评估程序来全面了解服务对象的真实需求内容,并据此对所需服务进行分类分层;另一方面通过运行相关服务资源的筹措、协调、整合机制来推动服务供给资源的更新升级,并结合个性化需求进行资源配置。社会服务的资源配置从根本上来说是实现需求满足的有效路径,需求满足的有效性取决于社会服务的资源配置能力即服务资源与服务供给之间的协调程度。高效的配置能力可以促进社会服务资源的物尽其用和服务供给效率的持续提升,科学的服务供给链将合适的服务资源包及时准确地递送给最需要它的服务对象,助力社会服务的资源配置的终极目标的实现,反之亦然。因此,社会服务的资源配置和服务需求有效满足之间呈现紧密的因果关系,一方的变动会对另一方产生直接影响,我们需要分阶段、分步骤地提升社会服务的资源配置能力。

2. 提升社会服务资源的功能化

当前,中国老龄化、高龄化、少子化的人口发展特征凸显,由此衍生的社会服务需求总量大以及需求种类日趋多样化、分层化,对中国社会服务的资源配置都带来了一定挑战。截至 2020 年底,全国共有各类提供住宿的社会服务机构 4.1 万个,其中养老机构 3.8 万个,儿童服务机构 735 个;社会服务床位 850.9 万张,其中养老服务床位 823.8 万张,儿童服务床位 9.8 万张,社区服务中心 2.9 万个,社区服务站 39.3 万个。社会服务的物力资源十分短缺,服务设施严重不足,同时从事社会福利服务的人员专业化、职业化水平也急需提升,其流动性较高、学历层次较低,这进一步加剧了社会服务资源的供需矛盾。

《中华人民共和国国民经济和社会发展第十四个五年规划和 2035 年远景目标纲要》提出,要坚持尽力而为、量力而行,健全基本公共服务体系,加强普惠性、基础性、兜底性民生建设,完善共建共治共享的社会治理制度，制定促进共同富裕行动纲要，自觉主动缩小地区、城乡和收入差距，让发展成果更多更公平惠及全体人民，不断增强人民群众获得感、幸福感、安全感。这为中国社会服务的发展指明了方向，也与每位社会成员服务需求得到有效满足的根本目标是一致的。囿于目前我国财力和人力等方面资源的有限性，我们无法做到短期内所有社会服务体系框架下服务资源的全部供给，只能通过对不同形态资源内部各项具体资源的协调与各类形态资源相互之间的衔接或配置，努力提升现有服务资源的功能化。这样做不仅有助于改变中国社会服务资源的碎片化现状，而且有助于提高各项社会服务资源的使用效率，帮助我们对其进行整体性治理和调配。任何需求的满足在实质上不只是服务对象得到某种资源，更重要的是通过某种资源所发挥的作用才能实现服务对象的需求满足，因此社会服务的资源配置的直接目标便是提升社会服务资源的功能化。资源功能化与需求满足度之间呈现正相关，即资源功能化越高，达成对象满足度越高。失能问题影响很多高龄老人的照护服务需求，常会涉及医养结合问题，因此医养结合的核心问题仍然是对服务资源的配置，如何将医疗方面和养老方面的单项具体资源按照功能进行整合，是医养结合的重点和难点。在财力资源方面，整合养老金、医保金、失能补贴等资金；在物力资源方面，整合养老院、医院、社区卫生服务中心等机构；在人力资源方面，整合护理员、护士、社工等人员。只有将上述资源进行功能聚类，形成有效完善的服务支持网络，才能最大限度地匹配综合化、个性化的服务需求。

三、社会服务的资源配置的途径

1. 评估社会服务的需求程度

坚持需求导向是发展社会服务体系的根本原则，也是提升社会服务精细化程度的基本保证。精准评估社会服务需求应当做到以下几点：其一，全面了解目前社会发展阶段特征和人口构成情况，结合当前国情和社会主要矛盾客观预测未来一段时间内城市和农村老年群体的服务需求，妇女和儿童群体的服务需求，以及残疾人等特殊群体的服务需求趋势；其二，通过相关部门协作，共享人口数据、社区服务等信息，建立社会服务信息网络平台，分地区、分省市、分类别细化社会服务的需求、供给信息；其三，建立社会服务需求评估规范，依靠民政部门力量设立专门的需求评估机构，由专业人员对服务申请对象进行初筛、测评、判定等程序，为社会服务的资源配置奠定基础。

2. 理清社会服务的主体责任

作为社会服务的中间环节和关键环节，社会服务的资源配置连接着服务的需求端与供给端，必须要理清主体责任。社会服务的责任主体包括家庭、社区、机构、政府、公益组织和个人，不同的责任主体肩负着各自专属的不同责任。家庭具有基于伦理义务的道德责任，社区具有基于契约的法律责任，机构也具有基于契约的法律责任，政府具有基于公民权利的财政责任，公益组织和个人的责任比较复杂（如道德责任、契约责任、法律责任等）。① 具体来说，政府应该在最困难人群的最迫切需求和最广大人群的最基本需求方面发挥兜底责任；社会应该在满足最广大人群的多元化、多层次共同需求方面发挥主导责任；个人和家庭应该在满足个体的差异化、个性化需求方面发挥首要责任。

3. 划分社会服务的资源类型

由于我国社会服务资源仍然较为碎片化，没有建立完整的服务资源库，不利于服务资源的合理配置。建议在市（区）一级按照功能对社会服务资源进行分层分类整合，按照生存性、发展性、幸福性三个需求层次分别建立不同群体的财力、物力、人力服务资源分库，针对多元化的社会服务需求分层分类提供相应服务。在分层方面，低收入人群作为较困难群体无法保障基本生存，他们的生存性需求理应由政府通过举办各类公共服务机构进行满足；中等收入及以上人群应根据自身及家庭经济状况，结合实际的发展性、幸福性需求选择购买由市场或社区提供的社会服务，政府可对其进行一定的补贴。在分类方面，对于身体健康的社会成员，倡导其积极自行解决服务需求，家庭和社区可以给予协助；对于健康状况欠佳的社会成员，可充分整合家庭内部、社区、社会的资源，

---

① 丁建定：《论中国养老保障制度与服务整合——基于"四力协调"的分析框架》，《西北大学学报（哲学社会科学版）》2019年第2期。

根据其个人意愿通过发放津贴或直接提供服务的方式进行自主选择；对健康状况较差的社会成员，其社会服务需求较为复杂，政府应该及时介入服务过程，匹配专业服务机构或提供入户嵌入服务。

4. 重视社会服务的机制协调

在社会服务体系建设过程中，社会服务的实施效果取决于社会服务资源的配置力，而服务资源的配置力又受到服务需求者自理情况所决定的需求力、服务需求者收入状况所决定的承受力、服务需求者的满足状况所决定的获得力的影响。因此，必须重视需求力、承受力、获得力和配置力之间的"四力协调"。① 首先，需求者的自理能力决定了服务需求状况，而需求是服务配置的方向和准则，基于服务需求选择合适的服务资源和递送方式；其次，需求者的收入能力决定了服务承受情况，不同性质的社会服务具有不同的收费标准，收入水平直接影响需求者是否有能力购买服务市场丰富的服务供给内容，要充分落实各项收入保障举措，增强服务购买能力；再次，需求者的获得能力决定了服务提供状况，不仅要促进社会服务项目对社会成员的全覆盖，而且要提升社会服务中的责权均衡水平；最后，在关注需求力、重视承受力、提升获得力的目标和前提下，强化服务资源的配置力，推进整合性社会服务发展，建设符合国情的社会服务体系。

第三节　社会服务的基本模式

一、普惠性社会服务模式

1. 普惠性社会服务模式的内涵

普惠性社会服务模式是基于"需要"原则向所有社会成员开放，他们可以无差异地享受国家提供的各种社会服务，覆盖对象不会因为收入

---

① 丁建定：《论中国养老保障制度与服务整合——基于"四力协调"的分析框架》，《西北大学学报（哲学社会科学版）》2019年第2期。

水平、年龄大小及家庭构成等条件而存在差别。普惠性社会服务模式强调保障全面和福利均等，国家通过向社会成员提供完善、全面的社会福利服务来保障他们都可以享受到高质、公平、均等的各类服务，它对所有社会成员一律平等，只要存在服务需求，即可申请获得相应的社会服务。很多国家在社会服务理念与实践上都秉承普惠性原则，将所有社会成员都纳入国家保障范围，认为国家对每位社会成员的服务需求具有满足责任。例如，挪威和瑞典的社会福利制度的突出特点是普遍性和均等主义，社会成员不需经过家计调查或其他甄别机制即可申请获得所需的社会服务。

2. 普惠性社会服务模式的选择

普惠性社会服务模式是基于公民的社会权利而设定的，在此框架下，每位社会成员都具备平等获得福利服务分配的资格。它的实质是在国家干预下，富有者向贫穷者、强者向弱者、就业者向失业者、成年人向儿童、就业群体向退休人员的社会财富及社会资源转移支出过程，体现着社会公正和社会权利平等。[①] 这种服务模式具备一定的优点。首先，它加强了社会团结，促进不同阶层之间在遇到风险时组成联盟共同应对，集体主义发挥效用来保障所有人的最低生活水平。其次，它促进了福利服务制度化。基于普遍主义原则，国家通过税收、财富再分配、资源转移等制度形式向所有社会成员承诺给予其基本社会保障和社会服务，强调社会成员的福利服务具有制度化保障。最后，它降低了社会贫困率。当贫困风险来临时，社会成员可以自由申请获得相应的经济补贴或服务供给，所有人都可以被国家的普惠性社会支持网覆盖。

普惠性社会服务模式也具有弊端。一是容易造成沉重的财政负担。所有社会成员无须经过任何形式的经济审查来确定其是否合乎资格或条件，虽然这在一定程度上减少了行政成本和操作复杂性，但人口老龄化加剧和人口预期寿命延长导致覆盖对象范围不断扩大，国家需要承担的普遍性社会服务责任所对应的财政支出规模也日益膨胀。长此以往，国家社会经济的可持续性发展会受到严峻挑战。二是极易产生福利依赖问

---

① 潘屹：《通往适度普惠的制度型福利之路：新时期我国福利制度发展研究》，《江苏社会科学》2019年第2期。

题。基于公民的社会权力而设立的普惠性社会服务模式极易滋生社会的懒惰、安逸风气，社会成员申请相应社会服务并不需要承担义务。例如，失业者宁愿领取救济金而不愿主动学习技能以寻求新的工作机会，陷入福利依赖的道德危机。三是无法保证完全平等。普惠性虽然给予每位社会成员平等的准入机会，但因为它缺乏严格审查而无法保障过程公平和结果公平。例如，两个致贫原因不同的贫困者却享受相同的社会服务，这在一定程度上会带来更多不公平现象。

二、选择性社会服务模式

1. 选择性社会服务模式的内涵

选择性社会服务模式是基于"补缺"原则，通过家计调查或者群体甄别等方式将那些最需要帮助的社会成员挑选出来列为服务对象，例如穷人、残疾人、老人、儿童等可以获取国家提供的特定福利服务。选择性社会服务模式只覆盖符合申请条件的部分群体，只有当他们的收入、资产状况或个人情况符合设定的范围时，才具备相关的社会服务享有资格，呈现部分性与差异性的特征。在发达国家的社会服务发展历程中，选择性社会服务通常被认为国家无须承担为每位社会成员提供社会服务的责任，个人的社会服务需求满足理应由个人家庭成员或市场自主购买来完成。只有当家庭和市场两大主体都无法满足时，国家才能介入其中并提供兜底的社会服务，发挥暂时的补救作用。例如，在美国，国家不对所有成员进行保障承诺，只为极度贫困人群建立安全网支持，提供基本的服务保障，而其他人群仍需要个人自行解决服务需求。

2. 选择性社会服务模式的分析

选择性社会服务模式一般受国家意识形态或国家社会经济发展状况决定，在社会福利资源再分配过程中既注重个人需求又配合收入审查，希望将有限的资源分配给最需要的人群，主张面向特定、特殊的群体提供特殊的服务。选择性社会服务模式是一种对社会福利和社会资源进行直接限定的方式，具有一些显著的优点。首先，它有助于减少社会福利资源的浪费，根据需求评估和家计调查的双重结果来确定服务对象的资格范围,可以进一步精准面向真正需要帮助的社会成员个体,在一定程度上减少了国家保障所需的财政开支和资源分配总量,推动有限的可用资源集中于最困难的人群。其次,它有助于鼓励社会成员积极承担社会责任,可以有效地克服普遍性社会服务模式造成福利依赖的弊端。由于只有少部分群体被纳入社会服务资格范围,大部分社会成员无法依赖社会福利,只能转向积极工作积累自我及家庭保障能力,这从整体上来说也可共同助力社会的稳定发展。最后,它有助于促进社会公平程度的提升,那些由于先天缺陷、意外灾害或机会缺乏等原因而无法与其他成员公平竞争的个体可以获得额外的制度倾斜,通过相关申请程序可以获得一定的社会服务帮助。特别是在服务资源紧张的情况下,这种模式可以有效促进社会财富的公平分配和共享。

选择性社会服务模式也具有缺点。一是它会对服务对象造成不良的心理影响,在服务供给者与服务享有者之间可能形成施舍、恩赐的关系误区,国家(政府)一旦将这些服务对象设定为"弱者",其他社会成员也会对他们进行贴标签和歧视,认为他们是"社会的负担""无用的人"等。长此以往,极易影响服务对象本人接受帮助的后续意愿和心理健康。二是它可能会产生信息漏洞,各种社会服务信息一般通过网络、媒体、社区等途径进行宣传,而那些真正需要帮助的社会成员往往处于在网络上不活跃、在社区被忽视、在媒体不发声等信息滞后局面,很难及时有效地获取全面、最新的社会服务消息推送,最有需求的社会成员却成为被数字社会信息"漏掉的个体"。三是它会产生一定的行政运作成本和时间,社会服务的申请对象不仅要接受需求评估,更要接受严格的家计调查,其中涉及多种专业工作人员相互分工配合,根据细致的规定和复杂的服务供给系统来判定他们是否具备享受资格、应该匹配何种社会服务、如何供给具体的服务内容等。

三、适度性社会服务模式

1. 适度性社会服务模式的内涵

适度性社会服务模式是由选择性社会服务模式向普惠性社会服务模式过渡的中间道路,即社会服务从基本的、有限的水平向适度的普惠性转变。王思斌认为，普惠性社会服务是一种质的进步，在公共话语中，似乎普惠性社会服务已经成为关乎道德的一种占主导地位的主张。适度性社会服务是面向全体国民同时又涵盖社会生活基本领域的社会政策和制度。① 社会服务是现代文明进步的标志，虽然可以有效稳定社会发展环境和体现一定程度的社会公平，但它也受到所处时代的政治、经济和文化条件影响，呈现出不同的服务内容和服务特征。

"适度"主要包括三大内涵。一是适度水平，即社会服务的供给规模和经济发展水平相一致。国家提供的社会服务的主要目的是满足社会成员的基本需要，服务供给水平的确定要充分考虑同期社会经济发展水平，不可盲目追求过高的提升速度。二是适度参与，即社会服务进程与国民观念、社会发展相一致，在服务涉及与参与过程中，不仅要发挥国家（政府）的主导作用，还要鼓励家庭、个人、社会等多元主体共同参与，更好地整合服务资源，满足不同人群、不同层次的服务需求。三是适度标准，即社会服务实现程度与物质技术条件相一致。服务供给要考虑到每位社会成员的个人特质、发展潜力和所处硬件设施的不同，要承认平等的服务机会并不意味着服务结果完全均等，合理的服务标准也是按需公平分配的体现。

2. 中国特色适度性社会服务模式的探索

中国的社会福利事业可以分为两个阶段：一是1949—1977年的计划经济时期的传统福利；二是1978年改革开放以来至今的新型福利。在中国计划经济时期实施的传统社会福利是一种典型的补救福利，政府统一出资为生活困难的老人、孤儿、妇女和残疾人等特殊群体提供生活保障。同时它是福利和救济、工资相混合，国家、单位和家庭福利相混合，也是一种具有明显的城乡差异的社会福利。② 此处的适度普惠性社会福利也包含社会服务在内，当前我国既要基于社会主要矛盾的变化来提升选择性社会服务模式的惠及程度，又要根据现实国情来规划普惠性社会服务

---

① 王思斌：《我国适度普惠型社会福利制度的建构》，《北京大学学报（哲学社会科学版）》2009年第3期。

② 邓大松、刘昌平等：《中国社会保障改革与发展报告2019》，人民出版社2020年版，第300页。

模式的发展步调,迫切需要构建适度性社会服务模式。

当前,随着中国社会保障制度的日益完善,社会服务的发展也初具普惠性,社会服务所占GDP的支出比例逐年上升,国家对于社会服务的财力、人力、物力投入规模都不断扩大。但是,社会服务的投入增加不一定带来供给和受益的同等增加,而扩大受益范围和提升受益程度是社会服务发展的最终目的。国家发展改革委等部门联合印发的《"十四五"公共服务规划》提出,正确处理政府和市场关系,持续推进基本公共服务均等化,多元扩大普惠性非基本公共服务供给,丰富多层次多样化生活服务供给,努力增进全体人民的获得感、幸福感、安全感,推动全体人民共同富裕迈出坚实步伐。

现阶段我国应积极建设适度性社会服务模式,在内容体系上从物质保障延伸到社会服务,根据新的社会风险不断丰富完善社会服务项目体系(例如建立综合性社区服务网络),从仅解决温饱问题提升到让社会成员拥有尊严和体面的生活。在结构体系上坚持以解决人民日益增长的美好生活需要和不平衡不充分的发展之间的矛盾为发展导向,从传统的社会服务覆盖部分人到新型的社会服务覆盖所有人,通过制度设计,逐步缩小社会服务供给的城乡差距、区域差距和群体差距。在层次体系上坚持国家、个人、社会三方责任分担,积极探索各种社会组织有效融入社会服务供给体系的可行路径,动员各种力量参与社会服务事业,扩大个人和社会主体的参与比例,形成个人自我保障、家庭内部支持、社区邻里互助、社会守望相助的和谐氛围。

思考题

1. 简述社会服务的责任主体、主体责任及责权关系。
2. 简述社会服务的资源配置的要素。
3. 简述社会服务的资源配置的目标。
4. 简述社会服务的资源配置的途径。
5. 简述普惠性、选择性及适度性社会服务模式的内涵。

第八章
社会服务的主要内容

本章主要阐述了老年社会服务、健康社会服务、青少年社会服务和残疾人社会服务的主要内容,具体包括老年社会服务的需求与供给、老年社会服务的内容与方式、老年社会服务的体系化与专业化;健康社会服务的需求与供给、健康社会服务的内容与方式、健康社会服务的体系化与专业化;青少年社会服务的需求与供给、青少年社会服务的内容与方式、青少年社会服务的体系化与专业化;残疾人社会服务的需求与供给、残疾人社会服务的内容与方式、残疾人社会服务的体系化与专业化。

第一节　老年社会服务

一、老年社会服务的需求与供给

1. 老年社会服务的内涵

老年社会服务又称老龄服务、养老服务、社会养老服务或老年人照顾服务，是社会服务的核心内容之一，同时也是我国社会保障制度内容体系的重要组成部分。老年社会服务是以满足老年人养老服务需求、提升老年人生活质量为目标，面向所有老年人，提供生活照料、康复护理、精神慰藉、紧急救援和社会参与等设施、组织、人才和技术要素形成的网络，以及配套的服务标准、运行机制和监管制度。[①] 2018年的《老年人权益保障法》专门用第四章的第三十七条至第五十二条对老年社会服务进行了规定，老年人享有社会服务的权利。老年社会服务是国家或社会对处于生命周期最后阶段的社会成员，通过提供劳务活动的形式来满足其必要的物质生活和精神生活方面的保障、照顾和慰藉以幸福地度过晚年生活。

老年社会服务的内容以老年社会服务需求为基础形成特有项目构成，依托于老年社会服务供给主体形成独特的服务方式，并伴随老年服务的体系化，逐步提升老年社会服务的专业化。2017年6月，《国务院办公厅关于制定和实施老年人照顾服务项目的意见》明确指出，立足老年人法定权益保障和服务需求，整合服务资源，拓展服务内容，创新服务方式，提升服务质量，让老年人享受到更多看得见、摸得着的实惠，使老年人共享改革发展成果，推动实现老有所养、老有所医、老有所为、老有所学、老有所乐。

[①] 林闽钢：《现代社会服务》，山东人民出版社2014年版，第119页。

2. 老年社会服务的需求

老年社会服务的需求是 60 岁及以上的社会成员对社会服务的要求，是国家和社会回应老年人需要的体现。国际上一般将 60 岁或 65 岁及以上的人士称为老年人口。目前我国仍采用 60 岁及以上的老年人口标准。如果一个国家或地区的 60 岁及以上人口占总人口的比重超过 10%，或 65 岁及以上人口占总人口的比重超过 7%，则这个国家或地区就被认为进入老龄化社会。如果上述比重达到 20% 或 14%，则进入老龄社会。①

对老人而言，社会服务可以满足其三项需求：第一，社会化和个人成长的需求；第二，在执行日常生活任务时，需要协助的需求；第三，在生病或遇到其他危机时，需要个人协助的需求。笔者认为，老年社会服务需求以老年人需求为核心，主要包括生活性服务需求、发展性服务需求和幸福性服务需求。

1) 老年人的需要

关于需要的测量，仍是一个有争议的问题。有的学者倾向于以客观的基本需要为基础，有的学者则认为个人的主观感受才是最重要的。需要的基本界定既包括主观感受的需要、由他人（通常是专家或专业人士）定义的需要，也包括在与同一群体中的其他人进行比较时表现出来的需要。

老年人的需要，具体包括健康维护的需要、经济保障的需要、就业休闲的需要、社会参与的需要等。一是健康维护的需要。老年期是疾病多发期，健康维护是老年人最为关注和渴望满足的需要。通过健康维护，老年人建立健康的生活方式，获得适宜的生活照顾，并得到康复服务。二是经济保障的需要。在传统社会中，老年人依靠子女提供经济供养，但在现代社会中，老年人需要通过领取退休金、养老保险等途径来得到赡养，从而获得经济方面的保障。三是就业休闲的需要。许多达到退休年龄的老年人还有继续工作的愿望。因此，重新就业成为其基本需要。也有许多老年人打算好好享受生活，因此，养花、养宠物、书法绘画等成为他们新的需要。老年人需要有机会发挥自己的专长，也需要有机会

---

① 黄晨熹：《社会福利》，格致出版社、上海人民出版社 2009 年版，第 295—296 页。

发展自己的兴趣。四是社会参与的需要。老年人需要表达自身的意愿，维护自身的权益并发挥余热，因此，社会参与是老年人的重要需要。老年人需要多方面地、深度地参与社会生活，而不是象征性地参与或简单地、被动地参加各种活动。五是婚姻家庭的需要。幸福美满的家庭生活是所有人追求的目标，老年人也有维持和向往美好婚姻家庭生活的需要。伴侣和家庭的支持对老年人具有重大意义。六是居家安全的需要。家庭条件的改善、居住环境的安全，都是老年人所关注的。七是后事安排的需要。老年是人生历程的最后一个阶段，因此许多老年人十分关心自己的身后事宜，需要在离世前安排好子女的生活、财产的处置、墓地的购置、后事的操办等。八是整体照顾的需要。伴随老化过程，老年人在各阶段会有不同的照顾需要，可能需要接受居家养老、社区照顾、院舍照顾等不同类型的服务，需要不同类型的照顾之间有良好的整合与过渡。

2）老年社会服务需求

基于上述老年人的需要，老年社会服务需求就是"老有所养、老有所医、老有所为、老有所学、老有所乐"，也就是老年人对美好生活需要的期许。它是对现有老年社会福利制度的补充和完善，也是让老年社会福利制度更有效地传递到老年人手中的政策措施。对应老年社会福利类型，即生活性社会福利、发展性福利和幸福性社会福利，[①] 老年社会服务需求具体表现为老年人对生活性服务需求、发展性服务需求和幸福性服务需求。

生活性服务需求是老年人基于生存需要对生活性老年福利制度如何传递到手中产生的服务要求，它包括老年人对安全保障、健康和住房福利服务的要求。发展性服务需求是老年人基于发展需要对发展性老年福利制度如何传递到手中产生的服务要求，它包括老年人对教育、职业福利服务的要求。幸福性服务需求是老年人基于幸福需要对幸福性老年福利制度如何传递到手中产生的服务要求，它包括老年人对文化康乐、适老环境、养老福利服务的需要。

3. 老年社会服务的供给

老年社会服务的供给是指为老年人提供社会服务。伴随着社会福利

---

① 丁建定等：《中国社会保障制度体系完善研究》，人民出版社2013年版，第316页。

私有化，老年社会服务供给主体日趋多元化。老人的社会照顾体系包括正式照顾体系（含政治和经济制度、公私社会福利机构，以及基于血缘、地缘、种族而组成的人民团体）和非正式支持网络。老人作为社会服务的供给对象处于中心位置，其社会服务供给主体包括以政府、社会组织、企业、社区为核心的正式主体，还包括以家庭、邻里、朋友等为基础的非正式主体。

家庭是由婚姻、血缘或收养关系所组成的社会生活基本单位。在人类发展的过程中，家庭是人类社会生活的重要组织形式之一。人的一生有很大部分时间是在家庭中度过的。人从出生起就生活在家庭里，在较长的生活依赖期中，依靠父母的抚育，接受家庭的照顾和关怀；长大成人以后，组建新的家庭，承担社会责任，享受家庭幸福；进入老年以后，则接受家庭晚辈的赡养，包括经济上的支持、情感上的慰藉和生活上的照料。概而言之，家庭作为社会服务的供给者，具有低成本、高效率的天然优势。①

随着社会的变迁，家庭结构开始发生显著变化，家庭的养老功能逐渐退化，而人口老龄化不断加重家庭养老服务的负担，这使得传统家庭养老走向现代社会养老，从而使得养老服务的内涵与性质发生显著变化。社会养老服务必须坚持家庭的养老服务责任，家庭是提供养老服务的主体。② 对于具有一定自我养老能力的老年人，或相对低龄、身体健康的老年人，家庭成员是辅助性养老服务尤其是精神慰藉方面的服务的供给主体。

社区是指居住在某一地方的人们，按照一定的社会关系和制度组织起来，并从事多种社会活动所构成的社会生活共同体。社区通常包含四个要素：第一，一定的地域；第二，一定数量的人口；第三，地缘归属感和心理认同感；第四，共同的文化。社区是最接近民众的服务窗口，也是民众获得社会服务的最佳场所。社区在提供社会服务方面有着独特的优势。社区是居民生活的共同体，与民众的关系最为密切，对民众需求有着准确的把握。社区服务的发展程度直接影响到社区居民归属感、

---

① 周良才：《中国社会福利》，北京大学出版社2008年版，第273页。
② 丁建定等：《中国社会保障制度体系完善研究》，人民出版社2013年版，第334—335页。

认同感和凝聚力,以及社区居民参与社区活动的积极性。

社区老年社会服务为居家长者提供服务和支持,让他们尽可能留在社区安享晚年。由于社区照顾及支援服务日趋多元化,服务形式以综合模式为主,以便为服务使用者提供"一门式"服务。社区安老服务主要包括三个方面:一是长者中心服务,为长者及其护老者提供地区和邻舍层面的社区支援服务,以便长者及其护老者可在邻近其住所的中心接受多元化的服务;二是社区照顾服务,为体弱或有服务需要的长者提供个人照顾、护理、康复训练、社交活动、日托等服务;三是其他社区支援服务,为长者提供学习、参与社会和发展潜能的支持。①

社区服务是社区供给老年社会服务的主要方式,由社区供给老年社会服务就是主要面向家庭日间暂时无人或者无力照护的社区老年人提供服务。社区服务的兴起,源于发达国家解决向现代社会变迁中产生的社会问题。伴随着联合国倡导的"社区发展运动"在世界范围内的兴起,社区发展开始在各国备受重视,社区服务所占分量逐渐增加。社区通过多种方式来为老年居民提供服务。

一方面,社区通过志愿者服务为老年人提供社会服务。志愿者服务主要是指通过社区组织发动,社区居民自发地参与到社区服务中,去更深地了解和参与社会服务的提供,从而确保老年社会服务队伍的充实,使得社会服务更加切合老年居民需求。另一方面,社区利用各种非营利组织或私营机构来整合社区服务资源。首先,通过服务机构向下延伸拓展其服务分支机构、社区服务部门,来进行社区化服务的提供,偏向于"在社区内照顾"。其特点为服务对象、服务项目明确,专业性强,政府预算补助多,但是一般社区民众的参与程度较低,不强调地区资源整合动员,其服务流程及内容难以因地制宜。

其次,以社区性组织为核心,通过志愿组织的训练并与服务机构合作,来进行社区服务的提供,类似于以服务提供为主题的社区事务营造,偏向于"由社区照顾"。其特点为社区民众的参与程度较高,有利于地区资源整合,服务流程、服务需求、服务项目及内容较易因地制宜,但专业性较低,同时社区相关资源机构动员、整合过程较费时,且不易获得政府预算补助,需社区民间部门自给自足。此外,由政府主导来提供的

---

① 黄晨熹:《社会福利》,格致出版社、上海人民出版社2009年版,第296页。

服务不能满足现代社区居民发展的不同需求时，社区内的居民就会自己组织起来，自行去寻求有效的服务提供方式。①

机构老年社会服务为未能在家中居住的长者提供住宿照顾服务及设施，一般包括四种：长者宿舍或老年公寓，为生活能自理的健康长者提供群居住宿服务和活动；安老院或养老院，为生活基本能自理的长者提供住宿、饮食及少量起居照顾服务；护理安老院或护老院，为生活自理程度较差的长者提供住宿、膳食起居照顾及一定的护理服务；护养院，为生活无法自理的长者提供住宿、饮食起居、定时基本医疗和护理服务及社会支援服务。② 我国机构养老服务以设施建设为重点，通过设施建设，实现基本养老服务功能。养老服务设施建设重点包括老年养护机构和其他类型的养老机构。老年养护机构主要为失能、半失能的老年人提供专门服务。养老机构主要是提供满足老年人日常生活需求的吃饭、穿衣、如厕、洗澡、室内外活动等服务。

20世纪以来，伴随工业化和市场经济的发展，在西方发达国家，政府通过再分配成为社会服务的供给主体，从而取代了传统社会中以个人、家庭和慈善组织等为主要渠道的社会保障机制。③ 近20年来，在发展中国家，政府角色也发生了同样的变化，在不同程度上成为社会服务的供给主体。

政府提供老年社会服务，主要体现在两个方面：政府直接提供老年人福利政策，例如医疗服务、教育服务、住房服务、就业服务、社会工作服务和对个人的社会服务；政府间接提升老年人福利的经济、环境或其他政策。

政府部门被看作"外在独立的控制者"和社会公共利益的代表者，提供社会服务是其客观的规定性，加之政府能够动员并使用大量社会资源，所以政府是老年社会服务的"最大供给者"。政府通过供给社会服务满足老年社会成员的需求，实现社会福利的最大化。④

随着现代社会发展，社会服务的生产由政府直接生产的单一生产模

---

① 林闽钢：《现代社会服务》，山东人民出版社2014年版，第78—79页。
② 黄晨熹：《社会福利》，格致出版社、上海人民出版社2009年版，第296页。
③ 徐月宾、张秀兰：《中国政府在社会福利中的角色重建》，《中国社会科学》2005年第5期。
④ 陈振明：《公共服务导论》，北京大学出版社2011年版，第109页。

式走向多元主体竞争合作的多元生产模式,政府在社会服务中的角色定位也发生了很大变化:政府主要是提供者,而不是生产者。或者说,政府更应该是规则和制度的制定者和执行的监管者,而不是直接的执行者;政府主要是掌舵,而不是划桨。①

政府也通过购买社会服务的方式来满足老年人的社会服务需求。各级政府部门根据社会需要,使用财政性资金向社会各类具备相应专业服务能力的社会组织购买专业社会服务。②

传统的老年社会服务提供通常是由政府来实现的,政府不仅承担财政责任,而且组织具体的生产递送。在社会服务民营化、社会化和分权化的思潮影响下,各国老年社会服务方式各异,但都把市场机制引入老年社会服务领域。就社会服务购买的具体实践形式来看,主要包括合同出租、公私合作、使用者付费和补贴制度等。政府购买社会服务已经被发达国家广泛接受,被认为是一种提升社会服务质量与效率的途径。

政府购买社会服务开始时只是为了寻求一种提供服务的不同模式,主要目的是降低服务成本、增加资金渠道和提高服务质量。随着实践的发展,政府购买社会服务逐渐变成一种缩小政府规模和减少政府干预的方式,从而使政府与私营或其他组织形成了一种合作关系,共同承担社会责任。双方的责任分工一般是政府提供部分或全部资金,并保留制定政策的权力,即对所需要购买的服务做出限定,如服务对象的范围和资格条件,服务数量和目标,以及评估方法等;经办机构负责提供配套资金,在政府的政策范围内制订提供服务的具体计划,并组织人力和物力实施计划。

从国外实践来看,政府向社会组织购买老年社会服务的模式一般有四种:根据承接服务的社会组织相对于作为购买方的政府部门是否具有独立性,分为独立性服务购买与依赖性服务购买;依据购买程序是否具有竞争性,分为竞争性购买与非竞争性购买。在此基础上,区分出独立关系竞争性购买、独立关系非竞争性购买、依赖关系竞争性购买、依赖关系非竞争性购买等四种工作模式。③ 在我国,政府购买老年社会服务的

---

① 林闽钢:《现代社会服务》,山东人民出版社2014年版,第75页。
② 罗观翠、王军芳:《政府购买服务的香港经验和内地发展探讨》,《学习与实践》2008年第9期。
③ 王浦劬、莱斯特·M.萨拉蒙等:《政府向社会组织购买公共服务研究:中国与全球经验分析》,北京大学出版社2010年版,第19页。

主要方式包括合同制、直接资助制度、项目申请制等，具体模式分为形式性购买、委托性购买和契约化购买等。①

公益组织是指在社会公益事业领域内为实现某种共同的特定目标，通过各个部门的分工合作及不同层次的职务和岗位责任制度，有计划地协调一群人的活动的开放式的社会技术系统。公益组织是老年社会服务供给的重要力量，在政府部门或社区等不常做、不愿做或做不好等事务上，公益组织能起到不可替代的作用。而在政府购买老年社会服务中，公益组织负责服务的供给和资金的筹集等。

老年社会服务的供给主体还包括养老服务企业和个人等。目前，我国在深入推进养老服务"放管服"改革，降低社会力量参与发展养老服务的制度性成本，进一步发挥市场配置养老服务资源的决定性作用，加快推动社会力量成为养老服务业发展主体。

二、老年社会服务的基本内容与基本方式

1. 老年社会服务的基本内容

对应老年社会服务需求，老年社会服务的基本内容体现为具体的服务项目构成，主要包括老年生活性服务、老年发展性服务和老年幸福性服务。

1）老年生活性服务

老年生活性服务是老年人为了满足生存和基本的衣食住用行等需要，对劳务协助所提出的要求，具体包括救助服务、照顾安排、危机干预、权益保障、适老环境改善等。第一，救助服务。主要包括以下内容：评估老年人，特别是空巢、高龄、失能、计划生育特殊家庭老年人的基本物质生活条件和经济状况；协助符合条件的老年人申请政府最低生活保障、特困人员供养、受灾人员救助、医疗救助、住房救助、临时救助等；协助有需要的老年人获得单位和个人等社会力量的捐赠、帮扶和志愿服务；提供相应的心理疏导、能力提升、社会融入等服务。第二，照顾安排。主要包括以下内容：组织开展老年人能力评估，包括日常活动、精

---

① 苏明、贾西津、孙洁等：《中国政府购买公共服务研究》，《财政研究》2010年第1期。

神状态、感知与沟通、社会参与等方面内容，为老年人建立照顾档案；协助有需要的老年人获得居家照顾和社区日间照料等服务；协助有需要的老年人申请机构养老服务；协调老年人的长期照护安排，特别是居家照顾、社区日间照料和机构照顾之间的衔接；协助照顾者提升照顾技能。第三，危机干预。主要包括以下内容：识别并评估老年人所面临的危机，包括危机的来源、危害程度、老年人应对危机的能力、以往应对危机的方式及效果等；统筹制订危机干预计划，包括需要干预的问题或行为、可采用的策略、可获得的社会支持、危机介入小组的建立及分工、应急演练、信息沟通等；及时处理最迫切的问题，特别是可能危及生命安全的行为问题。必要时，协调其他专业力量的支援，对老年人进行身体约束或其他限制行为；进行危机干预的善后工作，包括对介入对象的回访、开展危机介入工作评估与小结、完善应急预案以预防同类危机的再发生等。第四，权益保障。主要包括以下内容：维护和保障老年人财产处置和婚姻自由的权益；发现并及时举报老年人受虐待、遗弃、疏于照顾等权益损害事项；开展社会宣传和公众教育，防止老年人受到歧视、侮辱和其他不公平、不合理对待；协助符合条件的老年人享受社区和机构的各项养老服务，获得老年人补贴和高龄津贴等。第五，适老环境改善。针对老年人的身体机能及特点，设计和改造适合老年人生活的住宅、公共设施和社区环境等。

2）老年发展性服务

老年发展性服务是将老年发展性福利传递到其手中的过程，这些服务会给老年人现有生活或状态带来变化。第一，社会支持网络建设。主要包括以下内容：对老年人的社会支持网络进行评估，包括个人层面可给予支持的人数、类型、距离及所发挥的功能，以及社区层面老年人群的问题与需求、资源配置情况及需求满足情况；综合使用各种策略以强化老年人社会支持网络，包括个人增能与自助、家庭照顾者支持、邻里互助、志愿者连接、社区权能增强等；巩固社会支持网络成效，建立长效机制。第二，社区参与。主要包括以下内容：开展适合老年人的文化、体育、娱乐等活动，培养老年人兴趣团体，提升老年人的社会活跃度，丰富老年人的社会生活；组织老年人积极参与各项志愿服务，培育老年志愿者队伍，发展老年志愿服务团体；支持老年人参与社区协商，为社区发展出谋划策；拓展老年人沟通和社区参与的渠道，促进老年群体的社会融合。第三，老年教育。主要包括以下内容：评估老年人的兴趣爱好及教育需求；推动建立老年大学、老年学习社等多种类型的老年人学习机构和平台；开展有关健康教育、文化传统、安全防范、新兴媒介使用等方面的学习培训课程；鼓励和支持老年人组建各种学习交流组织，开展各种学习研讨活动，扩大老年人的社会交往范围；鼓励老年人将学习成果转化、运用和传承，鼓励代际相互学习、增进理解。第四，咨询服务。主要包括以下内容：协调相关专业人士为老年人提供政策咨询、法律咨询、健康咨询、消费咨询等服务；完善老年人信息提供和问询解答的机制和流程。

3) 老年幸福性服务

老年幸福性服务是老年人在物质生活和精神生活中，由于实现了自己的理想和目标而引起的精神满足类服务，反映的是老年人对幸福性福利服务的要求的满足情况。第一，家庭辅导。主要包括以下内容：协助老年人处理与配偶的关系；协助老年人处理与子女等的家庭内代际关系；提供老年人婚恋咨询和辅导。第二，精神慰藉。主要包括以下内容：识别老年人的认知和情绪问题，必要时协调专业人士进行认知和情绪问题的评估或诊断；为有需要的老年人提供心理辅导、情绪疏解、认知调节，帮助老年人摆脱抑郁、焦虑、孤独等心理问题困扰；协助老年人获得家属及亲友的尊重、关怀和理解；帮助老年人适应角色转变，重新界定老年生活价值，认识人生意义，激发生活的信心和希望。第三，政策倡导。主要包括以下内容：研究、分析与老年人相关的法律法规及社会政策在制定和执行中的不完善与不合理内容，向相关职能部门提出政策完善建议；对社会公众进行教育、宣传，树立对老年人群体的客观、公正的社会评价。第四，老年临终关怀。主要包括以下内容：开展生命教育，帮助老年人树立理性的生死观；协调医护人员做好临终老年人的生活照料和病痛管理；密切关注老年人的情绪变化，提供相应的心理支持；协助老年人完成未了心愿及订立遗嘱、器官捐献等法律事务；协助老年人及家属、亲友和解和告别等事宜；协调为老年人提供精神层面的支持；为有需要的老年人及家属提供哀伤辅导服务。

2. 老年社会服务的基本方式

老年社会服务的基本方式，是指老年社会服务提供者如何将其社会服务输送到服务对象手中，它解决的是老年社会服务由谁来提供、怎么提供的问题。按照前文所述老年社会服务的供给主体分析，老年社会服务的基本方式主要包括自立式养老服务、居家式养老服务、机构式养老服务、社区式养老服务、社区嵌入式养老服务、互助式养老服务、智慧式养老服务等。

1) 自力式养老服务

社会成员进入老年期，从生理到心理都会产生一些变化，但绝大多数老年人能维持自己的基本生活，如健康、低龄老年人等。老年人虽然进入身心衰弱阶段，所扮演的非强制性角色越来越多，老龄化程度越来越高，让他们陷入"被照顾"的风险加大，但是通过新的参与、新的角色可以得到改善。当一个人从原有职业中退出后，可以自行找到可代替的事情来从事新的任务、新的角色，以期有助于社会。老年人通过自助，为自己提供自力式养老服务，满足自己老龄期基本生活需要，这也是老年社会服务不可或缺的组成部分。

2) 居家式养老服务

居家式养老服务是较重要的老年社会服务方式，大多数老年人由家庭成员提供照顾。居家式养老服务包括：一是由家庭、亲友和邻里提供的情绪、社会和经济支持等非正式支持网络；二是由公办或民营服务机构提供的上门服务，包括居家护理、社会服务、家务服务、送餐服务、家庭访视等；三是为家庭照顾者提供的替代服务。[①] 我国居家式养老服务主要为居家老年人提供生活照料、紧急救援、医疗护理、精神慰藉、心理咨询等多种形式的服务；对经济困难的老年人，地方各级人民政府给予养老服务补贴。

3) 机构式养老服务

机构式养老服务提供全天候的技术性、生活性及住宿服务。一般而言，它针对的是失能程度及依赖度较高、无家庭照顾资源、无居家式养老服务或社区式照顾的老人。它包括住宿服务、医护服务、康复服务、

---

① 黄晨熹：《社会福利》，格致出版社、上海人民出版社 2009 年版，第 296 页。

生活照顾服务、膳食服务、紧急送医服务、社交活动服务、家属教育服务、日间照顾服务等。

4）社区式养老服务

社区式养老服务是将照顾服务输送到老年人所在的社区中，使老年人不需要离开熟悉的环境即可享受医疗护理及日常生活照顾等服务，包括保健服务、医护服务、康复服务、心理咨询服务、日间照顾服务、餐饮服务、教育服务、法律服务、交通服务、休闲服务、资讯提供服务等。我国社区式养老服务主要是由社区提供适应老年人需要的生活服务、文化体育活动、日间照料、疾病护理与康复等服务，就近为老年人提供服务。

5）社区嵌入式养老服务

社区嵌入式养老服务是在居家养老、社区养老和机构养老服务的基础上，以社区内闲置房屋和土地为载体，通过将机构嵌入社区，实现养老资源整合，为居家老人提供专业化入户照护服务，为高龄自理、半自理及病后出院还需护养等老人提供短期住养服务，为有活动能力的老人提供机构开放活动区域，由政府支持，实施市场化运作。①

6）互助式养老服务

互助式养老服务是指老人之间发挥各自所长，帮助身边需要帮助的老人，他们既是服务者，也是服务对象。换言之，让健康的老人去帮助羸弱的老人，相对低龄的老人去帮助相对年迈的老人，有一技之长的老人去帮助需要技能支持的老人。将互助式养老服务和社区养老机构的服务相结合，既能解决社区养老资源不足的问题，达到降低服务成本的目的，也能让提供互助服务的老人自身获得一定的报酬，从而减少他们的养老成本。

7）智慧式养老服务

智慧式养老服务是指构建面向居家老年人、社区及养老机构的网络系统与信息平台，在此基础上提供实时、快捷、高效、低成本、物联化、互联化、智能化的养老服务。它主要包括：依托城乡社区公共服务综合信息平台，以失能、独居、空巢老年人为重点，通过居家社区养老服务

---

① 赵小兰、孟艳春：《社区"嵌入式"养老服务模式：优势、困境与出路》，《河北大学学报（哲学社会科学版）》2019年第4期。

信息平台、呼叫服务系统和应急救援服务机制，方便养老服务机构向居家老年人提供助餐、助洁、助行、助浴、助医、日间照料等服务；社区、养老服务机构、社会组织和企业利用物联网、移动互联网及云计算、大数据等信息技术，开发应用智能终端和居家社区养老服务智慧平台、信息系统、App、微信公众号等，重点拓展远程提醒与控制、自动报警与处置、动态监测与记录等功能，规范数据接口，建设虚拟养老院。2020年11月，国务院办公厅印发《关于切实解决老年人运用智能技术困难的实施方案》，聚焦老年人日常生活涉及的出行、就医、消费、文娱、办事等7类高频事项和服务场景，提出20条具体举措，要求到2022年底前，老年人享受智能化服务水平显著提升、便捷性不断提高，线上线下服务更加高效协同，解决老年人面临的"数字鸿沟"问题的长效机制基本建立。

三、老年社会服务的体系化与专业化

1. 老年社会服务的体系化

老年社会服务是一个连续不断的过程，因为老年人的生理和心理经常出现变化，不同阶段、不同类型老年人的需要亟待体系化的社会服务来满足。这种体系化表现为项目构成的体系化、覆盖对象的体系化和供给主体的体系化，凸显为老年社会服务按照一定的秩序或联系组合而成的过程。

（1）项目构成的体系化。如前所述，老年社会服务内容涉及老年人生活、发展和幸福需要，其项目涉及老年人生活性服务、发展性服务和幸福性服务。

（2）覆盖对象的体系化。老年社会服务体系体现为覆盖对象的全面性和差异性。老年社会服务体系由正式服务体系和非正式服务体系组成，按照不同类型服务对象，从系统观点出发，老年社会服务体系覆盖三类老人，即极为衰弱老人、中度衰弱老人和健康老人。老年社会服务覆盖对象的体系化还表现为对不同经济状况、不同能力状况等老年群体的服务组合。

(3) 供给主体的体系化。老年社会服务供给主体的体系化表现为不同服务提供主体的组合变化过程，它主要由政府引导，家庭、社区和机构共同参与。我国老年社会服务供给主体日趋丰富，形成了居家养老服务、社区养老服务、机构养老服务和医养结合养老服务的组成形式。老年社会服务供给主体构成居家为基础、社区为依托、机构为补充、医养相结合的养老服务体系。

居家养老服务涵盖生活照料、家政服务、康复护理、医疗保健、精神慰藉等，以上门服务为主要形式。对身体状况较好、生活基本能自理的老年人，提供家庭服务、老年食堂、法律服务等；对生活不能自理的高龄、独居、失能老年人提供家务劳动、家庭保健、辅具配置、送饭上门、无障碍改造、紧急呼叫和安全援助等服务。

社区养老服务是居家养老服务的重要支撑，具有社区日间照料和居家养老支持两类功能，主要面向家庭日间暂时无人或者无力照护的社区老年人提供服务。在我国城市，主要是结合社区服务设施建设，增加养老设施网点，增强社区养老服务能力，打造居家养老服务平台；倡议、引导多种形式的志愿活动及老年人互助服务，动员各类人群参与社区养老服务。在我国农村，主要是结合城镇化发展和新农村建设，以乡镇敬老院为基础，建设日间照料和短期托养的养老床位，逐步向区域性养老服务中心转变，向留守老年人及其他有需要的老年人提供日间照料、短期托养、配餐等服务；以建制村和较大自然村为基点，依托村民自治和集体经济，积极探索农村互助养老服务。

机构养老服务主要以设施建设为重点，通过设施建设，实现基本养老服务功能。养老服务设施建设重点包括老年养护机构及其他类型的养老机构。

老年养护机构主要为失能、半失能的老年人提供专门服务，重点实现以下功能。一是生活照料。设施应符合无障碍建设要求，配置必要的附属功能用房，满足老年人的穿衣、吃饭、如厕、洗澡、室内外活动等日常生活需求。二是康复护理。具备开展康复护理和应急处置工作的设施条件，并配备相应的康复器材，帮助老年人在一定程度上恢复生理功能或减缓部分生理功能的衰退。三是紧急救援。具备为老年人提供突发性疾病和其他紧急情况的应急处置、救援服务能力，使老年人能够得到及时有效的救援。鼓励在老年养护机构中内设医疗机构。符合条件的老年养护机构还应利用自身的资源优势，培训和指导社区养老服务组织和人员，提供居家养老服务，实现示范、辐射、带动作用。其他类型的养老机构应根据自身特点，为不同类型的老年人提供集中照料等服务。

医养结合养老服务是指医疗机构与养老机构相结合来供给老年社会服务，主要包括养老机构内设医疗机构、医疗机构内设养老机构、医疗机构与养老机构协议合作、医疗机构转型发展、新办医养结合养老机构、"互联网＋养老"服务平台六种形式。① 就其内容而言，主要包括统筹落实好医养结合优惠扶持政策，深入开展医养结合试点，建立健全医疗卫生机构与养老机构合作机制，建立养老机构内设医疗机构与合作医院间双向转诊绿色通道，为老年人提供治疗期住院、康复期护理、稳定期生活照料以及临终关怀一体化服务；大力开发中医药与养老服务相结合的系列服务产品，鼓励社会力量举办以中医药健康养老为主的护理院、疗养院，建设一批中医药特色医养结合示范基地。同时，还包括养老机构按规定开办康复医院、护理院、临终关怀机构及医务室、护理站等；执业医师到养老机构设置的医疗机构多点执业，有相关专业特长的医师及专业人员在养老机构开展疾病预防、营养、中医养生等非诊疗性健康服务；养老机构设置的医疗机构，符合条件的，按规定纳入基本医疗保险定点范围。

正是通过上述项目构成、覆盖对象和供给主体的有秩序的组合方式，老年社会服务实现了体系化，通过系统服务供给满足老年人的主要服务需求。

2. 老年社会服务的专业化

专业化由经验指导下的个人行为的集合向一套系统的理论指导下的从业人员的群体性共同行为发展的过程。老年社会服务的内容具有专业化的特点，主要表现为老年社会服务实施、评估与监管的专业化。老年社会服务的专业化主要表现为服务标准和人员分工明确。养老机构的规

---

① 肖子华、丁佩佩：《医养结合："结合什么"与"如何结合"》，《人口与社会》2021年第1期。

范化管理和标准化管理不断加强。为推进养老服务标准化建设，2014年，我国发布了《关于加强养老服务标准化工作的指导意见》，我国首次对养老服务标准化建设工作做出整体部署，主要包括构建标准体系、确立标准化建设工作格局、推进标准化试点示范等方面。

同时，推进老年社会服务人员分工的精细化。自1999年颁布部《中华人民共和国职业分类大典》至今，我国不断加强养老服务人才培养工作，养老职业资格更加精细化。养老护理员、社会工作者、健康照护师、老年人能力评估师、康复治疗师、健康管理师、老年照护师、医疗护理员、康复辅助技术咨询师等十余种职业资格相继涌现，《国家职业资格目录》也随着社会需求变化而不断调整。截至2020年，我国老年照护师、老年人能力评估师、老年社会工作者等新职业的出现更加明确了养老服务业内部人才队伍的分工与职能，《养老院院长培训大纲（试行）》的发布更是为养老人才的职业化发展奠定了基础。2020年2月的《关于发布智能制造工程技术人员等职业信息的通知》，首次对健康照护师进行职业明确。2020年6月的《关于发布区块链工程技术人员等职业信息的通知》，首次明确了老年人能力评估师的职业定义及工作任务。

2020年10月，《民政部办公厅关于印发〈养老院院长培训大纲（试行）〉和〈老年社会工作者培训大纲（试行）〉的通知》对养老机构管理人员、老年社会工作者的培训目标、培训内容等进行具体规定。同年10月，人社部等联合印发《关于实施康养职业技能培训计划的通知》，通过建立康养服务人员培训制度、全面提升康养服务人员职业技能水平、健全康养服务培训标准体系、大力培育康养服务企业和培训机构4个方面促进康养服务人员职业发展。养老服务人才培养、培训标准化建设逐步深化。

老年社会服务的专业化还表现为评估与监管的标准化和规范化。近年来，我国颁布了《养老机构服务质量基本规范》《养老机构等级划分与评定》《养老机构服务安全基本规范》《养老机构老年人健康档案管理规范》《养老机构社会工作服务规范》《养老机构生活照料服务规范》等国家标准，不断促进养老服务行业标准化、规范化发展。

第二节　健康社会服务

一、健康社会服务的需求与供给

1. 健康社会服务的需求

健康社会服务，又称健康服务、健康照料服务、医疗保健服务、保健福利服务，是由国家和社会制度所决定而提供的非物质形态活动，旨在最大限度地满足社会成员对健康的需求。健康社会服务的内容是以健康需求为基础，通过供给主体，借助不同的方式将服务传递到社会成员手中，同时，健康社会服务的发展表现为体系化和专业化的过程。

健康是促进人的全面发展的必然要求，是经济社会发展的基础条件。实现国民健康长寿，是国家富强、民族振兴的重要标志，也是全国各族人民的共同愿望。在现代社会，健康不仅被视为公民的一项基本需要，而且被普遍视为公民的一项基本权利。正如世界卫生组织指出的："享有可能获得的最高健康标准是每个人的基本权利之一。不因种族、宗教、政治、经济或社会条件而有区别。"然而，何谓健康，人们对此有不同的理解。1948年，世界卫生组织在成立伊始，就对健康进行了权威性而且具有前瞻性的定义：健康是身体、精神与社会的全部美满状况。1986年，世界卫生组织对健康的概念作了进一步的阐释，指出健康是"日常生活的资源，而不是生活的目标。健康是强调社会和个人资源以及身体能力的一个积极概念"。健康是个人生存与发展的基本资源，可以支持个人在更广泛的社会活动中发挥自己的作用。个人有了良好的健康状况，实际上就有了过上美好生活的可能。[①]

健康社会服务的需求源于人的健康需要。这种健康需要是整体性的，包括社会、经济、政治、环境等影响因素。健康需要是社会成员对拥有社会资源和个人资源以及身体能力的要求，对努力保持个人和群体"身

---

① 岳经纶、黄博函：《健康中国战略与中国社会政策创新》，《中山大学学报（社会科学版）》2020年第1期。

体的、精神的和社会的完好状态"的要求。① 为了维持良好的健康状况、提高生活质量,卫生保健——预防性的、治疗性的、延缓性的服务——是一种必要的投入。按照格罗斯曼的理论,健康是一种增进快乐且能获得回报的消费和投资:健康不仅是一种使得消费者感觉良好的消费品,而且是一种投资品,一个人的健康状况将决定其可利用的有生产力时间的长短。②

2. 健康社会服务的供给

健康社会服务的供给具有多主体性,其服务提供者不仅数量多,而且其职业训练和身份也大有不同,既包括全科医生,也包括护士,还有社会工作者,等等;其服务对象数量亦多,既包括患者,也包括并未患病的民众,还包括政府、社区、社会组织等。③ 我国健康社会服务的供给,坚持政府主导与调动社会、个人的积极性相结合,推动人人参与、人人尽力、人人享有。健康社会服务供给主体由政府、社会、个人和家庭组成。

世界各国普遍规律和中国医改历史经验说明:医疗健康服务的本质属性是"福利",国家应是医疗健康服务提供和筹资责任主体。④ 具体而言,传染病防治、公共防疫等是对他人健康具有外部性的公共产品,是由政府提供的。严重伤害的救助(如地震、公共安全事件引发的较大规模伤害等)及基本医疗服务对他人健康不具有外部性,但对整个国家的经济发展和社会稳定具有外部性,是一种准公共产品,属于基本医疗服务的范畴,也应当由政府承担主要责任,市场的调节机制相对弱一些。政府承担主要供给责任,除了兴办医疗机构直接向消费者提供医疗服务外,还可以通过购买服务等方式实现。高端私人医疗服务需求,以及健康体检与监测、养生保健等健康管理服务,属于非基本医疗

---

① 唐钧、李军:《健康社会学视角下的整体健康观和健康管理》,《中国社会科学》2019年第8期。
② 景天魁等:《福利社会学》,北京师范大学出版社2010年版,第195页。
③ 顾昕:《"健康中国"战略中基本卫生保健的治理创新》,《中国社会科学》2019年第12期。
④ 刘继同、王文素、马小婷:《中国健康福利财政制度建设的历史变迁与结构特征》,《学习与实践》2021年第2期。

服务，尽管政府的干预仍然必不可少，但更应发挥市场配置资源的作用。这样既能维护公民享受基本医疗服务的公平性，又能兼顾健康资源配置的高效率。①

社会力量主体在健康社会服务供给中，定位于在私人产品以及政府失灵领域发挥资源配置的决定性作用。首先，市场机制的有效领域主要集中于健康管理、康复理疗、高端医疗等非基本医疗服务领域，通过价格的发现和引导机制优化资源和要素的配置，提高健康服务供给效率，通过产品和服务模式的创新实现生产方式的演进。

政府失灵领域也需要市场机制发挥更大作用。基本医疗服务作为一种准公共产品，由政府承担主要责任，并未否认发挥市场机制的作用。当前我国在筹集医疗保险金中承担了主要的部分，但并不意味着医疗服务机构也必须由政府负责。完全由政府来提供基本医疗服务，由于缺乏竞争和激励，往往容易出现医疗机构效率低下、不合理费用增加等问题。政府的有效职能领域定位于为市场服务。首要职能就是建立统一的健康服务市场运行制度。主要包括：以更加清晰、完整地界定和保护产权，为细分健康服务产品和市场提供保证；维护契约自由，完善医疗机构、医药生产流通、医保费用使用监督管理等领域的法律规范。

政府还要矫正市场失灵，如参与公共健康服务产品的供给，进一步推动健康服务均等化，提高低收入群体健康服务利用的公平性；培育多样化健康服务供给主体，参与医疗健康科技的研发，推进健康服务领域的创新发展；提高医疗、医保、医药三者的信息对称程度，强化对医保逆向选择、医疗供给诱导需求、医保患者过度医疗等不完全市场行为的监管等。在此基础上，政府和市场具体行为的选择边界在于交易费用的比较。如健康服务的提供方面，由政府作为供给方自办医疗机构，作为支付方集中向第三方市场购买，还是仅承担监管职能完全由市场提供，取决于政府和市场的交易成本比较。②

---

① 刘艳飞、胡晓辉：《健康中国战略下的健康服务供给模式优化研究》，《福建论坛（人文社会科学版）》2019年第3期。

② 刘艳飞、胡晓辉：《健康中国战略下的健康服务供给模式优化研究》，《福建论坛（人文社会科学版）》2019年第3期。

我国坚持多元办医，切实落实政府办医责任，合理制定区域卫生规划和医疗机构设置规划，明确公立医疗机构的数量、规模和布局，坚持公立医疗机构面向城乡居民提供基本医疗服务的主导地位。同时，鼓励企业、慈善机构、基金会、商业保险机构等以出资新建、参与改制、托管、公办民营等多种形式投资医疗服务业。大力支持社会资本举办非营利性医疗机构、提供基本医疗卫生服务。并且放宽中外合资、合作办医条件，逐步扩大具备条件的境外资本设立独资医疗机构试点。

每个人对自己的健康负责，是培育共同参加、共同努力、共享健康生活的健康新生态，形成社会健康环境的主体。个人在健康社会服务供给中，定位于强化个人健康意识和责任，形成健康生活方式。[①] 家庭是健康社会服务不可缺少的供给主体，体现为家庭成员之间的相互服务，如家庭对疾病患者的长期护理等。同时，家庭也能提供病患心理慰藉服务。

二、健康社会服务的基本内容与基本方式

1. 健康社会服务的基本内容

健康社会服务由很多服务组成，大体可以分为基本、二级和三级医疗服务。基本医疗服务主要是针对一些非急性疾病提供一般门诊服务；二级医疗服务则由医院提供，主要针对需要急诊的疾病、需要专科医生治疗的疾病以及需要住院治疗的重病；三级医疗服务则是针对一些特殊的疾病，提供非常专业化的特殊护理。[②] 基本医疗服务同很多面向个人的公共卫生服务结合起来，形成基本卫生保健，在许多国家由家庭医生作为提供者。家庭医生还扮演着"健康守门人"的角色，即享有公共医疗保障的病人在非急诊的情况下必须首先在家庭医生那里寻求普通门诊服务，这就是基本卫生保健首诊制。在面对无法诊断或医治的疾病时，家庭医生最为重要的工作就是提供转诊服务，将病人交由医院或其他专科

---

① 刘艳飞、胡晓辉：《健康中国战略下的健康服务供给模式优化研究》，《福建论坛（人文社会科学版）》2019年第3期。

② 顾昕：《新中国70年医疗政策的大转型：走向行政、市场与社群治理的互补嵌入性》，《学习与探索》2019年第7期。

医疗机构来诊断并医治，从而有助于民众找到最为合适的医疗专家。本书根据中国政策实际，将健康社会服务划分为公共卫生服务、医疗服务、中医药健康服务、重点人群健康服务和心理健康服务。

1）公共卫生服务

公共卫生服务是指为了改善、保护和促进社会全体成员健康而由政府出资、各级卫生部门和医疗卫生服务机构提供的卫生服务，是为全体人民提供基本卫生保健的重要手段。公共卫生服务的最终目的在于确保社会全体成员拥有健康的生活环境、良好的健康行为和生活方式，使之能平等地获得基本的健康权利。①

一是防治重大疾病，主要包括慢性病综合防控、慢性病筛查、重大慢性病早诊早治、常见病防治等。

二是重大传染病防控，主要包括传染病监测预警、国家免疫规划、艾滋病检测、抗病毒治疗与随访管理、结核病防治综合服务、耐多药肺结核筛查和监测、重点传染病控制、血吸虫病综合防治、重点地方病与突发急性传染病防治、传统烈性传染病防控和重大动物源性传染病的源头治理等。

三是计划生育服务，主要包括人口与发展的综合决策、计划生育服务管理、国家计划生育技术服务、再生育计划生育技术服务、出生人口性别比治理等。

四是基本公共卫生服务，主要包括健康教育、预防接种、传染病及突发公共卫生事件报告和处理等。

2）医疗服务

医疗服务是指疾病、伤残或妊娠、分娩者在需要时，由国家和社会制度所决定而提供的医疗行为，旨在最大限度地满足人们对医疗卫生的需求，改善和保护人们的健康。不同的国家或地区因其社会制度、经济状况及历史背景不同，向人们提供防病治病的医疗服务制度也不同，在医疗服务过程中医疗经费的筹集、分配使用办法也不同。例如：以朝鲜、罗马尼亚等国家为代表的全民免费医疗服务，医疗费用由国家负担，国家制定医疗计划和医疗经费预算，医疗机构属国家所有，医务人员为国家工作人员。南斯拉夫采用社会集体所有制，医疗服务费用主要来自个

---

① 黄晨熹：《社会福利》，格致出版社、上海人民出版社2009年版，第244页。

人和企业单位缴纳的保险费。西欧及日本、美国的医疗服务制度主要有三种类型。一是国家所有制。以英国为典型，医疗机构为国家所有，医生在公立医院提供服务，由政府发给固定工资，对国民实行免费医疗。北欧的瑞典、丹麦等也是这种类型。二是全民医疗保险制度。如法国、日本规定有收入者必须参加医疗保险，为参保者提供服务的有国立医院、公立医院和私立医院。三是自由医疗保险制度。以美国为代表，医疗保险服务机构有团体办的和私人办的，保险形式有单项和多项，居民可以自由选择或同时加入几个组织或项目的保险。朝鲜、罗马尼亚、英国、瑞典和加拿大等国，采用国家预算的方式来筹集医疗保健服务经费。法国、日本和南斯拉夫等国，采用由个人和企事业主共同出资，或由个人、企事业主和政府三方集资，或个人和政府双方出资来筹措资金，通过同医疗保险组织有联系的医疗机构向居民提供医疗保健服务。自费医疗基本上完全由个人负担医疗费用，一种形式是谁看病谁付钱，另一种形式是自费享受医疗保险组织规定以外的服务项目。日常的医疗服务主要由专科医生或普通开业医生通过门诊服务、住院服务、家庭出诊服务等对被服务者进行各种诊断、治疗、预防和康复医疗活动。对被服务者提供必需的药品和治疗器械设备等也是日常医疗服务的重要内容。

根据我国实际情况，医疗服务主要包括以下内容：一是优化医疗服务资源配置；二是推动发展专业、规范的护理服务，尤其是康复护理、老年护理、家庭护理等适应不同人群需要的护理服务。

3）中医药健康服务

中医药强调整体把握健康状态，注重个体化，突出治未病，临床疗效确切，治疗方式灵活，养生保健作用突出，是我国独具特色的健康服务资源。中医药健康服务是运用中医药理念、方法、技术维护和增进人民群众身心健康的活动，主要包括中医药养生、保健、医疗、康复服务，涉及健康养老、中医药文化、健康旅游等相关服务。

4）重点人群健康服务

（1）妇幼健康服务。这部分服务内容包括母婴安全计划、优生优育、住院分娩补助、孕产妇免费基本医疗保健服务、出生缺陷综合防治、健康儿童计划、儿童重点疾病防治、新生儿疾病筛查、重点地区儿童营养改善等项目。

（2）健康养老服务。这部分服务内容包括推进老年医疗卫生服务，医养结合集住院、康复期护理、稳定期生活照料、安宁疗护一体化的健康和养老服务，慢性病全程防治管理服务，老年常见病、慢性病的健康指导和综合干预，老年健康管理，老年心理健康与关怀服务，老年痴呆症等的有效干预，居家老人长期照护服务，经济困难的高龄、失能老人补贴，以及使老人更便捷地获得基本药物等。现阶段，我国健康养老服务内容较为丰富，主要包括健康教育、预防保健、疾病诊治、康复与护理服务、长期照护服务和安宁疗护服务。

（3）残疾人健康服务。这部分服务内容包括残疾预防和残疾人康复，低收入残疾人医疗救助，残疾人医疗康复，残疾儿童康复救助，残疾人医疗服务，基本医疗、公共卫生与健康管理等签约服务，国家残疾预防，对致残疾病及其他致残因素的防控，防盲治盲和防聋治聋等。

5）心理健康服务

心理健康是人在成长和发展过程中，认知合理、情绪稳定、行为适当、人际和谐、适应变化的一种完好状态。心理健康服务是运用心理学及医学的理论和方法，预防或减少各类心理行为问题，促进心理健康，提高生活质量，主要包括心理健康宣传教育、心理咨询、心理疾病治疗、心理危机干预等。此外，健康社会服务还包括健康体检、咨询等健康服务，全民体育健身，健康文化与旅游等。

2. 健康社会服务的基本方式

基于上述服务项目构成，健康社会服务的方式按照其性质差异，有着多种提供方式。也就是说，健康社会服务的方式是提供健康社会服务的方法和手段，它解决的是"怎样提供服务"的问题。没有针对性的方式，健康社会服务就不能有效地分配和传递给服务对象。健康社会服务的方式可依据不同的标准分为不同的类型。

一是免费获取与付费供给。健康社会服务项目中，那些具有公共产品性质的服务都是免费的。基本医疗卫生服务，是指维护人体健康所必需、与经济社会发展水平相适应、公民可公平获得的，采用适宜药物、适宜技术、适宜设备提供的疾病预防、诊断、治疗、护理和康复等服务。基本医疗卫生服务包括基本公共卫生服务和基本医疗服务。基本公共卫生服务由国家免费提供。基本公共卫生服务属于纯公共物品，是社会成员不愿意也无力提供而市场机制提供又存在失灵的物品，因此，政府应该作为提供主体，为基本公共卫生服务付费，并进行管理，而基本公共卫生服务的生产可以让其他主体参与。基本医疗服务属于偏向于私人物品的准公共产品，按其性质来说，更应该由私人提供，但从人道主义的理念和公共产品边界的角度看，基本医疗服务应该由政府和消费者共同提供。[1] 付费供给即服务对象必须通过预先缴费才能在有需要时获得供给主体的支持，是以付费为前提的方式。[2] 非基本公共卫生服务和非基本医疗服务的方式多为付费供给。

二是临时供给与固定供给。[3] 临时供给是一种非制度化和不定期的健康社会服务供给方式，主要适用于应对重大公共卫生事件或重大生活事件中的短期供给。新冠肺炎患者，是一个暂时性的弱势群体，需要得到政府和社会的及时帮助，才能渡过突如其来的难关。重大生活事件（如交通事故、重大疾病等）可能导致部分社会成员在短期内陷入健康困境，需要政府和社会提供短期内的福利服务支持。临时供给虽然不是制度化的供给方式，却是一种非常灵活有效的健康社会服务支持。由于临时供给的应急性特征，一般情况下采取免费供给的方式实现。固定供给是一种制度化、正式化和长期化的福利服务供给方式，主要适用于解决一般的健康需求。固定供给既有免费的（如基本公共卫生服务），也有付费的（如儿童二类疫苗接种）。

三、健康社会服务的体系化与专业化

1. 健康社会服务的体系化

健康社会服务的体系化是健康社会服务项目、对象和主体按照一定的秩序或联系组合成一系列非物质性活动的过程。健康社会服务是对社会成员健康需要的回应，其项目设置往往对应多样的健康需要，如生理

---

[1] 严妮、沈晓：《公共产品：我国卫生服务分类与服务生产和提供方式的理论分析》，《理论月刊》2014年第5期。
[2] 景天魁等：《福利社会学》，北京师范大学出版社2010年版，第233页。
[3] 景天魁等：《福利社会学》，北京师范大学出版社2010年版，第233页。

健康、心理健康和社会健康。按此标准，健康社会服务体系由生理健康类服务项目、心理健康类服务项目和社会健康类服务项目构成。但是在健康社会服务实践中，其项目往往是碎片化的。我国非常强调健康社会服务体系化引导，让广大人民群众享有公平可及、系统连续的预防、治疗、康复、健康促进等健康服务。但我国健康社会服务尚未形成一个连续的系统，项目日趋丰富，并未形成预防类健康社会服务、治疗类健康社会服务、康复类健康社会服务和健康促进类健康社会服务。

健康是所有社会成员的基本需要，健康社会服务的对象是所有人、是全生命周期的人。从健康社会服务内容来看，它涵盖了儿童、青少年、青年、中年和老年期的所有社会成员。但由于资金压力、效率低下、老龄化等因素，健康社会服务实践必然会是逐渐覆盖全生命周期社会成员直至全体社会成员的过程。健康社会服务是以人民健康为中心，依靠政府、社会和个人的合力。其中，政府治理发挥着主导作用，社会力量参与起到支撑作用，个人自助起到补充作用。

2. 健康社会服务的专业化

健康社会服务的专业化表现为其供给主体高度明确的分工、权责的明晰。2020年我国居民健康素养水平达到23.15%，比2019年提升3.98个百分点，增长幅度较大。城乡居民基本知识和理念素养水平为37.15%，健康生活方式与行为素养水平为26.44%，基本技能素养水平为23.12%，较2019年分别提升2.84、6.96、1.69个百分点。全国居民六类健康问题素养水平由高到低依次为：安全与急救素养55.23%、科学健康观素养50.48%、健康信息素养35.93%、传染病防治素养26.77%、慢性病防治素养26.73%、基本医疗素养23.44%，均有提升。社会成员健康素养的提升也是健康社会服务专业化作用的结果。

《"健康中国2030"规划纲要》明确提出，要立足全人群和全生命周期两个着力点，提供公平可及、系统连续的健康服务，实现更高水平的全民健康。党的十九大报告也强调将实施健康中国战略纳入国家发展的基本方略，并提出为人民群众提供全方位全周期健康服务。这样的顶层设计，使得健康社会服务的供给具有了统一的指南。《健康中国行动（2019—2030年）》明确了健康社会服务的15项重点内容，明确了政府、社会、个人和家庭的具体分工。《"十三五"推进基本公共服务均等化规划》明确了基本医疗卫生和基本社会服务的重点任务，同时明确了责任单位。

此外，健康社会服务的专业化还表现为服务人员的专业性。医疗卫生人员构成了健康社会服务的重要力量，他们是执业医师、执业助理医师、注册护士、药师（士）、检验技师（士）、影像技师（士）和乡村医生等卫生专业人员。

第三节　青少年社会服务

一、青少年社会服务的需求与供给

1. 青少年社会服务的需求

青少年社会服务是指以青少年为对象，整合运用专业价值、理论、方法和技巧，协助其提升解决问题的能力，恢复、改善及提高其社会功能，促进其健康成长和全面发展的非物质性活动。青少年是一个多维的概念，不同学科、不同领域、不同组织、不同国家对于青少年的界定是不同的，尤其是年龄界限。联合国教科文组织在1982年墨西哥圆桌会议上，提出青年应包括14～34岁年龄组人口。联合国《到2000年及其后世界青年行动纲领》中规定青年为15～24岁年龄组。① 青少年是从儿童到成年这一年龄段的群体，是少年和青年的统称，并没有明确的年龄范围。我国共青团中央、民政部在国家标准《青少年社会工作服务指南》中明确提出，青少年是年龄范围为6～35周岁的人。青少年社会服务以青少年需要为导向，以照顾青少年特点和利益、优化青少年成长环境、服务青少年紧迫需求、维护青少年发展权益、促进青少年全面发展为根本出发点。

---

① 陆士桢、王玥：《青少年社会工作》，社会科学文献出版社2005年版，第3页。

1）青少年需要

青少年需要的内容层次庞杂，既有物质生活需要，又有精神文化需要；既有学习知识的需要，又有提高本领的需要；既有文体娱乐的需要，又有维护权益的需要。青少年需要从根本上来讲指其社会化过程的基本条件是否得到满足，在社会化过程中是否实现了他（她）的自我同一性。青少年社会化即个人早期的基本社会化，是个人学习基本的生活知识和技能，掌握基本的社会规范，了解基本的社会关系网络，并能在实际生活中比较成功地扮演最基本的社会角色和从事最基础的社会活动的过程。家庭、学校、社会是青少年实现社会化的三大途径。

埃里克森在其人生八阶段论中提出的自我同一性理论对青少年社会化任务做出了概括，认为青少年自我意识的确定与自我角色的形成是核心任务，主要是获得同一感而克服同一性混乱。青少年从他人对自己的态度中、从自己扮演的各种社会角色中以及从与同伴建立的亲密友谊中进一步认识自己，对自己的过去、现在、将来产生一种内在的连续感，认识到自己与他人在外表上、性格上的相同与差别，认识自己的现在与未来在社会生活中的关系。这种同一感可以帮助青少年了解自己及自己与前后左右的各种人、事、物的关系，从而顺利进入成年期。

自我同一性的确立意味着青少年对个体和自身有充分的了解，能够将自我的过去、现在和将来组合成一个有机的整体，确立自己的理想与价值观念，并对未来自我的发展做出自己的思考。依据青少年社会化及实现自我同一性的任务要求，从发展的角度，可以对青少年个体发展性需要做出以下概括：接纳自己的身体与容貌，表现出符合社会规范的性别角色需求；个体与同伴发展适当的人际关系；追求个体的情绪独立自主，少依附父母及他人；自谋其立，寻求经济独立；为未来的生活做准备；发展符合社会期望的认知技能和概念；努力表现负责任的行为与追求理想和抱负；为未来的婚姻和家庭做准备；建立个体价值体系，符合现实世界的需求。

2）青少年社会服务需求

青少年社会服务是针对青少年群体需要的多样性和特殊性，为青少年提供分类服务，它主要包括思想引导、身心健康促进、婚恋交友支持、就业创业支持、社会融入与参与支持、社会保障支持、合法权益维护、违法犯罪预防等方面。具体包括八个方面：第一，青少年需要获得基本的生活照顾，家庭与社会应提供青少年成长过程中所需的基本生活和养育服务；第二，获得健康照顾的需要，包括适当的身心医疗照顾和预防保健服务；第三，获得良好的家庭生活的需要，家庭应提供良好的亲子关系和适当管教的环境；第四，满足学习的需求，社会应提供充足的就学机会和良好的教育环境；第五，满足休闲和娱乐需求，家庭和社会应提供足够的休闲娱乐场所和设备，并教导其学习良好的娱乐态度及习惯；第六，拥有社会生活能力的需求，家庭与社会应培育青少年有关社会关系和人际交往技巧、生活技能、适应能力和学习正确价值观等多种能力；第七，获得良好心理发展的需求，家庭和社会应协助青少年建立自我认同，增进自我成长的能力；第八，免于被剥削、伤害的需求，保障青少年人身安全、个人权益及免于被伤害等权利。①

2. 青少年社会服务的供给

青少年社会服务的供给由政府、社会组织、家庭等多个主体共同承担，它们按照各自的职能和空间发挥作用，互为补充。我国青少年社会服务主要是由政府引导，发挥市场作用。政府通过购买基本的青少年社会服务，实现对其的组织领导、制度设计、政策支持、财政投入和监督管理；通过竞争择优的方式选择政府购买青少年社会服务的承接主体，支持引导社会力量有序参与青少年社会服务，进而发挥市场在资源配置中的决定性作用。社会组织、企事业单位、机构等多元主体通过承接政府购买的服务来供给青少年社会服务，家庭、社区、慈善组织等自主提供青少年社会服务。

政府主导下的青少年社会服务，保证服务质量的关键在于供给主体之间的协同。也就是说，政府要整合相互独立的各种组织以实现政府所追求的共同目标。同时，青少年社会服务目标的实现既不能靠相互隔离的政府部门，也不能靠设立新的"超级部门"。唯一可行的办法是围绕特定的服务目标，在不取消部门边界的前提下实行跨部门合作。根据行为主体的不同，这种跨界合作有多种表现形式：上下级政府之间的"纵向协同"；同级政府之间、同一政府不同职能部门之间的"横向协同"；政

---

① 陆士桢、王玥：《青少年社会工作》，社会科学文献出版社2005年版，第135页。

府公共部门与非政府组织之间的"内外协同"。① 英国学者佩里将跨界合作划分为四个层次：一是政策制定中的协同或政策协同；二是项目管理中的协同或项目协同；三是服务供给（包括管制）中的协同；四是面向个体的服务协同，即几个部门围绕特定客户的需求与偏好，协同提供综合而有个性的服务。这种跨部门的合作也是全面的合作，包括公私部门之间、政府与非政府部门之间、政府部门之间、中央与地方政府之间的合作等。将具有不同性质、目标、管理模式和动力机制的组织整合起来，维持跨部门协作机制有效运转的关键，既不是行政命令，也不是市场竞争，而是相关利益者之间的充分信任。②

二、青少年社会服务的基本内容与基本方式

1. 青少年社会服务的基本内容

青少年社会服务的基本内容主要体现为其项目构成，它是以青少年为本，尊重青少年主体地位，把服务与成才紧密结合起来设计实施服务项目。根据《中长期青年发展规划（2016—2025年）》，青少年社会服务的主要内容包括青少年思想引导、身心健康促进、婚恋交友支持、就业创业支持、社会融入与社会参与支持、社会保障支持、合法权益维护和违法犯罪预防等服务。

一是思想引导，主要包括但不限于以下内容：开展理想信念教育；开展国情政策教育和党史、国史、改革开放史教育；开展中华优秀传统文化、革命文化、社会主义先进文化教育；开展社会主义核心价值观教育等。

二是身心健康促进，主要包括但不限于以下内容：开展青少年文化体育兴趣和爱好的培养活动、青少年文体交流活动；为青少年提供社会实践教育和学业支持服务；引导青少年珍惜生命、尊重生命，帮助青少年学习保护生命的方法；帮助青少年掌握应对风险的方法，引导青

---

① 陶希东：《跨部门协作：青少年服务跨界整合及政策》，《当代青年研究》2013年第2期。

② 解亚红：《"协同政府"：新公共管理改革的新阶段》，《中国行政管理》2004年第5期。

少年对风险形成正向认识；帮助青少年了解青春期相关生理和心理知识，积极应对心理困惑，增强解决问题的信心和能力；帮助青少年自我认识，并实现自我肯定；帮助青少年形成健康的人格，践行健康的生活方式等。

三是婚恋交友支持，主要包括但不限于以下内容：帮助青少年树立文明、健康、理性的婚恋观，提供婚恋教育和指导，开展婚恋交友服务；帮助青少年树立正确的家庭观，传承优良家风家教；开展性健康和优生优育宣传教育服务；协助青少年建立良好人际关系等。

四是就业创业支持，主要包括但不限于以下内容：开展就业创业政策宣传服务；协助连接就业创业资源；帮助提升就业创业能力；协助提升职业技能；开展就业创业指导及职业生涯规划服务等。

五是社会融入与参与支持，主要包括但不限于以下内容：协助青少年建立良性社会支持系统；提升青少年社会融入和社会参与的能力，帮助青少年积极有序地参与政治生活和公共事务；营造青少年社会融入的良好环境；提升青少年参与社会公益和志愿服务的意识与能力等。

六是社会保障支持，主要包括但不限于以下内容：开展残疾青少年关爱和扶持保障服务；开展流浪未成年人社会救助服务；开展进城务工青年与其未成年子女帮扶服务；开展农村留守儿童关爱和救助服务；协助解释办理城乡居民医保等。

七是合法权益维护，主要包括但不限于以下内容：开展青少年权益保护相关政策法规宣传教育服务；拓展青少年权益表达渠道，支持普遍性利益诉求表达和反馈；开展侵害青少年合法权益行为预防和干预服务；协助青少年提升自我保护能力；倡导营造家庭、校园和社区的安全环境等。

八是违法犯罪预防，主要包括但不限于以下内容：开展法制宣传教育；协助开展青少年社会文化环境、校园内外环境、网络环境优化和整治服务；开展重点青少年群体服务管理工作；提供青少年司法社会工作服务等。

此外，还包括开展青少年服务的政策倡导及咨询研究，开展青少年社会工作专业人才培训、督导及青少年社会工作服务机构发展培育，开展受委托的其他青少年社会工作服务等。

2. 青少年社会服务的基本方式

青少年社会服务通过社会服务供给主体运用直接或间接的方式传递到青少年手中。直接青少年社会服务方式包括个案辅导、小组辅导和社区辅导。

个案辅导是指以青少年个人为服务对象，根据其基本情况，运用有针对性的、专业的辅导方法和技巧，帮助青少年解决问题，挖掘其潜能，提供解决问题的能力，促进其健康发展。个案辅导通常由接案、预估、计划、介入、评估和结案六个阶段组成，有条件的情况下，可以在结案后定期跟进，以保证服务的效果。个案辅导的方法有很多，如与青少年进行访谈、观察，从青少年周围的重要他人身上获取其相关资料，通过与青少年一起参加实践活动，在实践中指导青少年，提升他们的经验和能力等。

小组辅导是指由两个或两个以上的青少年组成的群体，通过群体成员之间有目的的互动互助，使参加小组的青少年个体获得行为的改变、社会功能的恢复和发展的服务活动。小组辅导为青少年创造了一个安全开放的交流环境，青少年有更多机会与同龄人交流，在小组内获得的交流经验能够帮助青少年形成良好的人际交往和行为习惯，增强青少年的人际交往能力。小组辅导的方法有很多，如榜样示范，通过在小组中树立榜样，发挥榜样的示范和感染作用，促使其他青少年学习、模仿榜样的行为。行为锻炼，在小组活动过程中对某种行为进行不断重复，在重复的过程中，青少年更加容易习得这种行为。竞赛激励，由于正处于青春期，大多数青少年具有争强好胜的心理，因此可以通过举办竞赛的形式激励青少年奋发向上。除此之外，还有角色扮演、情境感染等方法。

社区辅导是以社区内青少年为服务对象，动员社区资源，为社区内青少年营造健康成长的环境，从而促进社区健全发展。其中，动员社区资源具有两层含义，一是将普通社区居民组织起来，整合社区内的有效资源，为社区青少年提供服务；二是将社区内的青少年组织起来，动员他们参与社区发展，在社区参与的过程中提升青少年自身的能力。社区辅导的方法有：举办各类团体建设服务，如少年宫、野外训练营地活动、入团（队）仪式等，整合一切社会资源，推动有利于青少年健康成长的政策、机制的建设和完善。

间接青少年社会服务方式主要包括青少年政策研究、青少年行政服务、青少年咨询等。此外，我国正探索建立"自下而上、以需定供"的互动式、菜单式服务方式，推动社会工作服务供给与青少年实际需求有效对接。

三、青少年社会服务的体系化与专业化

青少年社会服务的体系化是项目构成、对象分布和主体关系按照一定秩序或联系组合起来的过程。青少年社会服务的专业化是直接服务者从个人经验引领向群体理论指导发展的过程。

从我国青少年社会服务相关政策发展来看，青少年社会服务项目构成日趋体系化和专业化。2014年，共青团中央、中央综治委预防青少年违法犯罪专项组等6部门发布了《关于加强青少年事务社会工作专业人才队伍建设的意见》，明确了我国青少年事务社会工作人才队伍建设的意义、指导思想、工作原则、主要目的、主要服务领域、主要任务以及工作要求。该意见能切实为青少年健康成长提供专业服务，并且带动我国青少年社会服务朝专业化方向发展。

2017年，共青团中央、民政部、财政部联合印发《关于做好政府购买青少年社会工作服务的意见》，对政府购买青少年社会工作服务提出明确要求，并列出购买清单，包括青少年思想引导、身心健康促进、婚恋交友支持、就业创业支持、社会融入与社会参与支持、社会保障支持、合法权益维护和违法犯罪预防等服务。这是我国在全面深化改革背景下推动政府购买青少年服务的重要探索，对于推动各级团组织提升政策资源整合能力，更好服务青少年成长发展具有积极作用。

青少年社会服务内容的体系化程度有进一步提升空间。2020年，全国人大代表陈海仪提出《关于加强青少年社会服务机构扶持及分级分类发展力度的建议》，呼吁畅通青少年社会服务机构依法设立登记渠道，规范业务主管单位的管理范围，加大政府购买服务和个案专项补贴力度，加强青少年社会服务分级分类宣传，更好推动青少年社会服务机构发挥社会治理效能。青少年社会服务机构在基层助力政府部门、司法机关开

展青少年权益保护和关爱帮扶工作，是社会治理创新和平安中国建设的重要力量。推动青少年社会服务机构健康有序发展能够有效促进青少年社会服务的体系化和专业化。

目前，我国正在大力推动青少年社会服务事业发展，在体系化和专业化方面仍有较大的发展空间。在建设青少年社会服务体系过程中，政府应加大财政投入的力度，并且逐步向多元融资渠道过渡，形成政府、企业、团体、个人和社会组织共同投资运作的良好局面；共青团指导监督，协助政府管理青少年社会服务事业；扎根基层社区，重点培育和扶持青少年社会服务组织；政府、共青团、高校三方联动，协力促进青少年社会服务事业的发展。政府发挥主导作用，为共青团和高校做出大方向上的指引，共青团负责落实政府制定的相关政策和措施，高校负责培养专业的人才队伍，力争打造一支强大的青少年社会服务人才队伍。

第四节　残疾人社会服务

一、残疾人社会服务的需求与供给

1. 残疾人社会服务的内涵

残疾人社会服务是指在社会服务框架下基于社会多元供给网络，以社区为平台，通过专业社会工作方法，为残疾人提供以康复服务、照顾服务、就业服务等为主，旨在满足残疾人基本生活需要、提高能力、充分赋权的社会行动。① 残疾人社会服务是以劳务为主要形式向残疾人提供改善其处境的活动。残疾是指人体某部分因病伤造成缺损或生理功能障碍在心理调适和社会适应方面出现问题，影响日常生活，不能发挥正常功能。② 残疾人是指在心理、生理、人体结构上，某种组织、功能丧失或者不正常，全部或者部分丧失以正常方式从事某种活动能力的人。残

---

① 王磊：《残疾人社会服务研究——模式演变与体系建构》，科学出版社2020年版，第6—7页。
② 李迎生：《社会工作概论（第三版）》，中国人民大学出版社2018年版，第315页。

疾人包括视力残疾、听力残疾、言语残疾、肢体残疾、智力残疾、精神残疾、多重残疾或其他残疾的人。其中,《第二次全国残疾人抽样调查残疾标准》对各类残疾给出了明确的定义和分级标准。根据联合国《残疾人权利公约》,残疾人包括肢体、精神、智力或感官有长期损伤的人,这些损伤与各种障碍互相作用,可能阻碍残疾人在与他人平等的基础上充分和切实地参与社会。残疾人社会服务的主要内容以服务需求为基础,依托供给主体,将残疾人社会服务项目通过直接或间接的方式传递到残疾人手中,而保证服务质量的关键在于残疾人社会服务的体系化和专业化。

2. 残疾人社会服务的需求

残疾人社会服务的需求是以残疾人的需要为依据的。一般而言,残疾人的需要是多方面、多层次的,既包括衣食住行需要、医疗康复需要,也包括教育需要、就业需要、心理需要、体育需要、政治需要和文化精神需要等社会参与与社会发展需要。[①] 这些需要回应了联合国《关于残疾人的世界行动纲领》宗旨,即要推行有关残疾预防和康复的有效措施,使残疾人得以充分参与社会生活和发展,并享有平等地位。残疾人具有与全体公民同等的机会,平等分享因社会和经济发展而改善的生活条件。

依据《国务院办公厅转发中国残联等部门和单位关于加快推进残疾人社会保障体系和服务体系建设指导意见的通知》,残疾人社会服务需求包括康复、教育、就业、扶贫、托养、无障碍环境、文化体育、法律等。根据《残疾人保障法》,残疾人社会服务的基本需求凸显为规范性需求,具体包括以下内容。第一,残疾人康复服务需求。残疾人康复服务是其获得良好生活质量的前提条件,也是残疾人独立生活的重要保证。残疾康复水平的差异性直接决定了其未来生活质量的差异性,不少残疾人只能长期被封闭在家中,究其原因,很大部分是由于康复水平跟不上。第二,残疾人教育服务需求。这是实现残疾人就业和社会参与的重要保障,不仅保障残疾人接受教育的平等机会,而且保障残疾

---

① 谈志林、谈飞琼:《构建残疾人事业 3.0 时代——从基本保障到社会服务》,《残疾人研究》2018 年第 3 期。

人接受教育过程的平等性，全面推进"完全接纳"教育。第三，残疾人就业服务需求。这是社会参与的最重要方面，能够充分展现残疾人自我生命意义和奉献社会的功能，整个社会要为残疾人劳动就业创造条件，促进残疾人各种就业方式的发展。第四，残疾人文化生活服务需求。这是残疾人平等参与各种文化、体育和娱乐的要求。一方面，残疾人的精神文化生活是残疾人权益保障的重要内容；另一方面，通过残疾人文化生活权的确认，来展现残疾人积极向上的生活状态，构建残疾人和健全人之间共有的文化。第五，残疾人社会福利服务需求。这是残疾人各种社会保障和社会福利的要求，主要包括残疾人社会保险、社会救助、社会供养和公共服务等内容。第六，残疾人环境友好建设。这是残疾人对享有社会生活平等的无障碍权利的要求，消除社会环境中阻碍残疾人参与的物化因素。加快推进无障碍建设，方便残疾人生活，主要包括物理环境（各类建筑物、道路和交通设施等）无障碍、信息交流环境无障碍、公共服务无障碍和政治参与无障碍等，还有残疾人家居环境无障碍建设和改造。

3. 残疾人社会服务的供给

残疾人社会服务的供给主体包括政府、残疾人专业机构、社区、社会组织和个人。政府公共服务为残疾人提供优先、优惠的社会服务。完善残疾人就业服务体系和就业援助制度，积极开发残疾人公益性就业岗位。完善残疾人最低生活保障和大病医疗救助服务制度，实现动态管理、做到应保尽保。增强残疾人基本医疗卫生服务的可及性，建立健全残疾人卫生服务网络。做好残疾人人口和计划生育管理与服务，发展残疾人文化、教育和体育事业，丰富残疾人的精神生活。加强残疾人特殊群体服务工作，特别是对重度残疾人、老年残疾人、一户多残的家庭等对象的服务工作。积极试点和推进政府购买残疾人服务，建立和完善政府购买残疾人服务的体制与机制。

各人民团体支持残疾人服务工作，维护残疾人的合法权益，积极为残疾人事业筹集资金。企事业单位树立和增强社会责任意识，为残疾人事业发展做出应有的贡献。同时，积极培育和发展专门为残疾人提供服务的相关社会组织，通过民办公助、政府补贴、政府购买服务等多种方式，鼓励各类社会组织参与建设残疾人服务设施，提供残疾人服务。规范相关社会组织提供的残疾人服务的主要内容、项目、收费标准，引导社会组织为残疾人提供良好的服务。改善残疾人专业服务机构的基本服务条件，完善相关服务功能，规范服务管理，扩大残疾人服务的受益范围，提高残疾人服务水平。2014年，中国残疾人联合会、民政部印发了《关于促进助残社会组织发展的指导意见》，从"改革登记管理、推进购买服务、优化发展环境、加强规范管理、强化自我建设、健全协调机制"六个方面推动助残社会组织发展。2016年，国务院印发《"十三五"加快残疾人小康进程规划纲要》，提出积极培育、扶持助残社会组织健康发展，支持引导其开展助残活动，建立调动社会力量帮扶残疾人服务的机制和平台等。

社区是残疾人社会服务供给的重要载体。我国社区主要是开展为重度残疾人、智力残疾人、精神残疾人、老年残疾人等提供的生活照料、康复养护、技能培养、文化娱乐、体育健身等服务项目。

个体也是残疾人社会服务的重要供给主体。残疾人也可以居家开展自助服务，但需要配套残疾人居家自助服务的相关补贴制度，与此同时，尤其要依托社区服务中心，在街道（乡镇）、社区建立残疾人志愿者服务站，健全社区残疾人志愿服务网络，开展形式多样的残疾人自助、互助以及志愿者对残疾人服务。[①]

二、残疾人社会服务的基本内容与基本方式

1. 残疾人社会服务的基本内容

残疾人社会服务的基本内容主要是其项目构成，它包括残疾人康复、教育、就业、扶贫、托养、文化体育、维权等专项服务。我国残疾人社会服务内容十分丰富，主要包括以下方面。

第一，康复服务。残疾人康复是指在残疾发生后综合运用医学、教育、社会、心理和辅助器具等措施，帮助残疾人恢复或者补偿功能，减轻功能障碍，增强生活自理和社会参与能力。主要包括：以社区和家庭

---

① 丁建定：《我国残疾人服务体系的完善对策》，《社会工作》2012年第10期。

为重点，广泛利用社会资源，开展各类残疾人康复服务；针对残疾人的迫切需要，实施重点康复，开展白内障复明手术、低视力者配用助视器、盲人定向行走训练、聋儿听力语言康复、肢体残疾矫治手术、肢体残疾人功能训练、智力残疾人能力训练、重症精神病患者综合防治等；开发、供应各种残疾人辅助器具；宣传、普及康复知识，提高残疾人的康复意识。

第二，教育服务。主要包括：对具有接受普通教育能力的残疾人实施普通教育，对不具备接受普通教育能力的残疾人实施特殊教育；普及和巩固残疾儿童少年义务教育，积极发展高中阶段和高等特殊教育，完善从学前教育到高等教育相互衔接的残疾人特殊教育体系；以就业为导向，开展残疾人职业教育；采取减免有关费用、补助寄宿生生活费、提供助学金和教育贷款、动员社会力量开展助学活动等多种形式，资助贫困残疾学生；加强特教师资队伍建设。

第三，劳动就业服务。主要包括：依法全面推行残疾人按比例就业，鼓励和支持残疾人个体就业和自愿组织起来就业，做好福利企业等集中就业，扶持农村残疾人参加生产劳动；大力开展残疾人职业技能培训和农村实用技术培训，提高残疾人的劳动就业能力；健全残疾人就业服务制度，完善残疾人就业服务机构，为残疾人就业提供全面服务。

第四，扶贫服务。主要包括：推行小额信贷、公司加农户、基地扶持等各种行之有效的扶贫方式；动员社会力量开展帮、包、带、扶；帮助农村贫困残疾人家庭进行危房改造。

第五，文化体育服务。主要包括：社会公共文化、体育场所普遍对残疾人开放，并提供优惠和特别服务；开展形式多样、健康有益的群众性文化体育活动，使残疾人愉悦身心、提高素质；挖掘残疾人特殊艺术和竞技体育，增进残疾人与社会的理解和沟通等。

第六，环境建设。主要包括社会人文环境建设和无障碍环境建设。社会人文环境建设就是通过大力弘扬人道主义，宣传现代文明社会的残疾人观和残疾人事业，倡导和谐友爱、团结互助的良好社会风尚，开展多种形式的扶残助残活动，创造有利于残疾人事业发展的社会环境，促进残疾人平等参与社会生活。无障碍环境建设主要是通过在城市道路和建筑物推行无障碍设施建设，在公共交通工具上配置无障碍设备，方便残疾人出行和使用公共设施；在公共服务机构和场所推行无障碍服务等措施，发展信息和交流无障碍，为残疾人获取信息、与社会其他成员交流和享受公共服务提供便利。

第七，社区残疾人服务。主要包括：将各项残疾人服务嵌入社区建设；充分利用社区资源，为残疾人提供康复、教育、就业、文化、体育、维权、生活等服务；面向社区人群开展残疾预防宣传工作。

第八，法律服务。主要包括：法制宣传教育，实施法律服务、法律援助和司法救助；制定实施保障残疾人权益的政策措施等。

第九，残疾预防。主要包括：针对主要致残因素，实施重点预防服务；强化计划免疫和初级卫生保健，减少传染病、慢性病致残；加强安全生产、劳动保护和交通安全工作，提高应急处理能力，加强医疗急救工作，减少意外伤害致残；宣传、普及残疾预防知识，提高公众的预防意识。

残疾人社会服务的内容既包括社会救助服务、医疗康复服务、交通服务等基本生活服务，也包括教育服务、就业服务、文化服务、政治参与服务等社会发展服务。基本生活问题是残疾人生存与发展的首要问题，基本生活服务是残疾人公共服务的基础和主体。[1]

另外，根据财政部、民政部等6部门印发的《关于做好政府购买残疾人服务试点工作的意见》，残疾人社会服务具体包括以下内容。一是残疾人康复辅具配置（辅助器具适配）服务，主要包括：假肢、矫形器装配；助听器验配、调试、维护、维修；低视力助视器适配；残疾人生活自助及护理用具适配；轮椅适配；其他辅助器具适配等。二是残疾儿童抢救性康复服务，主要包括：残疾儿童康复训练；残疾儿童治疗；3~6岁儿童残疾初筛、复筛、诊断等。三是残疾人照料服务，主要包括机构托养服务、机构供养服务、居家托养服务、日间照料服务、生活照料服务等。四是残疾人就业培训与岗位提供服务。五是残疾人家庭无障碍改造服务，主要包括住宅公共空间无障碍改造、乡村民居无障碍改造、卧室无障碍改造、卫生间无障碍改造、厨房无障碍改造等。

---

[1] 谈志林、谈飞琼：《构建残疾人事业3.0时代——从基本保障到社会服务》，《残疾人研究》2018年第3期。

2. 残疾人社会服务的基本方式

不同残疾类型，不同残疾程度，运用的残疾人社会服务方式也有所不同。残疾人社会服务的基本方式主要包括三种，社区康复、社会康复和职业康复。

1）社区康复

社区康复是指以社区为基地开展残疾人康复工作。它是一种康复方式和制度，与过去实行的医院康复完全不同。联合国教科文组织、世界卫生组织、国际劳工组织于1994年联合发表了一份关于社区康复的意见书，对社区康复给出了以下解释："社区康复是属于社区发展范畴内的一项战略性计划，它的目的是促进所有残疾人得到康复，享受均等的机会，成为社会的平等一员。社区康复的实施，要依靠残疾人自己和他们的家属、所在社区，以及相应的卫生部门、教育部门、劳动就业部门和社会服务部门等的共同努力。"世界卫生组织《社区康复指南》，明确社区康复涵盖健康、教育、生计、社会融入、赋权等五大领域，每个领域细分为五个方面，为世界各国开展残疾人社区康复提供了指导方向。

社区康复主要包括如下内容：一是康复医疗服务，即根据所辖社区内残疾人的功能状况、康复需求及家庭经济条件，康复医疗机构、基层康复站采取提供病床、上门服务等形式，为残疾人提供低偿或无偿的诊断、功能评定、康复治疗、康复护理、家庭康复病床和转诊服务等。二是训练指导服务，即根据残疾人的功能障碍状况、康复需求和家庭条件等情况，康复人员在康复医疗机构、基层康复站或残疾人家庭，对残疾人进行功能评定之后，制订训练计划，指导并开展康复训练，评估训练效果。三是心理疏导服务，一方面通过谈心、劝说、开导等方式，解除或减少残疾人的焦虑、抑郁、恐惧、自卑等心理障碍，帮助他们树立康复信心，正确面对自身残疾；另一方面鼓励残疾人的亲人和朋友理解、关心残疾人，支持并配合残疾人的康复训练。四是知识普及服务，采取多种形式向残疾人及其亲属普及康复知识，如举办康复知识讲座，开展康复咨询服务、发放普及读物、举办义诊活动等。五是辅助用品用具服务，根据残疾人对辅助用品用具的需求，因人而异地提供辅助用品用具选购、租赁、使用指导、维修和信息咨询以及简易训练器具的制作等服务。六是转介服务，根据残疾人在康复医疗、康复训练、心理疏导及辅助用品用具等方面的不同需求，联系有关机构和人员，提供有针对性的咨询转介服务，并做好登记，进行跟踪。做好咨询转介服务，需要了解和掌握当地现有的康复资源，以便有效利用资源，满足残疾人的各种康复需求。

社区康复的目标如下。第一，使残疾人身心得到康复，通过康复训练和给予辅助用品用具使残疾人生活能够自理，能够在周围活动（包括步行或用轮椅代步），能够与人沟通和交流。第二，使残疾人能享受平等的机会，主要是指平等地享受入学和就业的机会。使学龄残疾儿童能够上学，青壮年残疾人在力所能及的范围内能够就业。第三，使残疾人能成为社会平等的一员，融入社会，不受歧视，不受孤立和隔离，不与社会分开，残疾人能得到必要的方便条件和支持以参加社会活动。

2）社会康复

社会康复是指从社会的角度，采取各种有效措施为残疾人创造一种适合其生存、创造、发展、实现自身价值的环境的活动，其目的是使残疾人享受与健全人同等的权利，达到全面参与社会生活的目的。

社会康复主要包括：协助政府机构制定法律法规和各种政策来保护残疾人的合法权益，使其享有和健全人一样的物质生活和文化成果。社会康复工作者一方面要在调查研究的基础上向政府有关部门提出建议，另一方面要坚定不移地贯彻落实政府的法律法规和政策。保障残疾人生存权利，使其在住房、食物、婚姻家庭方面得到公平的待遇，有适合其生存的必要条件。为残疾人自身的发展提供帮助，使其有接受教育和培训的机会，提高其生活自理能力、就业能力和参与社会的能力。残疾人需要接受特殊教育，需要特殊的学习条件。社会康复工作者应该努力创造条件使适龄的残疾儿童入学，使达到录取标准的残疾考生不被拒绝，使残疾学生毕业后能找到合适的工作。

消除家庭中、社会上的物理性障碍，使残疾人获得生活起居的方便，并享受社会的公共设施服务。倡导和推进无障碍环境设计与改造，是社会康复的一项重要工作。大力提倡人道主义精神，消除社会上对残疾人的歧视和偏见，激励残疾人的自强不息精神，构建和谐的社会生活环境。

组织残疾人与健全人一起参加社会文化、体育和娱乐活动，支持残疾人自己的社团活动，形成全社会理解、尊重、关心残疾人的良好风尚。采取措施帮助残疾人实现经济自立，或提高其经济自立能力，保障其在经济生活中不受歧视；帮助不能实现经济自立的重度残疾人得到社会给予的生活保障。鼓励和促进残疾人参与社会的政治生活，保障其政治权利。为残疾人参与社会政治生活创造条件和提供帮助，是社会康复工作的重要内容。

社会康复是一项政策性很强的工作。残疾人是社会上的弱势群体之一，政府有必要在政策和法律上给予关怀，同时，也需要根据具体情况制定相应的政策与措施。社会康复侧重于调查研究。社会康复工作的主要方法是个案工作，其目的是帮助残疾人解决问题，而调查研究是解决问题的前提，因此，社会康复工作的重点是调查研究。社会康复强调协调性。实践证明，在残疾人与社会康复者之间、残疾人与医护人员之间以及社会康复者与医护人员之间的协调工作十分重要，只有在这些关系中协调得当，才能更好地帮助残疾人解决问题。社会康复具有很强的效益性。一方面，社会康复工作能解决许多医护人员无法解决的问题，受到残疾人的欢迎，因而产生广泛的影响和难以衡量的社会效益；另一方面，医疗机构的社会康复工作是有偿的，具备一定的经济效益。

3）职业康复

国际劳工组织给职业康复下了准确的定义：作为连续且统一的全面康复的一方面，职业康复通过对残疾人开展职业咨询、职业指导、职业训练、就业及相关辅助服务、无障碍设施及环境的构建等，提供与残疾人职业相关的帮助及支持。

职业康复的流程包括咨询、评估、培训和就业指导。咨询是职业康复工作的第一步，主要工作是了解残疾人的具体情况以及在就业过程中遇到的问题，经过深入了解，可以为残疾人提供具有针对性的就业建议，解决就业问题。评估是指对残疾人进行综合评定，评定内容包括残疾人的兴趣爱好、性格、价值观、身体能力、适应能力等。通过评估，可以诊断、指导和预测残疾人的职业发展的可能性，并为科学的职业指导、训练及制订职业康复计划提供依据。培训是指职业指导师对残疾人进行就业前培训和上岗前培训,培训能够帮助残疾人开发其职业潜能、促进其就业。就业指导是指根据残疾人就业的实际情况给出适当的就业指导建议。在有条件的情况下,最好能够针对残疾人就业过程中出现的问题提供跟踪服务。

职业康复不仅能够帮助残疾人解决就业问题,而且能使残疾人通过就业获得经济收入和社会地位,部分残疾人可以通过劳动使原本失去的某些器官的功能得到某种程度的恢复。除此之外,就业还可以帮助残疾人获得成就感、树立自信心,从而更好地融入社会生活。

三、残疾人社会服务的体系化与专业化

1. 残疾人社会服务的体系化

理想的残疾人社会服务是涵盖了政府公共服务、残疾人专业机构服务、社区服务、社会组织服务、残疾人自助服务等"五位一体"的服务体系。[1] 它能有效回应残疾人的需要。在项目构成方面,我国残疾人社会服务内容体系框架基本形成,根据残疾人需要形成了较为丰富的项目。残疾人社会服务基本内容完善的目标是建立系统完备的残疾人服务内容体系。[2] 在对象分布方面,我国残疾人社会服务的体系化应该是能提供涵盖不同类型残疾人的个性化服务组合。目前,残疾人康复服务的体系化程度较高。截至 2019 年底,我国残疾人康复机构中,有 1430 个机构提供视力残疾康复服务,有 1669 个机构提供听力言语残疾康复服务,有 4312 个机构提供肢体残疾康复服务,有 3529 个机构提供智力残疾康复服务,有 2022 个机构提供精神残疾康复服务,有 2238 个机构提供孤独症儿童康复服务,有 1970 个机构提供辅助器具服务。在主体关系方面,我国残疾人社会服务供给主体关系清晰,定位于"政府主导、部门协作、社会参与"。我国较为重视服务供给组织建设,充分调动各类社会组织参与残疾人社会服务的供给。

---

[1] 丁建定:《我国残疾人服务体系的完善对策》,《社会工作》2012 年第 10 期。
[2] 丁建定:《我国残疾人服务体系的完善对策》,《社会工作》2012 年第 10 期。

2. 残疾人社会服务的专业化

残疾人社会服务的专业化主要体现为人才队伍的专业化。专业化水平的衡量指标包括：残疾人服务队伍建设与国家干部队伍、人才队伍建设的关系；有无高素质残疾人事业专业技术人才；是否通过培训、考核的方式提高残疾人专业服务人员的服务能力和服务质量。除了对专业人员有要求外，还要适当提高志愿者的专业能力和水平。在残疾人社会服务中引入专业社会工作者，能够更好地满足残疾人对专业社会服务工作的需要。建立科学的残疾人服务评价指标体系和残疾人服务指标赋分体系，对已提供的残疾人服务的效果做出判断，并对结果进行反思，明确服务的优势和不足，以便为以后的服务提供经验教训。[①]

思考题

1. 如何提升老年社会服务的专业化与体系化水平？
2. 简述健康社会服务的内涵。
3. 简述青少年社会服务的主要内容。
4. 如何提升残疾人社会服务的专业化与体系化水平？

---

① 丁建定:《我国残疾人服务体系的完善对策》,《社会工作》2012 年第 10 期。

第九章
社会服务的管理体系

本章阐述社会服务的管理体系,主要内容包括:社会服务行政管理与内部管理;社会服务计划的基本内涵,社会服务战略规划和社会服务计划的制定;社会服务评估的基本内涵,社会服务机构评估与方案评估;社会服务监督的类型,社会服务监督的内容,以及社会服务监督的实施。

第一节　社会服务行政管理与内部管理

一、社会服务行政管理

社会服务行政管理是在社会福利或公共服务领域执行、贯彻和实施社会服务政策的活动。国家的社会服务政策制定后，相关部门和机构需要制定执行、监管政策的某些细节和说明，以结合实际情况进一步阐明该政策的目标和意义，明确政策对象的范围，指出贯彻执行该政策的主要责任部门和相关责任部门，明确服务资源的来源及筹资方法，指明各个部门之间如何推动政策实施，明确政策实施效果的检查评估及事故责任的承担等。

1. 社会服务行政管理要素

（1）社会政策。社会政策是社会服务行政管理的基础，没有政策就不会有落实政策的部门和机构，也不会有开展社会服务行政管理的行动，更不会建立社会服务的传输系统及开展相关活动。社会政策从本质上来说是通过合法权利机构认定并致力于实施的规则，该规则会指出政策的宗旨和目的、政策汇集的对象及条件、服务资源分配的基本原则、服务资源分配及输送的责任者等。

（2）社会福利资源。社会福利资源是可以用来改变有需要的人群，特别是困难群体、弱势群体的不利处境的物质和服务的总和。其中，服务资源是人们所需要的、可以帮助人们缓解其困境的服务活动，与物质资源相比，服务资源在某些时候可以更为直接地帮助人们解决困难。例如，老年人需要照料，但是有物质资源未必能够换取合适的照料，因此需要直接提供照料给失能老人。对于一些弱势和困难群体来说，其权益受到法律保护，他们获得的服务往往是低偿和无偿的，具有较为明显的福利特征。在计划经济时期，我国的服务资源由国家、集体或者单位提供。改革开放后，社会力量兴起，政府、社区组织、民间力量等成为服务资源的重要提供者。

（3）社会服务机构。社会服务机构是社会服务的输送主体。任何一个社会，非正式的服务提供都十分重要。但与传统社会相比，现代社会中的非正式支持正在弱化，正式社会服务体系越来越多地承担着福利提供责任。我国社会组织发展不足，长期以来社会服务由政府及其主管部门承担。近年来，我国推进政府管理体制改革，大力培育专业社会组织，推进政府购买服务项目，社会组织在社会服务提供中的角色越来越重要。

（4）行政管理人员。行政管理人员是在社会政策执行系统和社会服务机构中从事政策实施框架设计和对服务活动进行协调、督促的工作人员，他们解释政策、制定具体的行动规则与服务标准、动员资源、协调各方服务。这里的行政管理人员主要指政府系统实施社会政策的推动者和政策实施框架的设计者，即公共行政体系中负责推动和落实服务政策的官员和一般工作人员。这些人员通常代表政府推行政策的实施活动，按照政府的制度、规则执行来自上级的行政指令。与此同时，他们也需要与社会服务机构打交道，为其创造和设计实施具体服务的条件。

2. 社会服务行政管理特征

（1）较强的政治性。社会服务行政管理是从贯彻执行的角度，对立法部门指定的社会服务政策内容做出进一步阐释，对贯彻执行的路径和方法进行设计和推广的活动。该项活动需要充分理解政策制定者的政治意图，通过行政系统落实政策的政治目标，在某种程度上是制定政策这一政治活动的延续，包含了对政策目标的高度认同和对实现政策目标的承诺。从参与政策的角度，政策制定者需要向执行政策的社会服务机构、相关部门收集意见，这些机构或者部门的人员便有机会影响政策的制定。

（2）广泛的协调。社会服务政策的实施往往需要多个部门、机构合作完成，这一过程涉及人力、物力和财力的筹措及分配，涉及相关各方在政策实施中的权力和责任。社会服务行政管理人员要想有效地实施相关政策，就要与拥有不同资源的各个部门进行协调。

（3）对政策实施负有主要责任。社会服务行政管理的主要功能是确保服务政策的执行，当政策进入执行程序后，政策的执行者，即行政系统和机构被赋予权力去贯彻落实该项政策，从而也有完成目标的相应责任。尽管这种权力和责任是在所有行政者和具体实施者之间进行分配，但完善的行政管理系统和方案是政策完成的核心。相比之下，社会服务行政管理人员的权力和责任更大，最高层级的行政管理人员要对授权者负全部责任。

（4）运用权力推动政策实施。政府部门的社会服务行政管理主要包括：调查研究，初步拟定政策，上下沟通，争取财政支持，促进政策通过，颁布、落实政策，检查、修补政策。这些内容不是直接提供服务，而是通过任务分配和推动去促进政策的实施和落实。按照韦伯的科层制理论，现代行政组织的有效运行是自上而下、以被合法化了的权力为基础的，高层行政管理人员正是依靠这种权力和权威去推动整个系统的分工合作和政策实施。

3. 社会服务行政管理体制

行政管理体制是国家权力机关实施社会政策的制度化结构，它包括政策制度、福利体系和组织体系等内容。一个国家的政治制度及经济发展水平、福利资源募集方式、人员专业化程度都会影响管理体制的形成。1959年，联合国相关专家小组报告书提出了社会服务行政管理体制构建的基本原则：① 政府有保证供应人民所需社会服务的责任，这种服务可以由政府部门提供，也可以由社会组织承担，社会服务应该是政府职责中的一个特定领域；② 社会服务行政管理应该集中于一个独立的部门；③ 不论采取何种行政管理体制，社会服务领域的工作乃至其他部门的社会性服务，在计划和执行方面都要互相协调和配合。

计划经济时期，我国社会服务行政管理体系呈现出明显的二元特征，国家再分配性福利和补救性福利同时并存。改革开放后，国家、市场与社会关系重塑，社会服务的供给主体呈现出多元化特征，政府、市场、社会组织、家庭及邻里共同为有需要的人群提供服务，满足其生活所需。然而，这种混合的行政管理体系内，各主体的地位不平等，社会组织在很长一段时间内都需要挂靠政府相关部门。近年来，随着政府职能转变，培育和发展社会组织的力度加大，社会组织在服务体系中的自主性逐步增强，作用也越来越大。

二、社会服务内部管理

1. 社会服务内部管理的内容

（1）内部规划。内部规划指管理者制定适当的组织目标，并拟定达成目标所必须采取的行动方案。内部规划可以让员工有方向感，帮助其适应环境变化，也有利于机构其他功能的发挥。社会服务机构的内部规划主要包含三个层次：使命与宣言，其具有宏观、长远、稳定的特点，无具体的实现期限；策略性计划，即机构整体的目标与方向，实现期限一般在未来的3～5年；运作性计划，即机构具体的运行计划，较常见的有年度计划、项目计划等，实现期限一般在1年以内。

（2）内部组织。内部组织指管理者将机构内部工作整合，依据分工原则进行任务分配，将内部成员依据专长分配到不同部门，并进行部门间的沟通协调，最终达成机构目标。社会服务机构在确立了组织使命、战略目标和发展方向后就需要对组织进行工作结构设计，以利于组织目标的实现。社会服务机构的组织结构设计包括横向设计和纵向设计，纵向与横向相结合构成组织的整体结构。其中横向设计解决部门划分问题，例如按职能划分、按服务对象划分、按地区划分等；纵向设计设定有效的管理幅度和合理的管理层次，核心是确定管理层级。社会服务机构的组织运作主要指机构内部动态机制，即通过授权、协调、沟通及监督等过程，推动机构内部各部门、各岗位工作的运转。

（3）内部任用。内部任用指针对组织的各项职位选择适当的员工，指派其担任组织中的待补职务。优质的人力资源管理不仅可以确保服务对象的权益，也会增加员工对机构的参与感、归属感及对专业的承诺，进而提升组织的效率、效能和凝聚力。社会服务机构的人力资源主要是行政人员、专业人员和志愿者，对他们的管理主要包括晋用、培训、激励和维持等。晋用的主要内容包括工作分析、人力资源规划、招募和甄选等；以培训协助员工获得新技能，改善其在机构中表现出的能力，促进其职业生涯发展；以激励强化员工实现机构目标的意愿和动机，具体策略包括评估激励方法、工作再设计、降低员工疏离感、提升员工满足感、落实绩效评估、回馈员工、处理员工抱怨等；维持着重于提供适宜的工作条件或环境，以稳定或增进员工对服务机构的认同，具体做法包括制定和执行有效的福利方案、构建安全健康的工作环境、保持沟通渠道的畅通等。

（4）内部领导。内部领导指管理者让员工清楚机构目标，并运用影响力及各种激励方式带领员工实现目标。一般而言，管理只关心此时此地的问题，并不关注更为广泛的有关机构目标和组织认同的问题。而领导则需要提供有关机构性质的共同意义的价值观，领导者改变人们的思维方式、影响人们的愿景和对目标的设定。与领导相关的理论主要有四个类别：特质理论、行为理论、权变理论和新领导理论。其中，特质理论试图寻找领导者所特有的品质和特征，认为领导者是天生而非后天形成的；行为理论则认为领导者是可以后天培养的，致力于分析和培养领导者行为；权变理论认为领导模式应当与情境吻合，不存在适用于任何情境的最佳领导行为和类型；新领导理论认为领导最重要的职责是确立组织的愿景、使命以及价值，领导的个人魅力和特征进一步得到重视。

（5）内部控制。控制是一种监测和评估的活动，管理者通过监督、评估组织内部员工及各部门的绩效，确认其是否达成组织目标，并采取必要的行动来维持和改善员工及各部门的绩效。在资源有限、需求复杂的背景下，社会服务机构能否坚持愿景，善用绩效管理，缩小福利供需之间的差异，是一项重要而艰巨的任务。具体来看，控制的内容包括对人的控制（目标管理）和对事的控制（绩效监测），目标管理将焦点置于个别管理者和员工的目标管理系统，而绩效监测将焦点置于方案和组织部门的绩效检测系统，二者均试图通过建立目标和回馈以提升绩效。控制的过程涉及三个环节：① 测量组织现有绩效；② 比较标准和现有绩效；③ 采取管理行动。其中，测量绩效是较为关键的环节，测量绩效通常有三种视角：效率，即输出和输入之比；质量，即符合质量标准输出与输入之比；效能，即结果与输入之比。对于社会服务机构来说，后两种视角往往更具价值。

（6）内部决策。决策指各种替代方案的产生和评估，以及在其中做出选择的过程。一个机构内的决策可以是影响广泛而深远的"大方向"，也包括对日常生活事务的判断。依据理性程度，可将决策分为以下几种：

直觉的决策,这种决策的情感胜于理性;判断的决策,这种决策依据知识和经验而得出;问题解决的决策,这种决策依据理性的研究和分析而得出。理性的决策固然重要,但是决策所处的环境往往复杂和充满不确定性,因此现实中的决策往往是有限理性的,即追求目前为止所确认的最佳方案,且能满足情境的最低标准。依问题性质,可将决策分为程序化决策和非程序化决策。程序化决策常用于处理结构性问题,这类问题相对明确、简单且经常遇到;非程序化决策用于处理较为独特、结构性欠佳的问题。一般而言,一个机构的效率往往由程序化决策所促成,非程序化决策则有高度的创新性,推动机构的改革和突破。依决策者特征,可将决策分为群体决策和个体决策。群体决策可以获得较为完整的信息,发现更多的替代方案,对备选方案的考虑也更加周全,决策的可接受程度往往更高;个体决策的优势在于高效,且责任更加明确,有利于信息保密。

2. 社会服务管理层级与管理技能

(1) 管理层级。整体而言,机构员工可以分为两种类型:一线员工和管理者。一线员工直接负责某项工作和任务,一般不需要监督他人工作。管理者则需要在机构中指导或监督他人的活动,有些管理者也会分担一线员工的工作任务。管理者可进一步分为基层管理者、中层管理者和高层管理者。基层管理者的主要职责在于负责直接服务的提供,指导和督导一线员工的工作状况,他们往往用机构的规则和流程达到高效的服务供给,确保机构所制定的目标的实现。中层管理者的主要职责在于将高层管理者的目标转化为基层管理者能够执行的细则,他们关注短期的发展,协调各种分工,促进团队合作和解决冲突,以有效的方式让机构的方案运行下去。高层管理者负责为机构规划长期的方向和目标,为机构提供全面指导,确立机构政策。

(2) 管理技能。管理机构所需要的技能也是多方面的,一般来说可分为以下三个类别。① 概念性技能,主要指分析和诊断所需的心智能力,其重要性随着组织内层级的降低而减弱。具有概念性技能的管理者应了解整个机构的复杂性,包括每一个部门对实现机构目标的贡献,概念性技能对高层管理者尤为重要,可协助其做出较好的机构决策。② 技术性技能，主要指运用特殊知识、方法和技术完成工作的能力，其重要性随着职级的上升而减弱。技术性技能对基层管理者而言是重要的，帮助其训练新的员工和督导日常工作。③ 人际关系技能，主要指了解、激励及与他人相处的能力，无论处于管理的哪个层级，人际关系技能都十分重要。人际关系技能不只涉及与同事的相处，也涉及与服务对象、捐款者等的良好关系。

　　有效的内部管理是科学与艺术的结合。从科学层次来看，机构管理者会通过理性、逻辑、客观和系统的方式予以处理，通过收集资料、事实和客观信息，运用计量模型和决策技术获得正确的决定。从艺术层面来看，面对决策时，机构负责人需要以直觉、经验、本能及个人的洞察力为基础。社会服务机构管理者的角色如表 9-1 所示。

表 9-1　社会服务机构管理者的角色

角色	定义
沟通者	在机构内部及机构与外部利益相关者之间沟通
边界扳手	建立跨机构关系，发展伙伴关系，整合服务传输系统
改革者	预测外部环境的发展趋势，制定发展战略以应对变化
组织者	改变机构内部结构、过程或条件以适应环境变化
资源管理者	获取和管理机构运作和服务对象必需的资源
评估者	评估服务需求及机构效能
政策实践者	发展、解释、遵守和影响政府的社会政策
倡议者	代表服务对象争取机会和资源
督导者	在实务中进行督导，以确保服务效能和效率
促进者	激励社会工作者实现机构的愿景、使命和目标
团队建立者和领导者	在机构和社区中建立和领导行政和实务团队

第二节　社会服务规划管理

一、社会服务计划的制订

1. 社会服务计划的原则

社会服务计划包括以下原则。① 实际性。规划制定必须本着客观的态度及实事求是的精神，在广泛收集资料、了解社会问题与社会需求的基础上，制订出切合实际的社会服务计划。② 具体性。计划的内容要具体明确，尽可能用数字表示，不可含糊其词。③ 可受性。考虑实现目标所付出的成本是否为社会服务机构现有人力、物力、财力所能承受。④ 民主性。考虑计划是否符合社会大众的利益，是否充分听取社会大众及各方面专家的意见，以保证计划的科学性。⑤ 连续性。计划必须前后一致，尤其是长期计划、中期计划和短期计划要连贯配合，使社会服务事业能够持续发展。⑥ 权变性。计划要有适应未来变化的能力。在人力、物力、财力的安排上应该留有余地。在遇到意外情况时，具有修正方向的能力。⑦ 发展性。在制订计划时必须具有远见，能预见未来的发展趋势。要以发展的眼光看问题，做到由远及近、远近结合。以上是社会服务计划的一般原则，不同机构或计划类型略有差异，需要根据实际情况灵活运用。

一个好的服务计划应当具备哲学性和结构性特征。哲学性是指服务计划的价值判断，也就是计划拟定者与执行者对其提供的服务所持的态度和价值观。例如，对机构存在的必要性和所提供服务的重要性的认识，对机构利益、员工利益和服务对象利益的认识等。结构性是指服务计划与组织内其他计划间存在的层级结构，低层次计划的目标不得与高层次计划的目标相抵触，要理清各计划间的结构关系，在程序上要密切配合。

2. 社会服务计划的类型

从时间长短来看，社会服务计划可以分为长期计划、中期计划和短期计划。长期计划一般解决两个方面的问题：一是组织或机构的长远目标和发展方向；二是怎样去达到长远目标。长期计划为短期计划规定了范围，长期计划以过去历史、当前状况和未来期望为基础。中期计划来自长期计划，并按照长期计划的执行情况和预测到的具体条件的变化进行编制。长期计划以问题、目标为中心，中期计划则以时间为中心，具体说明各年应达到的目标和应开展的工作。短期计划包括具体部门和个人的目标与计划，着重于达到目标所采取的方法，具有比中期计划更为详细、具体、明确的特点，能够满足具体实施的需要。

根据计划的可操作性和具体性，社会服务计划可以分为目标性计划和方向性计划。目标性计划是那些目标具体，范围边界清晰、明确，几乎不存在模糊、歧义的计划，通常出现在稳定-机械式的机构中。相对于目标性计划而言，方向性计划是一种具有灵活性、权变性的计划，它规定了指导性原则，提供了重点，但并不限定管理者在某个具体目标上采取具体的行动，因此方向性计划通常会出现在适应-有机式的机构中。

根据计划的程序先后，社会服务计划可以分为策略性计划和管理性计划。策略性计划是社会服务机构决定机构目标、实现目标所需的资源，以及支配、获得、运用、控制资源的过程。该计划涉及机构最基本、最重要的选择，诸如机构的使命与目标、方向、政策、程序和资源分配等。管理性计划强调资源的管理，以保证资源能够有效地投入到机构服务提供的过程中，从而达到策略性计划所设定的目标。管理性计划着重于规划详细具体的预定方案和实施程序，确定完成每项工作所需的时间、经费、人力、资源和应采取的途径，以及在规定时间内应完成的工作任务。

3. 社会服务计划的制订

社会服务计划是为了实现机构的战略规划，对机构的内外部环境、社会服务需求进行评估分析，设定机构目标，拟定并选择用来实现目标的行动安排。根据斯基德莫尔所提出的框架，社会服务计划的制订可以分为以下七个步骤。

（1）选择目标。目标可以是长期的总体目标，也可以是具体的短期目标。总体目标关系到机构的使命或宗旨，这类目标能够激发机构的创造性和前沿性，具体目标是可达成的、相对简单的。

（2）评估机构的资源。确定目标后，便要评估机构的资源和优势，以了解资源是否可支撑目标的实现。资源包括所拥有的人、财、物，以及所处社区可利用和开发的其他资源。如果资源不够，则必须实事求是地修正目标或者寻找新的资源。

（3）列出并说明所有可行方案。达成同一目标可能有不同的方案，策划者应当尽量列出各种可能方案，比较和评估这些不同的方案，选出可行方案。

（4）预测各种可行方案的结果。对于各种可行方案，应依据确切的指标，或从不同的角度，对其可能的结果加以预测和评估。特别应将未来可能的环境或经济变迁纳入考虑，供最后决策参考。

（5）确定最优方案。对各种方案进行可行性评估和结果预测后，紧接着就要选择一个最佳方案。在策划中，最有挑战性的工作是决定方案和目标的优先次序，优先次序的确定可以让决策者了解轻重缓急，循序渐进地向目标前进。

（6）制定具体详尽的行动方案。最佳方案选定后，需要进一步细化方案，勾画出按部就班的蓝图。达到目标的流程图、优先次序的排列及时间表都是重要和必要的。意外情况的处理，同样要列入具体方案。

（7）修正方案。除非实施环境有改变或是有更好的方案出现，否则应该遵循原有的计划。在计划中预留弹性也十分重要。

实施服务计划是一个过程，每一个阶段都会面临种种可能的阻力或障碍。这些阻力或障碍主要表现为：缺乏计划能力，有违计划结构与过程，管理者推动计划的决心与承诺不足，信息使用不当，忽视不利的及可控的变量，忽视长远目标，缺乏整体的协调与沟通等。

二、社会服务战略规划管理

1. 社会服务战略管理的步骤

社会服务战略规划是对机构整体长远发展方向的思考，它以系统分析的方法审视组织与环境的关系，以理清组织未来的方向，并可增进组织对将会面临的挑战预做准备与控制环境的能力。战略规划虽然也强调长期性，其性质却与长期计划有所不同（见表9-2）。

表 9-2　长期计划与战略规划的比较

长期规划	战略性规划
视未来是可预期的	视未来是不可预期的
视规划为一种周期性的过程	视规划为一种持续性的过程
假设目前的趋势会持续下去	期待新的趋势、新的变化和新的惊奇
假设最有可能的未来景况，强调回顾推算，列出年复一年为达成目标所应完成的事项	对于未来，考虑一连串的可能性，并强调评估现阶段组织环境之后所制定的策略
问的是"我们应该是什么行业"	问的是"我们应该是什么行业，我们现在做的是该做的吗"

战略规划与执行、评估一起构成战略管理，战略管理是一项持续不断的过程，它必须定期检查、改进和更新，以确保机构能够与环境适应。战略管理由以下九个步骤构成。

（1）确认当前的使命与目标。每个组织都有其存在的理由，即"我们当前的任务是什么"的使命宣言。组织使命要求管理者谨慎地确认服务的范围，将机构的主要理念传递给员工。组织使命的重点内容通常包括目的、任务和价值。

（2）监视外部环境。分析外部利益相关者的意见、需求和态度，PEST分析是常用的外部环境分析方法，分析框架主要包括政治、经济、社会和技术。对环境的准确分析，有助于管理者所定方案与环境实现最佳匹配。

（3）确认机会与威胁。在监视外部环境的基础上，评估环境给予组织的可利用的机会和可能的威胁。

（4）监视内部环境。评估机构本身是否具备核心能力，即相对于竞争对手，机构有形、无形的资源及能力如何。此外，也要了解机构各个部门的能力，如培训、财务、研究、信息管理等。

（5）确认优势和劣势。检查内部环境是为了更好地分析组织的优势和劣势，优势是机构竞争的独特能力或资源，是组织的核心能力，劣势是组织所缺乏或表现欠佳之处。

（6）评估组织的使命与目标。在分析机构的外部环境并确认其机会、威胁，内部环境及确认其优势、劣势后，对机构展开SWOT分析。重新评估使命和目标，反思组织是否务实，是否需要改变。如要改变，则必须拟定改变方向。

（7）形成策略。根据SWOT分析，机构要善用环境中的机会和自身优势，形成与环境相适应的发展策略。

（8）执行策略。一个成功实施的策略必须有高层管理者的领导，高层管理者要激发机构中层和基层管理者执行策略的动力。

（9）监督与评估结果。机构战略会随着环境的变化而改变，应对执行过程进行必要的监督。执行一段时间后，需要进行反思和评估，以及时进行调整。

2. 社会服务战略分析的工具

1）SWOT分析

SWOT分析是一种能够较客观而准确地分析和研究一个单位现实情况的方法。SWOT分别代表：Strengths（优势）、Weaknesses（劣势）、Opportunities（机遇）、Threats（威胁）。通过内部资源分析、外部环境分析的有机结合来清晰地确定分析对象的资源优势和劣势，了解分析对象所面临的机会和挑战，从而在战略与战术两个层面调整方法、资源，以保证被分析机构的策略能达到所要实现的目标。

内部资源分析通常包括：① 机构的物质技术条件、人员条件、财务、信息；② 机构的绩效分析，比如机构实现战略目标的资源成本等分析。

外部环境分析通常包括：① 一般环境分析，由政治、经济、社会、技术、自然构成；② 相关利益者分析，例如服务对象、捐赠者、志愿者、社区等分析。

一般而言，外部环境分析不如内部资源分析那么重要，因此对于没有精力来做外部环境分析的组织，可请执行负责人（或配合一两位策略规划组成员）根据其日常所积累的丰富经验和知识，写出一份重要趋势摘要报告。

2）BCG矩阵分析

BCG矩阵分析是美国波士顿咨询公司首创的一种协助企业分析产品和业务的组合方法，旨在帮助企业更合理地分配资源，制定战略规划。保罗·C.纳德和罗伯特·W.巴可夫对其进行了改造，以适用于社会服务机构的"利益相关者支持程度"（见表9-3）和"可控性"，替代"市场份额"和"产业增长速度"。

表 9-3　利益相关者支持程度

程度	高等	中等	低等
可控性 高等		坐鸭： 此类议题得到利益相关者的高度支持，且具有高度可控性，因而处理这类议题比较容易。对那些容易处理的重要议题采取行动，可以为机构带来荣誉，并为处理怒虎类议题赢得时间	黑马： 这类议题可以解决，但行动本身不一定会得到利益相关者的支持。因为组织自身具有解决这类议题的能力，所以它应该处理这类议题，并且公布因而获得的成就
可控性 中等			
可控性 低等		怒虎： 虽然这类议题得到利益相关者支持的程度较高，但可控性较低。它们要求立即采取行动，但事实上很难成功	睡狗： 这类议题既不受利益相关者支持，也不具有可控性

第三节　社会服务评估

一、社会服务评估的基本内涵

1. 社会服务评估的类型

社会服务评估介于社会服务与研究之间，是一种聚焦于社会服务机构绩效和社会服务方案绩效的评估过程和工具，其用科学的思考、方法、测量展开调研和分析，旨在提升社会服务的效率、效益和质量。实践中的社会服务评估具体可分为以下类别。

（1）形成性评估。关注正在进行的社会服务或活动，以及这些服务或活动是如何影响输出结果的。形成性评估的重点是提出改进服务计划或方案的意见，并以具体的建议协助社会服务方案的推行和改善。形成性评估中，服务提供人员是评估人员本身，或者与评估人员关系密切。

在更为细化的分类中,形成性评估可包含成本效率评估与所投入努力的评估。成本效率评估通常提供关于投入的详尽细节,注重的是提供每一个服务单位所需要的成本,成本内容包括时间、资源或输出单位。所投入努力的评估是对服务提供的一种反省和对输出输入的综合及信息的检查,以加强或改进方案的管理和控制。

(2)总结性评估。关注产出和效率,评估对象是已经完成的社会服务,评估通常能指出方案的优点和缺点,进而提出改善建议。总结性评估包含成果评估、适当表现的评估与成本评估。成果评估关注服务对象状态的改变,特别是服务是否会产生预期的成效。如果评估的是服务方案,则需要评估方案实际结果与原预期结果间的差异。适当表现的评估是在比较服务对象需求后去测量实际输出的服务。机构要想扩大目前所做的事情及为方案的扩展提出一个合理的时间表,可以用这一方法来估算为了适当地回应整体需求所需的资源总数。如果机构发现目前提供服务的单位成本太高,以至于无法合理地扩大服务对象的整体需求,也可以用这种方法来评估方案的适当性。成本评估注重的是获得成果的成本,一般情况下只有服务产生正向影响的时候,才去计算与成果相关的成本。

(3)结构评估与过程评估。关注服务的结构和过程。结构评估聚焦所提供服务的特质,例如员工与服务对象比例、服务品质。结构评估通常以理想的干预结构为假设,进而展开服务测量。在评估真正服务品质或估计绩效时,结构评估的作用有限,它往往用于确定最低程度的服务品质,使机构符合法律和政策规定。过程评估聚焦机构的运作和干预方法,用于描述服务对象的特质、服务活动本身,以及机构运作与服务对象动机间的交互作用。过程评估通常用于考察机构所付出的努力程度以及这些努力被执行的过程。

(4)目标达成模式与因果评估模式。目标达成模式评估影响目标的各个因素,包括四个步骤:① 制定服务方案的目标;② 完成方案,实现目标;③ 就有关目标实现的程度来评估完成的服务方案;④ 利用信息来检查以前所要实现的目标,在服务方案推行过程中进行适当修正。因果评估模式检验实现目标的原因,分析假设的因果关系。它建立在三个基本假设——因果假设、干预假设与行动假设上。

2. 社会服务评估的步骤

从过程来看,社会服务评估可大致分为以下六个步骤。

(1) 明确评估的目标,包括帮助机构更好地规划未来,协助机构进行服务方案的管理,更好地向利益相关者交代,明确服务方案是否出现没有预料到的结果,对服务绩效进行系统的评估,以获得政策执行和成果量化的实证资料。

(2) 完成评估前的准备工作,包括由谁来做评估,评估检验的是输出还是影响,正确使用评估资料。

(3) 确认社会服务目标,把社会服务形成阶段的最初目标和后来的成果目标进行比较,是评价方案最简单和最直接的方法。

(4) 确认评估的变量,包括确定分析的对象,选择分析的变量,确定资料的来源。

(5) 收集与分析资料,根据被评估社会服务的规模和重要性,决定分析的复杂度与方式,检验社会服务有没有实现预期的目标和效益。

(6) 社会服务评估的结果,确认社会服务的优点与缺点,描述社会服务的效果,提出改进建议。

二、社会服务机构评估

依据社会服务机构的特质,社会服务机构评估主要包括社会服务机构责信评估、社会服务机构使命与战略评估、社会服务机构组织能力评估。

1. 社会服务机构责信评估

责信是机构对社会要负的责任和社会对它的信任。政府购买服务日益增长,机构必须通过评估向社会大众和出资人交代服务情况和成果,证明服务是在尽可能均衡运用资源的情况下,满足了服务对象的最大需求。社会服务机构责信评估一般是外部评估,是在政府或外界力量的推动下进行的,具体内容如下。

(1) 服务与活动和组织使命与宗旨保持一致。社会服务机构的使命与宗旨是对其解决社会问题的公开承诺,在机构成立时便已存在,具有强烈的价值取向，反映的是期望实现的意图、努力从事的事业和志愿投入的精神，是机构继续发展的根本和方向，因此评估机构首先要评估其服务是否符合使命与宗旨。

（2）规范的治理结构。社会服务机构属于社会大众，而不是某一个个体，因此需要有适当的治理机构来保证其主要管理者不损害公众利益。理事会是机构治理结构的主要内容，是机构的权力核心，它与机构管理者的运作效能是机构使命能否实现、服务质量能否提高的关键因素。

（3）资金的合理使用和运作。社会服务需要资金作支撑。近年来，越来越多的社会服务机构运作的是服务项目，政府、基金会和一些捐款者赞助的也主要是服务项目，而不是机构本身。机构将大量资金用于服务运营，因此人员福利状况、服务项目资金运作情况等都是机构评估的主要内容。

（4）财务与信息的透明化。社会组织越来越多地承担政府职能转移，政府向其购买社会服务、实施减免税费等，基金会和个人也会资助机构的部分服务。财务与信息的透明化变得越来越重要，定期公开财务报告和服务评估报告，让相关利益者了解运营情况，有利于社会对机构的监督，增加社会对机构承担社会服务的信心。

2. 社会服务机构使命与战略评估

开展社会服务机构使命与战略评估是为了明确机构的发展方向和发展战略，证明机构存在的合理性，增强机构凝聚力。使命与战略评估一般属于机构内部的自我评估，有时也会聘用外部专家参与。

使命评估可从对以下五个问题的回答来进行。① 我们的使命是什么？根据亚力舒使命模式，使命由价值、目的、策略、行动四个要素的互动、联系及强化形成。② 我们的服务对象是谁？一般来说社会服务机构的对象包括直接提供服务的服务使用者，共同提供服务的同事，提供资金及各种支持的重要关系人。③ 服务对象的认知价值是什么？认知价值包括服务对象的需求、愿景和追求。④ 我们追求的结果是什么？一般情况下，社会服务机构致力于改善服务对象的环境、行为、健康和能力。⑤ 我们的计划是什么？计划包括使命、愿景、长远目标、短期目标、活动步骤、预算和评估。

战略规划是社会服务机构通过对外部环境、内部环境、威胁与挑战、优势与机会的综合分析而得出的长期计划。评估包括三个部分：前提控制、执行战略和战略监督。前提控制评估需要对机构内部和外部环境的一系列相关因素提出假设，作为制定战略的前提和基础；执行战略评估要对机构实际服务目标和预期达到目标之间的实际差异展开原因分析，充分考虑环境因素变化的影响，提出相应对策；战略监督评估通过对机构内部及外部的监视，找到可能出现的对机构战略进程产生影响的重要事件和发展趋势。

3. 社会服务机构组织能力评估

（1）组织质量评估。组织质量评估主要包括：① 组织权力结构，组织权力结构影响目标群体对资源的使用、决策的民主性和权力参与的广泛性；② 组织制度建设，组织制度为组织运作提供依据，组织制度反映组织质量；③ 人员素质，大部分服务由机构中的人提供，因此组织中员工的数量、专业性、职业发展等直接决定服务品质；④ 管理系统，管理系统包括财务管理系统、后勤系统、信息系统、应急系统等，这些均是提供良好服务的保障。

（2）组织行为评估。组织行为指的是组织为实现目标而采取的一系列活动，它是社会服务机构评估的核心。组织行为评估主要包括：① 机构中的员工、志愿者对机构宗旨及价值观的了解和认同；② 管理技能，包括管理者制定计划方案、预算方案和报告文本的技能，制定具有创新性、示范性服务的技能，实施和督促所规划的战略及服务的技能，以及自我评估能力；③ 领导能力，包括完备而强有力的执行领导、部门主管，强调民主参与的机构管理者和理事会等；④ 动员资源能力，包括长期、可靠的资源开发政策、计划和有效的活动，与机构宗旨一致的资源拓展系统，充足的人力资源和资金等；⑤ 公共关系，包括是否可以与含服务对象、志愿者、资助者、社区、其他社会服务机构、政府部门、企业、媒体等在内的个体和部门维持良好的合作关系。

三、社会服务方案评估

社会服务方案评估由四个部分组成，分别是社会服务方案分析、社会服务方案输出评估、社会服务方案质量评估和社会服务方案成果评估。

1. 社会服务方案分析

社会服务方案分析的第一步是要确定大众对服务的需要，发现问题、评估需要是服务计划建立的基础。发现问题指确定可能的服务对象的人数以及要解决的问题的性质、产生原因和后果的严重性，理清情境、资源与问题的因果联系。评估需要指了解政治、经济等方面的现实资源状况和社会大众的需求之间存在的差距。布拉德肖从四个维度描述了需要，它们分别是感觉性需要、规范性需要、比较性需要和表达性需要。评估需要在于分析服务对象对问题和目标的知觉性，即将服务对象的感受纳入其中，了解服务对象的需要是否可从现在所获得的服务方案中得到满足，以避免服务的重复。目前较为常用的评估需要方法有调查访问、使用者分析、与重要人物访谈等。

了解需要之后，下一步是根据需要和现有资源挖掘各种可行方案，对比各种方案的优缺点。在构思方案的过程中，既要从理性角度进行分析，寻找合乎逻辑的可行方法，又要从感性层面展开探索，创造性地去运用现有资源解决当下问题。不同的方案提出后，决策者要对各种方案进行综合分析，选择能更有效解决社区问题或满足社区需要的可行方案。对备选方案的评估可以从方案的可行性、方案的投入产出角度考虑。社会服务方案在投入产出上较为关心服务的投入与效果，即在多大程度上帮助服务对象解决了其希望解决的问题。可行性考虑通常从三个方面展开，包括政治制度的许可性、经济的可接受性和社会的可接受性。

2. 社会服务方案输出评估

社会服务方案输出评估指对系统所产生服务的种类与数量的掌握，可以分为期中输出评估和最终输出评估。

期中输出评估关注"服务量"，一般有三类服务测量单位：① 接触单位，例如咨询和转介服务的单位是"次"；② 物质单位，例如提供给服务对象的餐食、衣服、现金等有形资源；③ 时间单位，例如一些辅导咨询服务的单位是小时。

服务评估单位的选择要充分考虑实用性、精确性、可行性及单位成本核算的方便性。最终输出评估是对服务完成量的评估，重点考察是否为服务对象提供了一个完整的服务。服务完成量的确定大致有以下两种方法。① 标准化方法，该方法适用于标准化程度比较高的社会服务，服务对象接受规定的服务量，才算完成服务，并作为服务完成量或最终输出被记录下来。② 个案计划法，适用于弹性程度较高的社会服务，例如辅导服务实施时，有些家庭问题严重，需要耗费较长时间，而有些家庭问题简单或进展顺利，很快即可完成。服务对象只需获得个案所计划的所有服务，即可记录为服务已经完成。服务完成量的评估对之后的成果评估非常重要，因为成果评估通常只关注已经完成服务的服务对象。

3. 社会服务方案质量评估

社会服务方案质量包括多个方面的内容，如可接近性、人性化、可信度和安全性等。从服务对象来看，其核心要素有两个：一是可信度，即能提供一致性服务来满足服务对象对质量的期望；二是及时性，即在最短的时间内为服务对象提供服务。服务方案质量评估方法也有两个：一是服务品质输出，即通过机构的资料记录，重点评价服务的可信度和及时性；二是服务对象满意度测量，即通过对服务对象满意度的调查，让服务对象不仅评估服务的品质，而且评估服务的结果、效益和影响。

服务品质输出和服务对象满意度测量的过程均可分为三个阶段：一是选择服务质量要素；二是将服务质量要素具体化；对于服务品质输出来说，第三个阶段是将质量要素与社会服务方案的期中输出评估连接起来，但对于服务对象满意度测量来说，第三个阶段主要是设计调查问卷，以收集服务对象对服务的满意度。

4. 社会服务方案成果评估

由于社会服务机构以服务对象为焦点，强调服务对服务对象的影响以及促成服务对象对生活质量的改变，因此成果评估也被定义为以服务对象生活质量改变来评估方案的结果、效益和影响。马丁和凯特纳用条件、地位、行为、态度、感受和想法等指标来衡量服务对象生活质量改变（见表9-4）。

表 9-4 服务对象生活质量改变的实例

项目	内容
服务对象条件	无家可归的服务对象找到居所
服务对象地位	无业的服务对象找到工作
服务对象行为	逃学的青少年服务对象到学校上学且出勤率提高
服务对象态度	青少年服务对象对教育价值的接受度提高
服务对象感受	服务对象的归属感提高
服务对象想法	服务对象的自尊提高

成果评估收集的是服务完成的资料,即没有完成整个服务方案的个案没有包括在内。资料收集方法主要有四类:一是数字计算,主要计算达成生活质量改变的服务对象的人数,一般用于评估服务对象的条件、地位与行为;二是标准化测量,主要根据标准进行服务前和服务后的测量,了解服务对象因服务而产生的改变,一般用于评估服务对象的感受、态度和想法;三是功能层级量表,是评估者为了解服务对象生活质量改变而特别制定的服务前后测量指标;四是服务对象的满意度,指服务对象对生活质量改变的自我报告,一般用来评估服务对象的想法,但不太适合用来评估长期的服务成效。

中期成果评估在服务对象完成处理或接收完整的服务后,立即评估服务对象生活质量改变。由于社会服务活动中有相当一部分服务效果不是在完成处置或者接受完整的服务后立刻见效,所以最终成果评估也十分重要。最终成果评估主要是采取分期(如 3 个月、6 个月、1 年等)追踪的方式,以获取服务带来服务对象生活质量改变的资料。

第四节 社会服务监督

一、社会服务监督的类型

1. 社会服务的政府监督

政府对社会服务的监督主要依靠准入机制、审查机制、信息披露机制、税收机制、竞争机制和奖惩机制。准入机制是对服务机构从申请到注册的一系列规定，包括组织性质与目标、机构设置与章程、注册资本等方面的要求。目前，国际上一般都是降低准入门槛，加强对社会服务机构行为过程的监督和管理。审查机制即季度上报和年审制度，每季度社会服务机构将组织的活动、财务、资金筹集与使用、机构人员等信息向上级主管部门或民政部门汇报，进行资料备案。每年上级主管部门或民政部门对社会服务机构进行年审，包括组织活动与组织使命是否一致、财务是否存在造假、资金使用是否合理有效、税收优惠和财务报告是否符合要求等内容。信息披露机制主要是社会服务机构将组织资金的筹集和使用情况，工作人员薪酬的各项开支，开展的各种项目活动的进展、结果及反馈总结等情况，通过网站、期刊等途径告知公众，提高社会服务机构的信息透明度，以树立良好的公众形象。税收机制主要是根据社会服务机构从事的公益事业的不同性质给予不同的税收优惠。竞争机制可以使社会服务机构的发展优胜劣汰，同时保证更具活力的小型社会服务机构的发展，政府可以适当为其提供资金支持与政策优惠。根据奖惩机制，对于社会服务机构行业的优秀者要给予适当的奖励，不仅是为了鼓励其更好地发展，而且是为了促进整个行业的良性运行。

2. 社会服务的行业监督

行业监督不仅有利于淘汰社会公信力较差的社会服务机构，而且有利于促进社会服务机构的健康发展，更重要的是可以节约监督成本。我国针对社会服务机构还没有形成行业监督模式。从监督形式来看，主要包括以下内容。① 第三方监督。第三方是指那些不直接向公众提供专业服务的社会服务机构，其制定标准，对其他社会服务机构的工作和项目进行评审，确认或否定其他非营利组织的自我评估，其工作目的就是监督其他社会服务机构的活动。如美国的全国慈善信息局就是一个专业的评估组织，它负责制定标准，收集被评估机构的各种信息，并要求被评估机构回答相关问题，写出评估报告，公布评估结果。② 行业监督。这种监督主要是指通过建立行业协会来完成对社会服务的自我管理与监督，具体的方式有成员互查和协会抽查。成员互查是指允许和鼓励社会服机构之间相互进行监督审查。协会抽查是指行业协会组织专家力量每年对不同规模的社会服务机构进行抽查，最后将抽查的结果形成报告，在行业协会备案，并通过网络、期刊等平台向公众发布。

3. 社会服务的社会监督

社会监督是一种非正式的监督形式，它具有监督成本低和影响广的特点，具体形式有群众监督、媒体监督与第三方监督等。① 群众监督。社会服务机构主要是面向社会大众提供服务，而且其资金很大一部分是来自社会捐赠、财政拨款和服务收费，因此其应该对社会大众有所交代，接受群众的监督。在行政管理过程中，实行群众监督要注意三个方面：一是社会服务机构要通过各种方式让群众了解和认可自己的社会价值，能够得到群众的支持；二是社会服务机构要帮助群众树立监督意识；三是社会服务机构要建立群众监督平台。② 媒体监督。媒体监督具有时效快、影响广等特点。媒体的监督报道对于社会服务机构具有两个方面的作用：一方面，媒体的正面报道可以树立社会服务机构的正面形象、提高社会服务机构的公信力；另一方面，媒体揭露的社会服务机构的不良现象或丑闻会使社会服务机构失去公信力。因此，媒体监督具有强大的导向和威慑作用，能够对社会服务机构形成强有力的约束。③ 第三方监督。此处的"第三方"指的是依法成立、独立于政府和社会服务机构的机构。对这类机构，在赋予其权利的同时也要相应地规定其应履行的义务，使其受到严格监管。第三方的主要职能是定期对社会服务机构的财务报告和社会公益活动报告进行审查，其出具的审计报告具有较高的权威性，可以帮助捐款人全面掌握社会服务机构的信息，使企业、个人等捐赠者可以做出更加明智的选择。

二、社会服务监督的内容与实施

1. 社会服务监督的内容

依据行政监督的基本原则，社会服务监督的内容主要包括以下三个方面。① 制定监督标准。监督标准是衡量社会服务活动的关键，标准的制定往往由政府机关通过行政法规的形式加以明确，也有一些地区的标准来自具有权威性的行业协会。监督标准通常包括具体指标和衡量标准的方式。其中，具体指标包括工作人员的责任感、工作态度、工作方法、目标完成的必需程序、服务数量与质量等。②根据监督标准衡量社会服务的实际状态。③纠正不符合标准的行为和程序，弥补损失或降低破坏。

从监督对象的角度，社会服务监督可分为对机构的监督和对工作人员的监督。对机构的监督重点考察各类、各级部门服务和管理行为的合法性和合理性。对工作人员的监督除了对行为的合法性和合理性的监督外，还包括对工作人员品德、素质及作风的考察。

从监督内容角度，社会服务监督可分为合法性监督和合理性监督。合法性监督指依据法律法规对监管对象进行监督。每一个管理者和工作人员都在法律法规的规定下，拥有对工作的自由裁量权，因此具体服务中会出现合法但未必合理的情况，进而有必要对其进行合理性监督，检查社会服务的提供是否符合科学、高效和精简的原则。

从监督过程角度，社会服务监督可分为事前监督、事中监督和事后监督。事前监督指监督主体在具体服务开展前对机构和工作人员准备工作的监督，内容包括工作人员的精神状态，机构的经费、物资配置状态，机构与环境之间的关系等。事中监督指监督主体对既有目标导向下正在进行的具体执行情况的监督，内容包括工作人员状态、机构经费及物资消耗情况，机构与其他部门、社区间关系等。事后监督指监督主体对活动结束后情况的考察，包括目标完成状态分析，结束后工作人员的精神状态，经费使用状况，机构与社区及相关部门的关系，是否在完成后及时向决策者汇报等。

从监督性质角度，社会服务监督可分为一般监督和专门监督。一般监督指政府机关、相关部门及社会组织在行政隶属之间产生的相互监督，理论上包括自上而下监督、自下而上监督和平行监督三种。现实中自上而下监督应用较为广泛，监督主体与监督对象之间的主管及领导关系是其首要特征。自下而上监督和平行监督则是按照民主原则，给予相关部门建议和意见，这既是一种权力，也是一种义务。专门监督是指涉及某一个方面的专业性的监督，如审计监督、物价监督、技术监督、卫生监督、环境保护监督、检查监督等。

2. 社会服务监督的实施

目前我国社会服务主要由政府或社会组织来提供。对于政府直接提供的服务，主要通过对部门及工作人员的行政监管来实现，主要包括以下内容。① 工作计划。上级部门根据法定的职权规范，从客观现实出发，对服务目标进行具体化，明确各级各部门的职责，以保证工作目标的实现。工作安排是否合理、公平和科学是有效监督的关键。② 工作指导。上级部门通过工作计划对下级部门进行督导和检查，及时了解计划实施中的各种情况，解决执行者在落实计划时所遇到的困难，提供各种指导性命令或者建议，以便使执行者顺利完成任务。工作指导的形式有命令、指示、要求、建议、说明等。③ 工作协调。对于不同部门的矛盾和冲突，上一级单位或相关部门可以利用其权威，了解各方面情况，从有利于实现服务目标、遵守法律、合理运用好自由裁量权的角度出发，调和相互间存在的问题，确保工作任务的圆满完成。④ 行政控制。上级部门对工作情况进行检查和了解后，如果发现问题和不足，则需要随时进行督促，根据工作标准及时纠正，使机构或项目目标不致发生错位。行政控制应针对存在问题偏差的情况，采取力度不等的行政控制手段，通常有派驻机构、通报批评、撤销有关人员职务等。⑤ 工作考核。在工作计划结束后，上级部门对下级部门及工作人员的工作成果进行测评，检查和核实其完成任务的效果，根据客观情况分别给予鼓励或惩处。⑥ 工作汇报。就工作中的重大措施、重大事项向上级部门做出定期或不定期的汇报。通过工作汇报使上级部门能够了解下级或委托部门的工作状态，掌握工作进度，及时发现问题，采取有效措施。⑦ 行政调查。对机构出现的违法行政行为，政府部门可以开展各种形式的调查，寻找处理违法行为的对策。行政调查分为一般性调查和专题性调查，其中的重点是专题性调查，它一般涉及重大、复杂的违法行为。通过调查，政府部门对服务执行单位展开监督，查处有关机构和负责人，防止违法行为再发生。⑧ 检查建议。监督机关依据检查、调查的结果，可以向有关部门提出检查建议。⑨ 举报。公民对于任何国家行政机关及其工作人员的违法失职行为，均有权向监察机关提出控告或者检举。

对于由社会组织提供的服务，主要通过对社会组织的监管来实现，具体包括社会组织登记监管、社会组织常态监管、社会组织行政监管和社会组织司法监管四个方面。社会组织登记监管是对社会组织注册登记的审批监管。根据《民办非企业单位登记管理暂行条例》，社会组织必须在民政等部门审批注册后才能依法开展活动。社会组织常态监管是社会组织在依法注册登记后，主管部门对社会组织持续实施的年度检查、等级评估、等级证书审核、财务专项检查、日常活动监管与重要事项报告制度、信息披露制度与公开承诺制度。社会组织行政监管是指政府主管部门对社会组织法规进行修订与完善，促进社会组织的行业自律建设，加强社会组织的信息平台建设等监管行为。社会组织司法监管是指政府职能部门依据有关法律法规，对于社会组织违法违规活动进行查处与惩戒的执法监管。

思考题

1. 社会服务机构内部管理的基本内容有哪些？
2. 战略管理的一般步骤及其主要内容是什么？
3. 社会服务方案评估的主要内容有哪些？
4. 社会服务监督主体有哪些？其各自的监督方式又有哪些？

主要参考文献

[1] 珍妮特·V. 登哈特, 罗伯特·B. 登哈特. 新公共服务: 服务, 而不是掌舵 [M]. 丁煌, 译. 北京: 中国人民大学出版社, 2010.

[2] 欧文·E. 休斯. 公共管理导论 [M]. 张成福, 王学栋, 韩兆柱等译. 3版. 北京: 中国人民大学出版社, 2007.

[3] 考斯塔·艾斯平-安德森. 福利资本主义的三个世界 [M]. 郑秉文, 译. 北京: 法律出版社, 2003.

[4] 曹艳春, 王建云. 我国适度普惠型儿童福利体系构建及保障机制研究 [M]. 上海: 上海科学普及出版社, 2016.

[5] 陈振明, 等. 公共服务导论 [M]. 北京: 北京大学出版社, 2011.

[6] 邓伟志, 张钟汝, 范明林. 社会管理与社会政策: 境外公共政策扫描 [M]. 上海: 上海人民出版社, 格致出版社, 2007.

[7] 丁建定. 中国社会保障制度整合与体系完善重大问题研究 [M]. 北京: 经济科学出版社, 2019.

[8] 高颖, 穆哈里·内尔. 社会服务组织的管理与领导 [M]. 北京: 中国社会出版社, 2020.

[9] 郭林. 中国社会养老服务资源优化配置 [M]. 北京: 社会科学文献出版社, 2020.

[10] 顾俊礼. 福利国家论析: 以欧洲为背景的比较研究 [M]. 北京: 经济管理出版社, 2002.

[11] 哈特利·迪安. 社会政策学十讲 [M]. 岳经纶, 文卓毅, 庄文嘉, 译. 上海: 格致出版社, 上海人民出版社, 2009.

[12] 威廉姆·H. 怀特科, 罗纳德·C. 费德里科. 当今世界的社会福利 [M]. 解俊杰, 译. 北京: 法律出版社, 2003.

[13] 黄晨熹. 社会福利 [M]. 上海: 格致出版社, 上海人民出版社, 2009.

[14] 达尔默·D. 霍斯金斯, 等. 21世纪初的社会保障 [M]. 侯宝琴, 译. 北京: 中国劳动社会保障出版社, 2004.

[15] Neil Gilbert, Paul Terrell. 社会福利政策导论 [M]. 黄晨熹, 周烨, 刘红, 译. 上海: 华东理工大学出版社, 2003.

[16] 尼尔·吉尔伯特. 社会福利的目标定位——全球发展趋势与展望 [M]. 郑秉文, 等译. 北京: 中国劳动社会保障出版社, 2004.

[17] 景天魁. 底线公平福利模式 [M]. 北京: 中国社会科学出版社, 2013.

[18] 江燕娟. 城乡机构养老服务资源配置研究 [M]. 北京: 经济管理出版社, 2021.

[19] 弗兰茨-克萨韦尔·考夫曼. 社会福利国家面临的挑战 [M]. 王学东, 译. 北京: 商务印书馆, 2004.

[20] 莱斯特·M. 萨拉蒙. 公共服务中的伙伴——现代福利国家中政府与非营利组织的关系 [M]. 田凯, 译. 北京: 商务印书馆, 2008.

[21] 李兵. 社会服务制度框架构建研究 [M]. 北京: 社会科学文献出版社, 2019.

[22] 林闽钢. 走向社会服务国家: 全球视野与中国改革 [M]. 北京: 中国社会科学出版社, 2020.

[23] 林闽钢. 现代社会服务 [M]. 济南: 山东人民出版社, 2014.

[24] 凌文豪, 李文杰. 农村老年人口长期照护问题研究 [M]. 北京: 中国社会科学出版社, 2014.

[25] 刘华强, 陈世海. 儿童青少年社会工作服务与反思——社会工作本科实务类论文的写作方法 [M]. 成都: 四川大学出版

社，2019.

[26] R. A. W. 罗茨. 理解治理：政策网络、治理、反思与问责[M]. 丁煌，丁方达，译. 北京：中国人民大学出版社，2020.

[27] R. 米什拉. 资本主义社会的福利国家[M]. 郑秉文，译. 北京：法律出版社，2003.

[28] 闵凡祥. 国家与社会——英国社会福利观念的变迁与撒切尔政府社会福利改革研究[M]. 重庆：重庆出版社，2009.

[29] 彭华民. 中国社会福利理论与制度构建——以适度普惠社会福利制度为例[M]. 北京：经济科学出版社，2019.

[30] 彭华民. 从沉寂到创新：中国社会福利构建[M]. 北京：中国社会科学出版社，2012.

[31] 保罗·皮尔逊. 福利制度的新政治学[M]. 汪淳波，苗正民，译. 北京：商务印书馆，2004.

[32] 沈洁. 日本老人福利制度[M]. 上海：上海远东出版社，1997.

[33] 沙莎，叶培结，万弋琳. 健康服务与管理导论[M]. 合肥：安徽大学出版社，2019.

[34] 谭磊. 中国城镇社会福利事业社会化转型研究[M]. 武汉：华中科技大学出版社，2014.

[35] 王国军. 中国社会保障制度一体化研究[M]. 北京：科学出版社，2011.

[36] 王磊. 残疾人社会服务研究——模式演变与体系建构[M]. 北京：科学出版社，2020.

[37] 王齐彦. 中国新时期社会福利发展研究[M]. 北京：人民出版社，2011.

[38] 王振耀. 系统建设普惠型儿童福利体系：中国儿童福利政策报告2015[M]. 北京：社会科学文献出版社，2016.

[39] 丁开杰，林义. 后福利国家[M]. 上海：上海三联书店，2004.

[40] 谢琼. 国际视角下的残疾人事业[M]. 北京：人民出版社，2013.

[41] 杨立雄，兰花. 中国残疾人社会保障制度[M]. 北京：人民出版社，2011.

［42］姚建平．国与家的博弈：中国儿童福利制度发展史［M］．上海：格致出版社，上海人民出版社，2015．

［43］叶响裙．公共服务多元主体供给：理论与实践［M］．北京：社会科学文献出版社，2014．

［44］张军．我国适度普惠型社会福利制度的建构：理论基础与路径选择［M］．北京：人民出版社，2018．

［45］张笑会．社会服务与福利多元主义［M］．呼和浩特：内蒙古大学出版社，2020．

［46］郑功成．中国社会保障改革与发展战略——理念、目标与行动方案［M］．北京：人民出版社，2008．

［47］郑功成．中国残疾人事业发展报告［M］．北京：人民出版社，2011．

［48］郑晓燕．中国公共服务供给主体多元发展研究［M］．上海：上海人民出版社，2012．

［49］周弘．国外社会福利制度［M］．北京：中国社会出版社，2002．

［50］周弘．福利国家向何处去［M］．北京：社会科学文献出版社，2006．